ミネルヴァ日本評伝選

四国一篇に切随へ、恣に威勢を振ふ

長宗我部元親・盛親

平井上総 著

ミネルヴァ書房

刊行の趣意

「学問は歴史に極まり候ことに候」とは、先哲荻生徂徠のことばである。

歴史のなかにこそ人間の智恵は宿されている。人間の愚かさもそこにはあらわだ。この歴史を探り、歴史に学んでこそ、人間はようやくみずからの正体を知り、いくらかは賢くなることができる。新しい勇気を得て未来に向かうことができる。徂徠はそう言いたかったのだろう。

「ミネルヴァ日本評伝選」は、私たちの直接の先人について、この人間知を学びなおそうという試みである。日本列島の過去に生きた人々の言行を、深く、くわしく探って、そこに現代への批判を聴きとろうとする試みである。日本人ばかりではない。列島の歴史にかかわった多くの異国の人々の声にも耳を傾けよう。

先人たちの書き残した文章をそのひだにまで立ち入って読み、彼らの旅した跡をたどりなおし、彼らのなしとげた事業を広い文脈のなかで注意深く観察しなおす――そのとき、はじめて先人たちはいまの私たちのかたわらによみがえってくる。彼らのなまの声で歴史の智恵を、また人間であることのよろこびと苦しみを、私たちに伝えてくれもするだろう。

この「評伝選」のつらなりのなかから、列島の歴史はおのずからその複雑さと奥ゆきの深さをもって浮かび上がってくるはずだ。これを読むとき、私たちのなかに新たな自信と勇気が湧いてきて、その矜持と勇気をもって「グローバリゼーション」の世紀に立ち向かってゆくことができる――そのような「ミネルヴァ日本評伝選」にしたいと、私たちは願っている。

平成十五年（二〇〇三）九月

上横手雅敬
芳賀　徹

長宗我部盛親画像

（蓮光寺蔵）

長宗我部元親座像

（秦神社蔵／高知県立歴史民俗資料館提供）

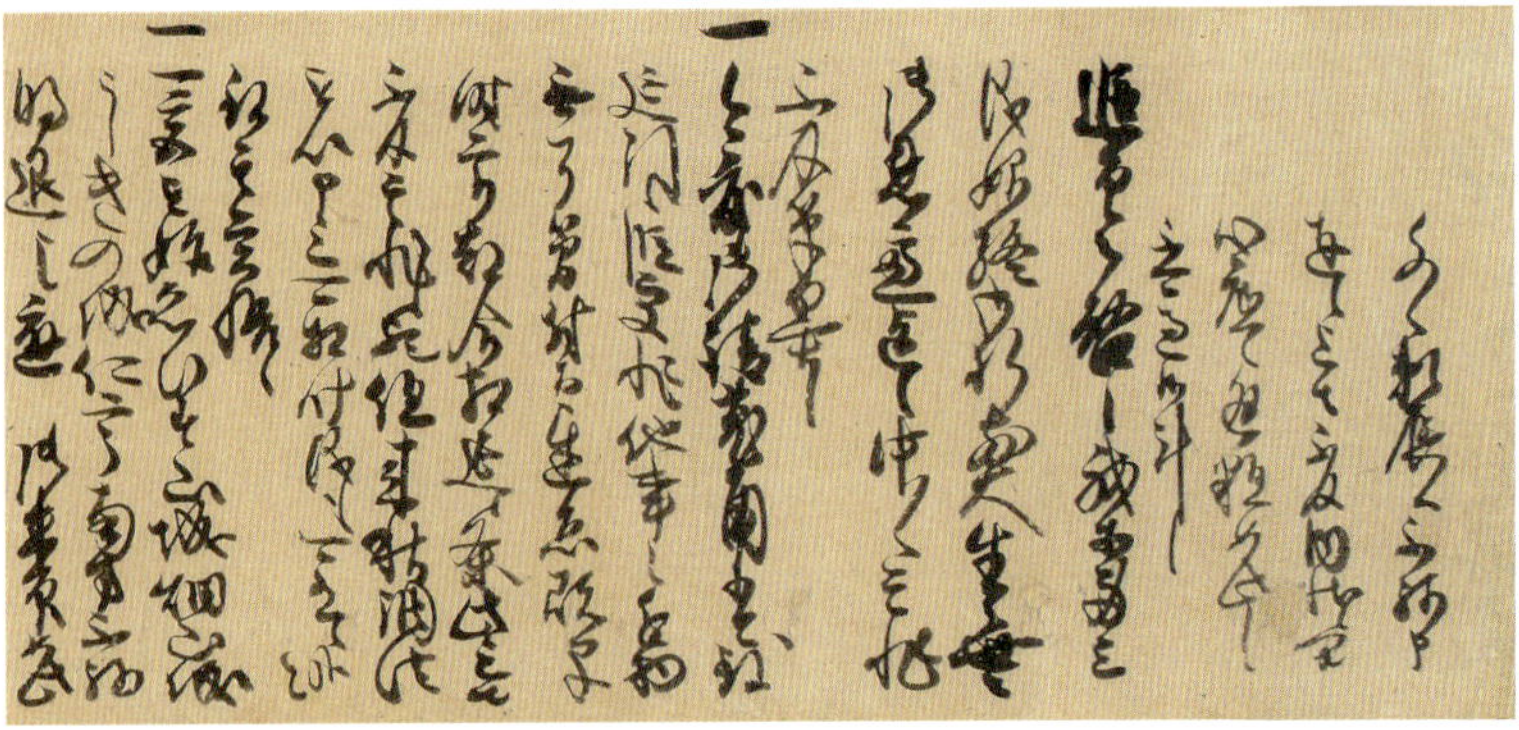

長宗我部元親書状（斎藤利三宛，無年号〔天正10年カ〕5月21日付）
（石谷家文書）(財)林原美術館蔵）

雲龍文蒔絵鞍（伝長宗我部盛親所用）
（高知県立歴史民俗資料館蔵）

金箔押色糸威草摺
（伝長宗我部盛親所用）（蓮光寺蔵）

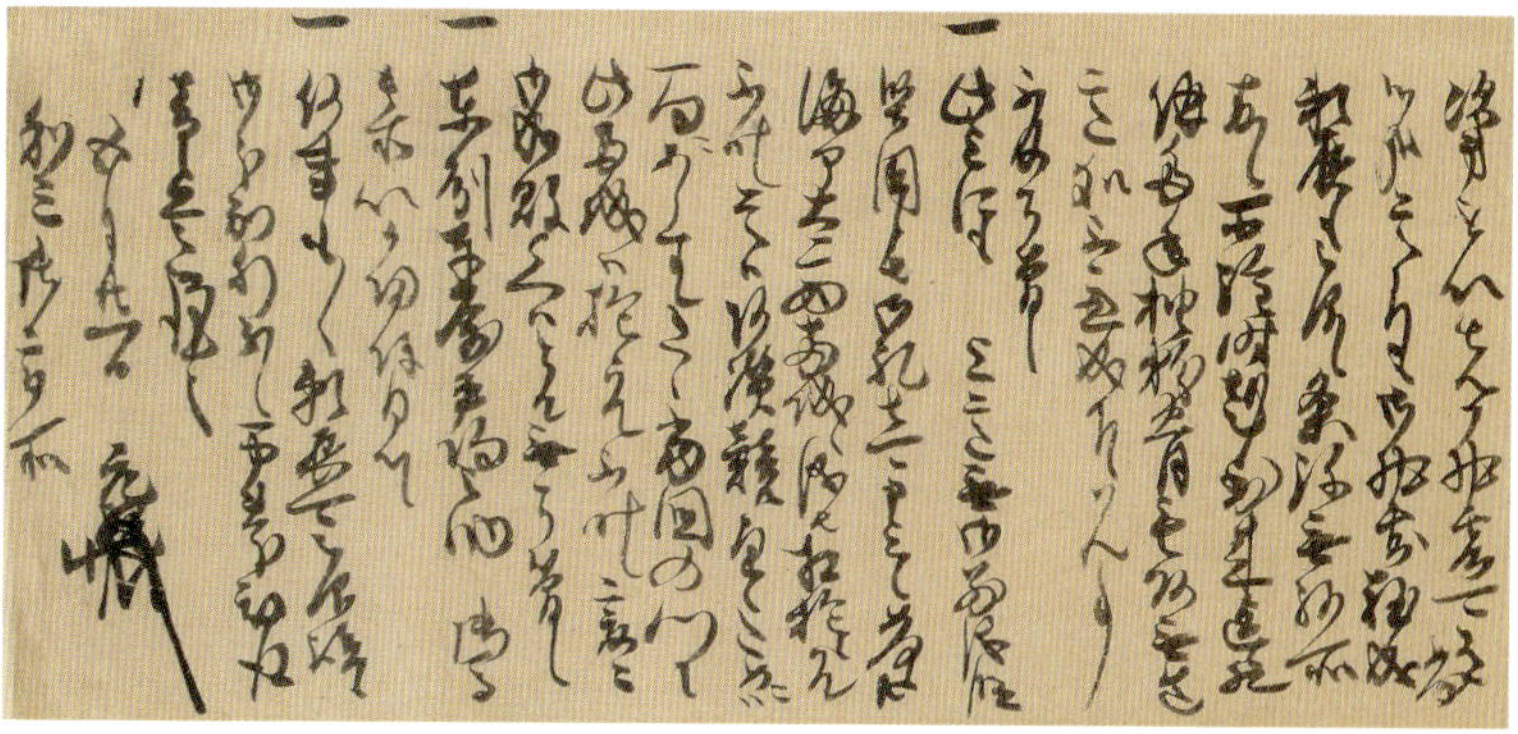

関ヶ原合戦図屛風（右隻）（福岡市博物館蔵）
中央下に長宗我部隊が描かれている。

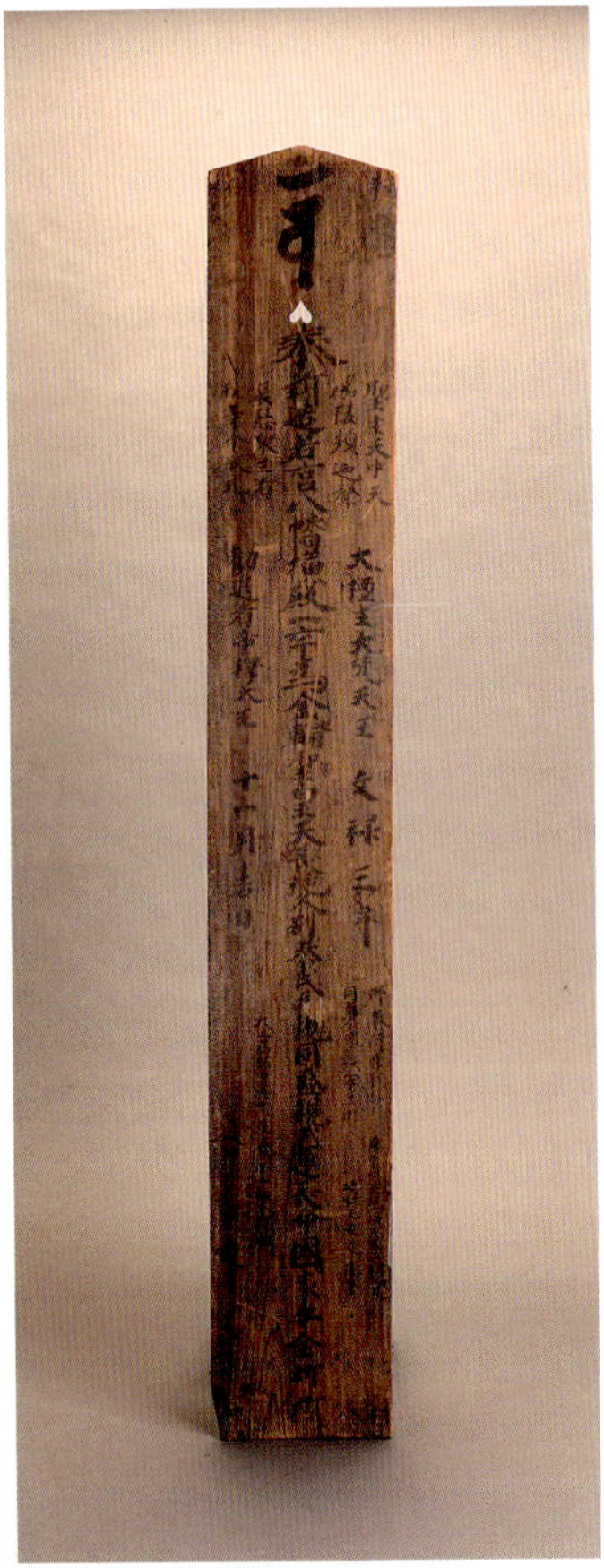

棟札（元親と盛親の連名）
（若宮八幡宮蔵／高知県立歴史民俗資料館提供）

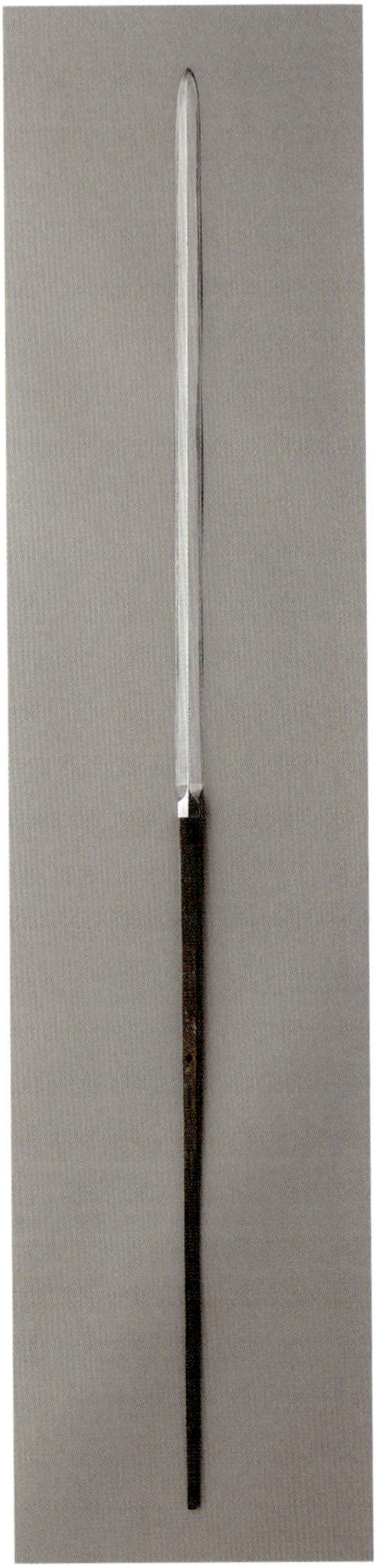

大身槍（伝長宗我部元親所用）
（高知県立歴史民俗資料館蔵）

はじめに

現代の日本人の間で、長宗我部を「ちょうそかべ」と読める、あるいはその読みを聞いたことがあるといった人は、他の難読苗字に比べれば多いほうであろう。* 長宗我部家は戦国大名として発展し、江戸時代の大名として存続することはできなかったが、軍記物などの文学で四国の雄として記憶され続けた。現代では、小説やドラマ、ゲームで長宗我部元親《もとちか》が知られるほか、高校の日本史の教科書でも分国法を制定した戦国大名として名前が登場することで、その名が知られ続けている。

＊「長宗我部」という苗字は、現在では「ちょうそかべ」「ちょうそがべ」と読まれるが、戦国時代には「ちょうそ（う）がめ」「ちょうすがめ」などと読んでいたらしい（津野倫明『長宗我部元親と四国』）。ヨーロッパ人であるフランシスコ・カブラルは「とそがみ」（Tosogami）と記している（『イエズス会士日本通信』下、三一七頁）。

だが、戦国時代でもこの苗字が有名であったかというとそうではない。同時代史料で漢字表記が「長曽我部」「長曹我妻」「長曽亀」など様々に間違えられているように、この苗字は中世の土佐国以外の人々にとって非常に珍しいものであった（豊臣秀吉もたびたび「長曽我部」と間違えている）。

長宗我部元親銅像（若宮八幡宮境内）
（若宮八幡宮提供）

この珍しい苗字が日本で有名になったのは、戦国時代に四国の大名として長宗我部元親が活躍したからである。元親は土佐国の国人領主から一代で四国全域に勢力を広げた大名として、長宗我部の名を一躍有名にした。同時代人たちは、馴染みの無い珍しい苗字の人物が急に出てきたため、正しい漢字が分からなかったのである。

また、元親の子盛親《もりちか》は、父の跡を継いだ翌年に領国を失ったが、大坂の陣で大坂城に入城したことで知られている。彼もまた、父とは違った形で長宗我部の名を知らしめた人物であった。

現在の地元の高知では、代表的な観光地となっているのが高知城・はりまや橋・桂浜（の坂本龍馬像）などであるように、江戸時代の土佐藩（山内《やまうち》家）の時代の印象が強い。これは土佐を支配した期間でいえば長宗我部家より山内家の方が遥かに長いからである。ただ、前述の大名としての活躍や、土佐藩の郷士《ごうし》に長宗我部旧臣がたくさんいたこともあって、長宗我部元親を郷土の偉人とみる思想もまた、江戸時代から受け継がれている。近年は、ゲームなどの影響によって若い長宗我部ファンも増えてきており、岡豊《おこう》城跡に立てられた高知県立歴史民俗資料館などが中心となって毎年イベントが開かれている。

本書で扱うのは、戦国時代から豊臣政権期にかけての長宗我部家の当主、元親と盛親の父子である。元親が戦国大名として勢力を広げ、織田政権や豊臣政権とどのような関係を持っていったのか、また豊臣政権から徳川家康の政権（江戸幕府）に移り変わる中での元親・盛親父子の様相を描いていく。この父子については、これまで出版された一般書では元親を中心としたものが多かったため、盛親にはそれほど多く触れられてはこなかった。本書では、盛親にも一章を割いて、最新の研究成果を詳しく紹介する。

本書では、単に情勢を追うのみならず、経営者・為政者としての側面も追っていくことで、様々な角度から彼らの実像に迫っていきたい。戦国時代研究の中では、長宗我部元親・盛親は戦国大名の一員として扱われているが、史料の伝存状況に偏りがあることもあって、北条家や毛利家に比べると中心的な検討対象にはなっていない。豊臣期になると、特に兵農分離や小農自立といった関心から、遅れた・後進的な大名という見方がよくなされている。ただ、こうした評価には問題のある部分もあることから、本書の中で何度か言及していくこととする。

なお、本書を記述するにあたって、基本的な執筆態度を二点ほど説明しておきたい。

一点目は、基礎的事実の検討についてである。人物伝である以上、元親や盛親がどのような人物であるかを描かねばならないが、彼ら自身が直接残した言葉は少ない。それどころか、彼らに関わる人物の名前をはじめ、事件・戦争の起きた年など、はっきりしていない点が実はかなり多いのである。

そのため、彼らを論じる前提として、彼らの行動や周辺の事件の具体像を一つひとつ探っていくような記述が多くなる。若干読みづらい点もあるだろうが、承知していただきたい。

二点目は、使用する史料についてである。歴史上の出来事は、妄想で語られているわけではない。根拠となる史料（歴史資料）があって初めて論じることができるのである。史料には文字で書かれたものや、絵画、それに発掘された遺物・遺構など様々なものがあるが、本書の叙述の中心となるのは文字史料となる。

長宗我部家の場合、彼らの人物像を示すようないくつかのエピソードが知られているが、その多くが「土佐物語《とさものがたり》」という江戸時代に作られた軍記物に記された内容である。同書は個々の出来事について かなり細かく記しており、元親・盛親の人生がドラマチックに語られる読み物になっている。では、「土佐物語」があれば元親や盛親の実態に深く迫れるかと言えば、実はそうではないのである。

たとえば、元親が土佐国を統一する際に戦った一条兼定《いちじょうかねさだ》という有名な人物について、「土佐物語」は「一条兼定卿は名前を改めて康政と名乗った」と説明している。ところが、康政というのは彼の名ではなく、彼の家臣である源康政という人物の名である。一条兼定の代わりに源康政が文書を出すことが多かったため、兼定の名を康政と勘違いした説が江戸時代にかなり広まった。「土佐物語」の著者は、そうした誤伝を受け入れた結果、兼定と康政を同一人物だと思い込んでしまったのである。一条兼定という重要人物の名前すら間違うような史料に全幅の信頼を置くことができないことは、火を見るより明らかであろう。

もう一点例を挙げよう。「四国軍記《しこくぐんき》」という軍記物によれば、永正四年（一五〇七）に土佐国で鉄砲が使われたことになっている。この年は鉄砲が種子島に伝来したとされる年よりも三〇年以上前である。これは「四国軍記」の著者が鉄砲の伝来年を考慮せず（あるいは知らず）、戦闘シーンの迫力を増すためだけに鉄砲を登場させたものであることが明らかであろう。当然、そこに描かれた戦闘は事実とは言いがたい。

江戸時代に作られた軍記物や系図のような、研究対象となる時期よりも後の時代になって作られた史料は二次史料という。そして、対象とする時期にリアルタイムに作られた文書や日記などの史料は一次史料と呼ばれている。どちらが信頼できるかと言えば、当然ながら一次史料の側である。本書は小説ではなく事実に基づいた人物伝であるから、信頼性の低い二次史料を中心に据えることは避けるべきである。

右の理由により、本書では一次史料を叙述の中心に置いていく。ただし、長宗我部家の場合、北条家や毛利家のような史料が多い大名とは異なり、一次史料だけで分かることは僅かである。特に合戦の具体像については、軍記物を排除したら何も書けないというのが実情である。そのため、二次史料への言及も多くなってしまうことも断っておきたい。二次史料を用いる際には、できるだけその記述の信憑性を検討することとする。

なお、長宗我部家に関する軍記物は「土佐物語」だけではない。代表的なのは「元親記《もとちかき》」「長元記」の二つの軍記で、どちらも長宗我部家の元家臣が一七世紀前半に書いたことが特徴である。よく使われる「土佐物語」や「南海通記《なんかいつうき》」などの有名な軍記は、この二書を参照して肉付けして記されたと考えられている（関田駒吉「土佐史界の開拓者谷秦山」）。よって本書では、二次史料の中では「元親記」「長元記」の二つの軍記を主に用いていく。ただし両軍記にも執筆者の記憶違いや事実を曲げた記述、長宗我部家を贔屓したような記述はあるため、その点に留意しておきたい。

あくまでも中心は一次史料である。元親・盛親に関するよく知られたエピソードを二次史料から紹介した上で否定するような、ややまわりくどい記述も本書には幾度か出てくるが、事実に重きを置く執筆態度にのっとったためであり、ご了承いただきたい。

長宗我部元親・盛親——四国一篇に切随へ、恣に威勢を振ふ

目次

目　次

図版写真一覧

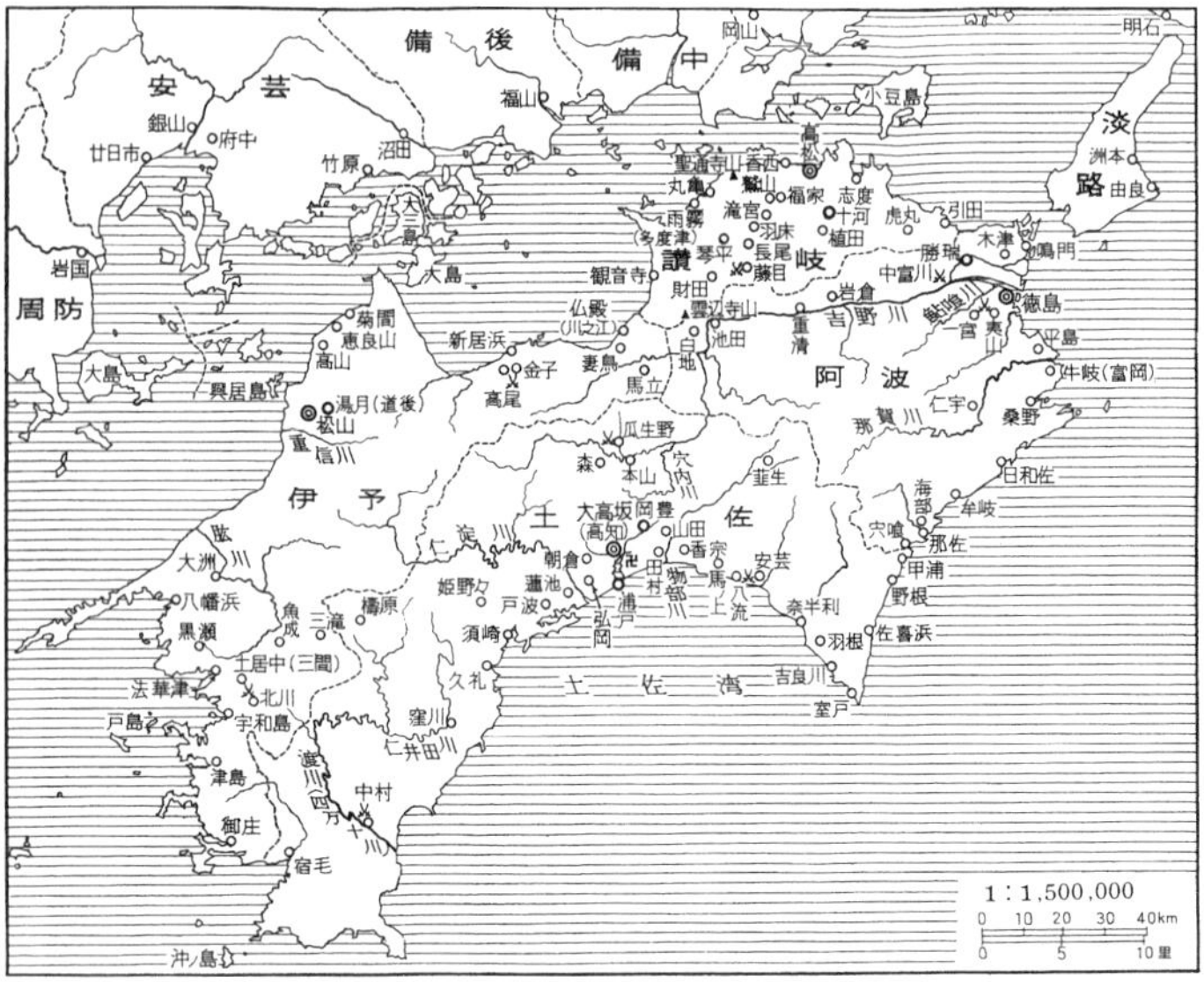

関係地図１（山本大『長宗我部元親』より）

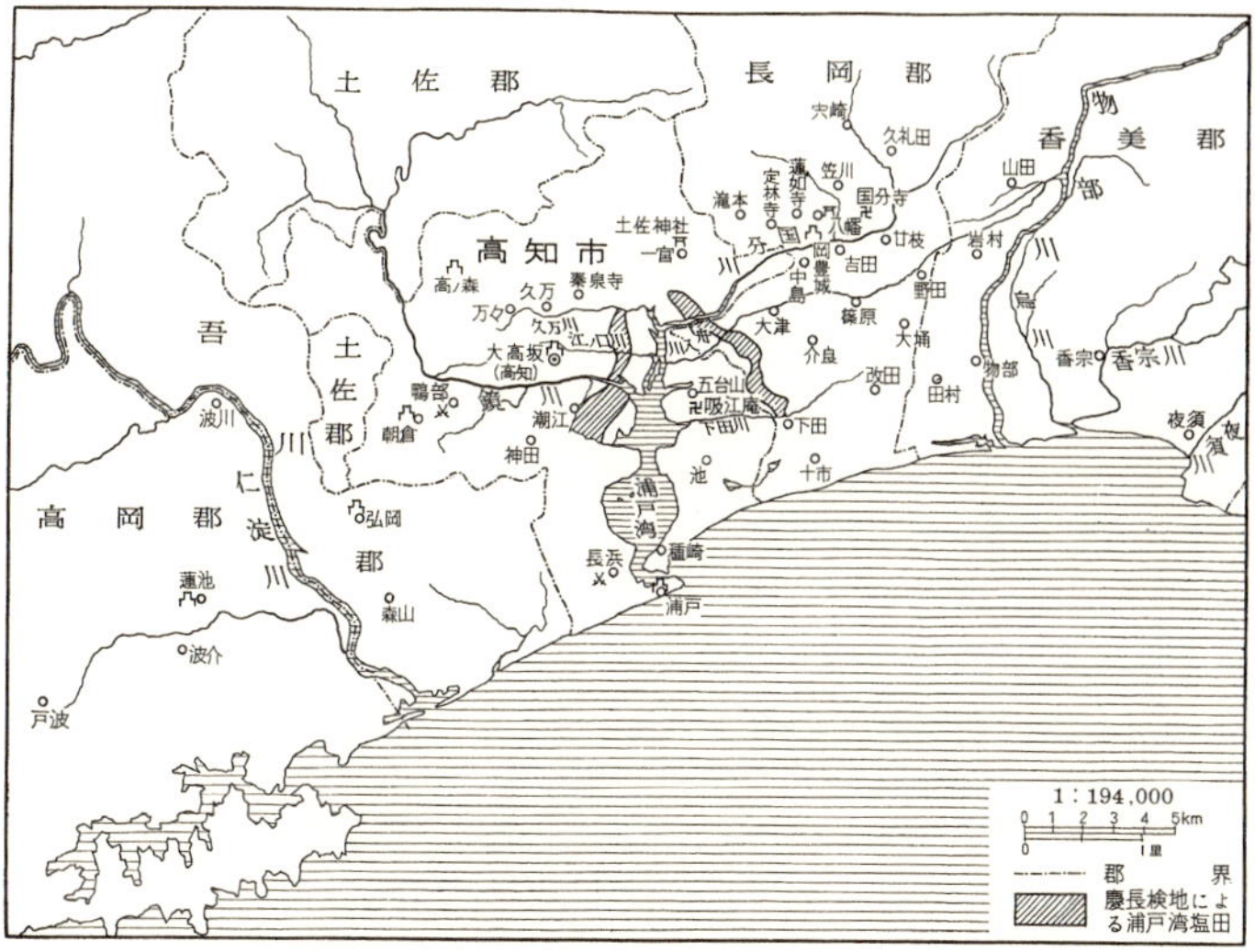

関係地図２（山本大『長宗我部元親』より）

関係系図

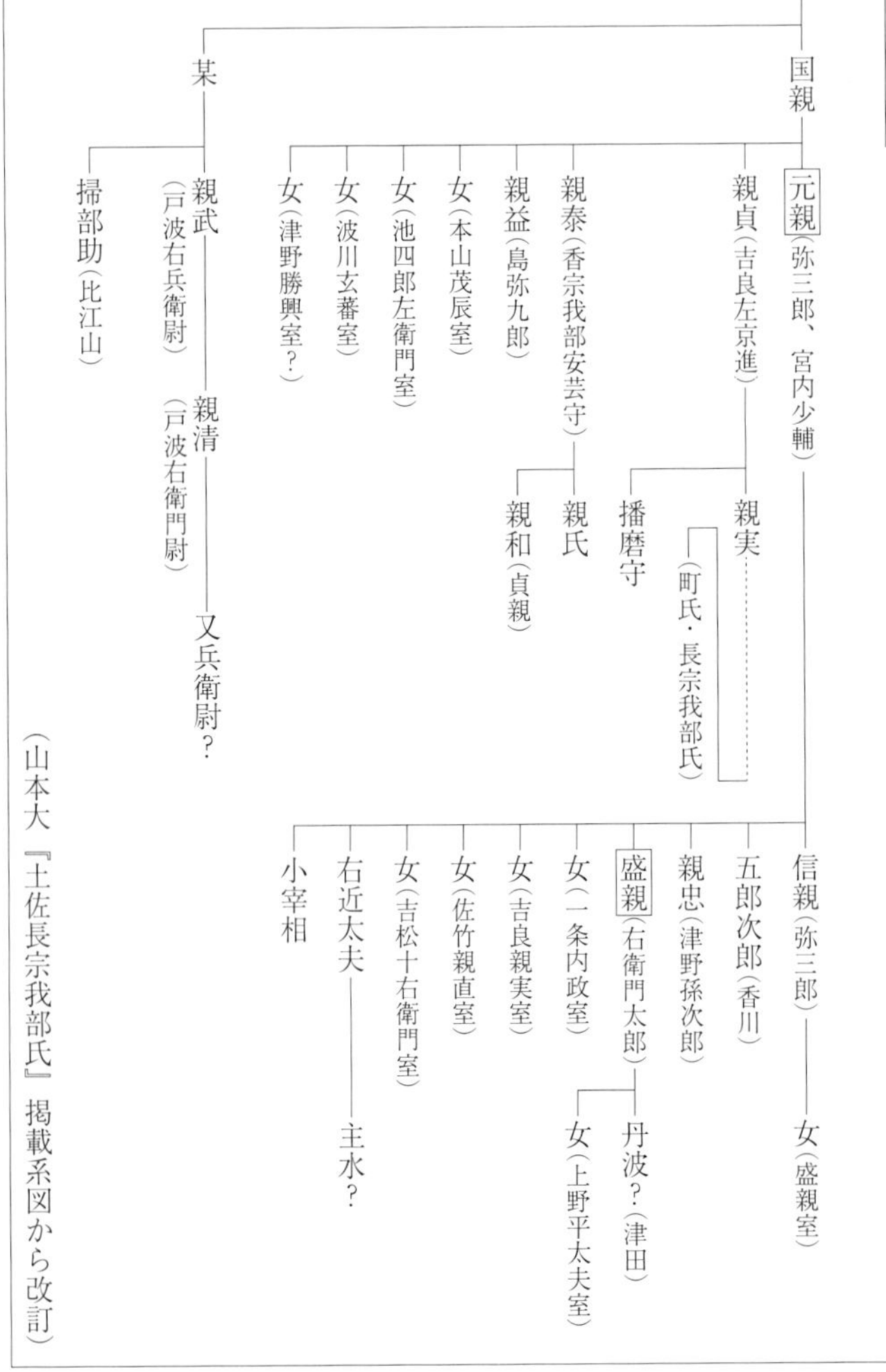

（山本大『土佐長宗我部氏』掲載系図から改訂）

第一章　長宗我部家の黎明

1　長宗我部家の成立

長宗我部家の成立をめぐる諸説

長宗我部という珍しい名字は、元親・盛親の先祖が名乗り始めたとされ、土佐国固有のものである。この家系がどういった出自を持つか、確実な史料はまったく無い。そのため、長宗我部家に関する系図や物語によって、様々な説が生み出されてきた。

諸書の記述で共通するのは、秦の始皇帝の子孫が日本に渡り、そのうち秦河勝《はたのかわかつ》の子孫が土佐国に来て長宗我部を名乗ったという点である。この点の検証はほぼ不可能に近いが、長宗我部家では元親やその父国親《くにちか》が本姓として「秦」を名乗っていることが確認できるから、戦国時代の長宗我部家自身がそうした家柄と認識していたことは確かである。

ちなみに本姓とはその家の本来の姓を指すもので、徳川家康は「源」、織田信長は「平」である。

一般には「長宗我部氏」と呼ぶのが通例であり、筆者もそう呼んできた。だが、本来は「長宗我部」は苗字であるため「家」をつけて呼ぶべきであり（「長宗我部家」）、「氏」をつけるならば本姓の「秦氏」となるはずである。したがって以後本書では「長宗我部氏」とせず「長宗我部家」と記していきたい。

秦河勝以後の動向は諸書によってまちまちである。「土佐国古城伝承記」「土佐物語」は、河勝から二五代の孫能俊《よしとし》が土佐国長岡《ながおか》郡岡豊で三千貫を領して宗我部と称したが、隣郡にも宗我部家がいたので、それぞれ長宗我部・香宗我部《こうそかべ》と名乗ったとする。具体的な年代は分からないが、一世代を二〇年と見積もると、一二世紀頃に土佐にやってきたと想定していることになる。この他、「南海通記」は、秦河勝子孫が宗我部に住み、鎌倉初期に香美《かみ》郡司夜須《やす》行宗《ゆきむね》の臣となったとしており、鎌倉期以前から土佐に居住していたとみている。

一方、「土佐軍記」「四国軍記」「南国中古物語」は、百済の使が信濃に領地をもらって秦を名乗ったといい、応永年間（一三九四～一四二八）に秦元勝が久武《ひさたけ》源蔵・中内八郎（土佐出身）とともに武者修行をし、伊勢国桑名《くわな》で桑名弥次兵衛を加え、京都・紀伊を経由して土佐に至り、江村備後守の養子として宗我部に住んだという。こちらはぐっと下って室町時代に土佐にやってきたことになる。

なお、「古筆長宗我部系図」の序には、秦河勝の子孫が土佐国に赴任しそのまま留まって長宗我部郷を本領としたとあるという（「土佐国蠹簡集《とさのくにとかんしゅう》」二二〇号）。「元親記」も、長宗我部家の先祖が土佐国の国司であったと記す。これらは入国の年代を明らかにしていないが、古代の段階から居住していると想定しているのだろう。

これらのうち最も信憑性が低いのは『土佐軍記』が記す室町期説である。なぜなら、建武政権期の元弘三年（一三三三）付の「長宗我部新左衛門」宛の文書が存在しており、これ以後に入国したとは考えがたいからである（「吸江寺文書」『長宗我部氏と宇喜多氏』八号）。久武・中内・桑名の三家は後に長宗我部家の家老となっており、そこに着想を得て唱えられた説であろう。

近年では、市村高男氏や朝倉慶景氏が、古代の土佐国衙《こくが》の在庁官人の末裔であったとみており、この見方が有力になってきている（市村高男「戦国の群雄と土佐国」、朝倉慶景「長宗我部氏の名字と居住地について」）。森公章氏は古代に幡多《はた》郡の郡司であった秦氏が国衙の有力な在庁官人になっていたと指摘しており、この家が長宗我部家の先祖の可能性がある（森公章「土佐国の成り立ち」）。

室町期の長宗我部家

戦国時代以前、長宗我部家はどのような立場にあったのだろうか。

室町時代の土佐国は、幕府の三管領家の一つである細川京兆家《けいちょう》（代々の当主が右京大夫＝右京兆を名乗るためそう呼ばれる）が守護を務めていた。四国全体をみると、讃岐国は同じく細川京兆家、阿波国は庶流の細川阿波守護家、伊予国は河野《こうの》家が守護となっている。

建武政権期に「長宗我部新左衛門」の姿がみられると先に記したが、その内容は伊豆国の走湯山密《そうとうざんみつ》厳院《ごんいん》領である長岡郡介良荘に対する乱妨人を鎮めるよう命じたものである。後に介良荘の一部は長岡郡の吸江庵《ぎゅうこうあん》領となっており、その縁でこの文書の写が「吸江寺文書」に残ったのだろう。この新左衛門は「古系図注」によると長宗我部信能《のぶよし》のことであり、その子兼能《かねよし》の時代に吸江庵の寺奉行に任命されたという（「土佐国蠧簡集」二二二号）。

応仁・文明の乱の最中である文明三年（一四七一）に定められた吸江庵の掟に、元親の五代前の当主とみられる信濃守文兼《ふみかね》が署名している（「吸江寺文書」『長宗我部氏と宇喜多氏』九号）。また、戦国期にも元親の父国親が寺奉行となっていることから、長宗我部家は守護細川京兆家の家臣として吸江庵の寺奉行に任命されていたと考えられている。

さらに応仁二年（一四六八）には、細川勝元が長宗我部信濃守（文兼か）と香美郡の山田下総入道・香宗我部甲斐守に香美郡大忍荘《おおさとのしょう》への出陣を命じている（「安芸文書」一七三号）。寺奉行としてのみならず、他の国人とともに細川家に従って軍事行動をも行っていたのであった。

なお、確実な史料を元にするかぎり、国親の代までの長宗我部家当主の事績は、この文兼以外は明らかではない。二次史料にまで手を伸ばすと、たとえば「土佐物語」では応仁・文明の乱ののちの文明一〇年（一四七八）に京都の公家一条教房《のりふさ》を長宗我部文兼が居城に迎え入れたことになっているが、実際には教房は応仁二年（一四六八）に大平家の船で土佐に下っており、長宗我部家との関係も確認できないから、この記述は信用できない。

文兼の時期に起きた事件として、「古筆秦氏系図」は、文兼の子の元門《もとかど》が主の細川家や父の命令に背いたため「家中錯乱」となったとしている（「長宗我部家系」）。その後和解の後に元門の弟雄親《かつちか》が長宗我部家を継いだという。

余談だが、後述する仁如集堯《にんじょしゅうぎょう》は国親の寿像讃に、「国親の先祖が足利義教の石清水八幡宮参詣に扈従《こしょう》した」と記している。その根拠は不明であるが、もしかすると「石清水放生会記」が記す永享一〇年（一四三八）の行列の中に「宮五郎左衛門尉盛長曽我平次左衛門尉教忠」とあることに拠ったのではないか。その想定が正しければ、これは「宮盛長」と「曽我教忠」の二人の人物が連続して記されたことによる見間違いであろう。他に長宗我部苗字の人物は見られないから、長宗我部家の人物の事績とみることはできない。

2　国親の時代

長宗我部国親の誕生

さて、元親の父国親については、幼少期の次のエピソードが知られている（「長元記」）。

土佐国の国人吉良《きら》・大平・本山《もとやま》が、元親の祖父長宗我部兼序の居城（岡豊城）を攻めて長宗我部家を討った。このとき兼序の子千王丸（後の国親）は六歳であったが、譜代の侍近藤某が竹籠に入れて連れ出し、幡多郡の一条殿（法名光寿寺）のもとで保護してもらった。千王丸が七歳のときに、一条殿がたわむれに「二階から庭に飛び降りることができたなら長宗我部家を再興してやろう」と言ったところ、言い終わらないうちに千王丸は飛び出した。名字のために一命を捨てようとする千王丸の行動に一条殿は涙し、三人の国人と交渉して千王丸を岡豊城に帰還させ、後に千王丸は元服

岡豊城跡（高知県南国市岡豊町八幡字岡豊山）

岡豊城跡から東を望む

して宮内少輔《くないのしょう》を名乗った。

このエピソードは「土佐物語」では若干変わっており、岡豊城の落城の年を永正六年（一五〇九）と明記し（「南国中古物語」は永正五年〈一五〇八〉とする）、千王丸（千翁丸とも）が頼った一条殿を房家《ふさいえ》、千王丸の帰還を永正一三年（一五一六）とする。「長元記」が記す「光寿寺」殿は、一条房家（一四七五～一五三九）の孫房基《ふさもと》（一五二二～四九）を指すとみられるから、「長元記」と「土佐物語」の間では世代にズレがあるのである（野澤隆一「史料紹介　足摺岬金剛福寺蔵土佐一条氏位牌群」、「土佐国蠹簡集」二一五号）。

山本大氏をはじめとする通説は「土佐物語」の説をとり、畿内で細川政元《まさもと》が暗殺された事件（永正四年）に端を発して土佐国内の勢力が二つに分かれて争い、それによって長宗我部家の岡豊城が落城、没落した千王丸が一条房家を頼ったとしてきた。

こうした通説は、「土佐物語」等の記述に基づき、国親を文亀二年（一五〇二）頃の生まれとみて考察されている。しかし戦前の段階で関田駒吉氏が、相国寺の禅僧仁如集堯の詩集「鏤氷集《るひょうしゅう》」に収録された国親の寿像讃に永禄二年（一五五九）に四五歳（数え年）とあることから、国親の誕生を永正一二年（一五一五）とする説を発表している（関田駒吉「仁如集堯と長宗我部国親」）。この史料は、同時代の禅僧が、本人あるいはその近親者の依頼で書いた画賛であるから、軍記よりも格段に信頼できる。関田氏によって、国親の生年は十年以上下ることが明らかになった。この説だと跡取りの元親が生まれた天文八年（一五三九）頃に国親は二十代半ばとなるから、国親が三十代後半の頃に元親が生まれたとする「土佐物語」説よりも自然になる。

よって、「土佐物語」が記す岡豊城永正六年（一五〇九）落城説は、国親がまだ生まれていないため、誤りである可能性が高い。頼った先は、一条房基ではなく、その祖父一条房家だろう（房基は国親より年少）。*

＊なお、岡豊城落城後に、国親が香美郡大忍荘の槙山《まきやま》に匿われていたとする由緒書があり、市村高男氏はこちらの説を有力視している。

国親が六歳のときに岡豊城が落城したとすると、大永元年（一五二一）頃落城となる。この時期畿内では、細川政元の養子として細川京兆家を継ぎ将軍足利義稙《よしたね》を擁立していた高国《たかくに》と、もとは高国と同様に細川政元の養子であった阿波守護家の細川澄元《すみもと》が対立しており、さらには将軍義稙が高国と対立して将軍が足利義晴に代わるなど、政治的に大きな動きのある時期であった。土佐国内の勢力が二つに分かれて争うことになった理由を、永正年間の細川政元の死ではなく、この大永元年頃の争いに求めることもできるだろう。

国親の成長

岡豊城に帰還した長宗我部国親は、妻として本山家の娘を娶った（「鏤氷集」）。本山家は岡豊城攻撃の首謀者の一人とされているが、国親が帰還するにあたって和睦し、婚姻関係を結んだのだろう。後に国親の娘（元親の姉）が本山茂辰《しげとき》の妻となっており、両家は二重の婚姻関係を結んでいた。そして成人した国親は信濃守を名乗るようになるが、この官途名は先に紹介した文兼も名乗っており、仁如集堯は「数世信州刺史を領す」として長宗我部家歴代の名乗りであったとしている。この名を名乗ることによって国親は長宗我部家の復活を周囲にアピールし、家の再建を図ったのだろう。なお、先に紹介した「長元記」には国親が宮内少輔を名乗ったとあるが、一次史料からは確認できない。

さて、前述のように、国親の代になると発給した文書が残るようになってくる。国親が出した中では最も古い天文三年（一五三四）の文書が、近年新たに発見された（「村島家文書」一号）。その内容は、川田喜兵衛に土佐国分寺領のうち三反の作職を与えるというものである。こうした宛行は在地の武士たちに権益を認めて味方に引きつけるものであった。その二年後、国親は岡豊からやや東南にある野田での戦いで活躍したという権助なる者に名前を与えており、相手は分からないがこれが一次史料から確認できる国親の最初の戦いとなる（「土佐国蠹簡集竹頭」六九号）。それから数年間は文書がみられない時期が続く。在地武士を取り立てて地盤を固めていたのだろう。

天文一六年（一五四七）四・五月には連続して文書が残っており、この時期は一つの画期となっていた。四月付の坪付状《つぼつけじょう》（家臣への領地宛行状）をみると、長岡郡江村郷・廿枝《はたえだ》郷のほか、香美郡の岩村郷も宛がっている（「土佐国蠧簡集木屑」一九三号）。江村・廿枝は岡豊城に近いため長宗我部家がもともと持っていた地域とみられるが、岩村郷は隣の郡であり、国親が東側に領地を広げていた様子が見える。

五月には、香美郡大忍荘での戦いの褒美として長岡郡大津郷の土地を宛がっている（「土佐国蠧簡集」一二三九号）。侵攻先を香美郡の東端まで広げると同時に、岡豊城の南側に位置して浦戸《うらど》湾に至る水運の拠点である、大津にも進出していたのである。

では、こうした国親の勢力拡大はどういった事情によるのか。長岡郡大津は同郡田村とともに土佐国守護代細川家（上野家）の拠点であり、守護代自身は活動の場を畿内に移していたようだが、同地域周辺には細川一族の天竺《てんじく》・十市《とおち》・池家らが在国していた。それが、国親の大津進出によって天竺家が滅亡、十市・池家は長宗我部家の配下に加わったのであり、土佐国にとって大きな事件であったはずである。これについて市村高男氏は、畿内で細川氏綱《うじつな》（高国の後継者）と細川晴元《はるもと》（澄元の子）の争いが起きていたため、それに連動して氏綱派の土佐守護代（上野高益。ただし在国せず）と晴元派の長宗我部国親の争いがあったのではないかとみている。十市・池両家は長宗我部家に下った後に好待遇を受けていることから、守護代関係者内部でも氏綱派（天竺）と晴元派（十市・池）が分裂していた可能性もあろう。

国分寺金堂（高知県南国市国分）

実は香美郡での戦いに関しても類似の事情を推測できる。この戦いは、「土佐国古城伝承記」「土佐物語」が記す同郡山田郷の山田元義との戦いと関連するものと思われるが、山田元義は天文五年（一五三六）には和泉国守護細川勝基《かつもと》に従っており、勝基は細川高国派であった（「行宗文書」三八・三九号。岡田謙一「細川高国派の和泉守護について」）。やはり両細川家の争いが土佐に波及しており、氏綱派の山田元義を攻める形で国親の香美郡侵攻が行われたとみれば、国親が勢力を拡大させることができた理由の一端が説明できるだろう。

地域寺社の再興

国親は、長宗我部家の勢力を長岡・香美両郡の南部で拡大させる一方で、いくつかの動きを見せている。

一つには天文二三年（一五五四）に長岡郡下田村の三所権現を再興したことである（「土佐国蠹簡集」二五二号）。天文一六年（一五四七）頃の戦いによって支配下に入れたこの地域の神社を保護することで、住民に新支配者としての長宗我部家の存在感を示したのであろう。

また、国親は死の二年前である永禄元年（一五五八）、土佐国分寺の金堂を再建しており（国の重要文化財として現存）、棟札には長男の元親と連名で大檀那として記載されている（『土佐国分寺』三六―一号）。国分寺の存在する国分《こくぶ》村は長宗我部家の本領に含まれていたとみられ、長宗我部一族の中には「国分之土居」を持つ南岡四郎兵衛親秀《ちかひで》や、国分を名字とする国分平兵衛親賀がいた。このように長宗我部家と縁が深かったとみられる国分寺の金堂再興は、長宗我部領周辺、ひいては土佐全体へのアピールに繋がったことであろう。

ところで、国親は下田村の三所権現を再興した天文二三年（一五五四）頃から出家して「覚世」を名乗り始める（「村島家文書」一二号）。ただし、国親自身はその後も当主として文書を発給しており、まったく引退していない。この出家は、家臣から資質を疑われていた（後述）元親を元服させて次期当主として確定させるための処置ではないか（元親は数え年でこの年一六歳）。国分寺金堂再興で国親と元親の名が並んで出ていることも、やはり次期当主元親を宣伝する目的があったとみられる。

なお、国親はこの頃自らの雅号をつけた瑞応寺《ずいおうじ》を岡豊城城下周辺に建てている（関田駒吉「仁如集堯と長宗我部国親」）。いずれ自らの隠居所あるいは菩提寺にするつもりであったのだろう。

地域寺社といえば、弘治二年（一五五六）、守護細川家の寺奉行であった国親が、吸江庵に対し、同じ五台山に存在する竹林寺《ちくりんじ》との山境相論の判決を伝えている（「吸江寺文書」『長宗我部氏と宇喜多氏』一三号）。ただ、これは細川京兆家（晴元か氏綱かは未詳）の命令であると国親は述べているので、彼独自の動きではなかったようだ。

また相論と同じ頃に国親が吸江庵納所に送った書状には、「一宮（土佐神社）の御造営のため両郡（長岡郡のほか、土佐郡あるいは香美郡）に段銭《たんせん》を賦課したが、介良荘には免除する」とある（「吸江寺文

土佐神社（高知市一宮しなね）

書」〈「土佐国蠹簡集」七七七号〉）。土佐神社（高賀茂大社）は岡豊から約五キロ西に存在する土佐国一宮で、永禄年間に長宗我部家と本山家との戦いで焼失し（「土佐物語」）、元親が再興した社殿が現代まで残っていることで有名であるが、国親の生きている間に造営の話が出ていることからみて、どうも以前から荒廃が進んでいたらしい。

では、この造営の主体は誰であろうか。守護細川家、土佐神社自身、そして長宗我部家がひとまず思いつくが、書状内では明確にされていない（野本亮氏は国親を想定する。野本亮「長宗我部国親発給文書について」）。確実に言えるのは、この段銭を「申し付けた」あるいは「除き置いた」という国親の言い方からみて、段銭の徴収と免除地の設定を国親が行っていたのであり、この時期の長宗我部家が二つの郡から段銭を徴収できるほど勢力を拡大していたことであろう。

ただ、この一宮造営が実際に行われたかは不明である。この書状以外の史料にまったく記されていないことから、未完に終わった可能性が高そうである。

本山家との戦い

右のように細川家臣として、あるいは独自に勢力を拡大していき、長宗我部家の基礎を築いた国親は、晩年に本山家との戦端を開いた。本山家は土佐国の中でも山間に位置する長岡郡本山郷を本拠とする国人であるが、戦国時代に高知平野まで大きく南進、土佐郡・吾川《あがわ》郡の太平洋側まで進出するなど、土佐国中央部を縦断する勢力にまで発展した。長宗我部家が本山家等の勢力に攻められて岡豊城を落とされ、復帰後に国親が本山家と二重の婚姻関係を結んだことはすでに述べたが、その関係が崩れたことになる。

そのきっかけは、「元親記」によると、国親が大津の港から種崎まで兵糧船を出したところ、本山領の潮江《うしおえ》から出てきた船がこの兵糧船を略奪したことにあるという。本山清茂《きよしげ》・茂辰父子は自分の指示ではないと弁解したが、幼少の頃の恨みを忘れていない国親は無視し、手切れになったという。どうも国親の強引さが目立つエピソードであり、軍記物では父の敵である本山家への復讐心が強調されている。ただ、この事件に関係する大津や種崎、潮江はいずれも浦戸湾の内港であり、浦戸湾自体が土佐中央部における要港である。復讐のほかに、国親は事件を口実として水運の主導権を奪取し、流通・軍事に役立てようとしたのだと思われる。

なお、本山清茂（梅渓《ばいけい》）は天文二四年（一五五五）に死去しており（「土佐国蠹簡集」二五六号）、子の茂辰が本山家を継いでいる。継承直後の弘治二・三年（一五五六・五七）、茂辰は賀田《かだ》城（吾川郡加田村、現いの町）の城番を定めたり、土佐郡で知行地を宛がったりと、積極的に文書を発給している（「土佐国蠹簡集」二六〇・二六七・二六八号）。

一方でこの時期の長宗我部家の方は、本山家と接する方面への行動は見えず、逆に東側の香美郡韮生郷《にろうごう》に関係する文書をいくつか発給しており、国親が香美郡の香宗我部親秀《ちかひで》に送った書状をみると、どうも香宗我部家と組んで安芸郡の安芸元盛《あきもともり》と戦っていたようである（「土佐国蠹簡集」二六二号。「土

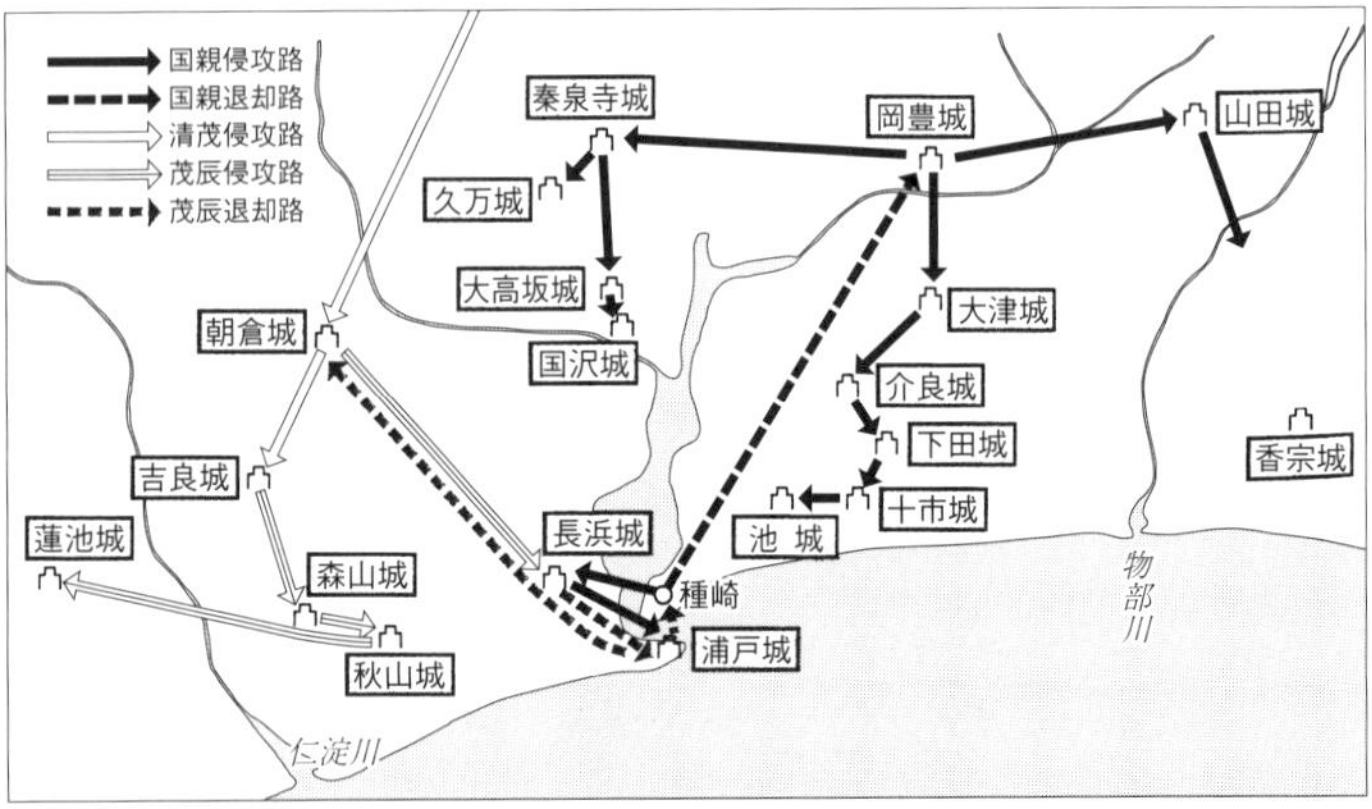

本山家と長宗我部家の支配領域
(高知県立歴史民俗資料館編集・発行『長宗我部氏と宇喜多氏』より)

佐国古文叢」一二〇〇号)。香宗我部親秀はかつて細川氏綱派についていたが(「土佐国蠹簡集」七八二号)、長宗我部家の勢力伸長を受けてこちらにつくようになったのだろう。

　したがって、国親が本山家と戦端を開いたのは、清茂が死んでやや後の永禄元・二年(一五五八・五九)頃だと思われる。

　さて、国親は永禄三年(一五六〇)五月、本山家の持つ吾川郡長浜城を攻撃する。これまでの長宗我部家の勢力圏からみれば浦戸湾の対岸に位置する地域を奪取する動きであり、ここと浦戸城を押さえることで浦戸湾の制海権を握ろうとしたのだろう。この時の戦いについて、「長元記」「元親記」の両書に、長浜城に長宗我部家の大工を潜り込ませた、あるいはかつて追放して本山側に仕えていた大工を寝返らせたことで容易に長浜城を攻略できた、との記事がある。どうも大工によって長浜城を落としたという話は長宗我部家臣の中では有名な逸話だったらしい。これによって長宗我部家は浦戸湾西岸に橋頭堡を確保し、本山家との全面対決を有利に進める条件を得られた。

長浜の戦いと国親の死

長宗我部国親が長浜城を奪ったのち、本山茂辰が朝倉《あさくら》から出陣してきたため、両家は吾川郡長浜で戦った。元親の初陣として有名な長浜の戦いである。

「元親記」によれば、本山勢と、種崎から渡海してきた国親父子を含む長宗我部勢が、長浜落城の翌日に長浜で戦い、乱戦になったところを長宗我部元親が五〇騎程で敵の中央に突撃、それが長宗我部勢の勝ちに繋がったという。そして翌日には本山茂辰が自ら浦戸から出陣して若宮で戦ったが、元親の弟親貞《ちかさだ》の活躍によって再び長宗我部勢が勝った。茂辰は浦戸城に籠もったが、わざと包囲を緩める国親の策略によって茂辰は脱出、本山家の拠点である土佐郡朝倉城に去ったとする。

しかし国親はその頃急病となり、翌月である六月一五日に「本山を滅ぼせなかったことは無念であるが、本山領に踏み込めたことで少しは思いを遂げた。この合戦での元親の振る舞いは立派であり、安心である。私は長宗我部家の軍神となろう」と言い残して死んだという。

これについて、「長元記」は少し違った記述をしている。自ら長浜城を攻めた国親は城を落とした二日後に死に、元親はそれを聞いて岡豊城からやってきた。彼は弱冠一八歳でまだ槍の使い方も知らなかったが家臣の秦泉寺《じんぜんじ》豊後《ぶんご》にその場で習い、長浜の戦いで本山勢を破ったのち、勢いに乗って潮江《うしおえ》城をも攻めた。家臣たちは無謀だと諌めたが、元親の命に従ったところ潮江城は無人であった。元親は「退却する本山勢が潮江城に入らなかったのは城に謀叛人がいるからだろう。敵の謀叛人はこちら

若宮八幡宮（高知市長浜）
（若宮八幡宮提供）
元親は初陣の前にここで戦勝祈願をしたという。長浜の戦いで元親が使ったという陣太鼓も伝わる。

の味方であるので躊躇なく乗り込んだ」と述べて、この様子を見た家臣たちは「これまでは弟の方が利発だと思っていたが、元親は土佐どころか四国の主にふさわしい大将だ」と拝んだという。

この二者のうち、「長元記」の記述は年代を明らかに誤っており問題があるから（永禄三年〈一五六〇〉当時元親は二二歳）、どちらかといえば「元親記」の方が信用できそうである（この長浜の戦いが元親の初陣ではなく、前述の安芸家との争いですでに初陣を果たしていたとみる朝倉慶景氏の説もある）。いずれにせよ本山家との緒戦で勝利を飾ると同時に元親は長宗我部家を継承したのであり、彼の戦歴は順調なスタートとなった。

第二章　長宗我部元親の登場と土佐国統一

1　元親の人物像

若き日の元親

長宗我部国親の死によって、長宗我部家は元親の時代に移行していくが、まずは元親の人物について見ておきたい。元親は天文八年（一五三九）、国親が二五歳の頃に妻本山氏（法名祥鳳玄陽〈「鏤氷集」〉）との間に生まれた。家督継承までの彼については、元親は背が高く色白柔和で器量骨柄はいいが、用の無いときは物を言わず人に会ってもにっこりと笑うだけで挨拶もなく、日夜深窓にいたので、姫若子《ひめわこ》と呼ばれて笑われていた。

という「土佐国古城伝承記」「土佐物語」のエピソードがあまりにも有名である。特に「姫若子」というあだ名のインパクトから、女性のような美青年であったとのイメージを持ってしまいそうになる。

しかし、近年津野倫明氏が指摘したように（『長宗我部元親と四国』）、この「姫若子」は元親が深窓の姫君のように引き籠もりがちだったことを形容したもので、彼の容姿が女性のようだったという意味ではない。背が高く、骨柄がいいとなると、むしろ屈強なイメージが浮かぶ。そもそも、比較的信用できる「元親記」や「長元記」には「姫若子」という言葉が出てこないという問題もある。先に紹介したように「長元記」には、元親が槍の使い方を知らなかったとか、弟の方が優れていると家臣たちが思っていたなどといったエピソードが載せられているから、「姫若子」とは、このエピソードを参考として創られた言葉なのではないだろうか。

ただ、元親が物静かな人柄であったという点に関しては同時代の評判からみても正しいことを、やはり津野氏が指摘している。後に朝鮮侵略に従軍した僧慶念《きょうねん》が元親について「しと〳〵とのへたまハんハ土佐のかミ」という句を詠んでおり（「朝鮮日々記」）、これは「ゆっくりときちんとお話になるのは元親様」という解釈になるという。この句が語る元親像は「口数が少なくにこやか」という「土佐国古城伝承記」の語るイメージと符合しており、若い頃から荒々しさよりも穏やかさを感じさせる人物だったと見られる。このおとなしい元親が長浜の戦いで自ら槍を取って活躍するというギャップが、家臣たちの驚きと心服を招いたのである。

なお、元親は遅くとも家督相続の翌年には「長宗我部宮内少輔」を名乗っている（「土佐国蠹簡集」二九八号）。父や先祖が使ってきた信濃守の名乗りを継承しなかった理由は明らかではない。

元親の結婚

元親の結婚も見ておこう。元親の妻は、「元親記」に「明智光秀の家臣斎藤利三《さいとうとしみつ》が元親の小舅である」と記されていたり、「土佐国古城伝承記」「土佐物語」に「美濃国の稲葉伊予守が武勇に長けているのでその孫娘（斎藤利三の妹）を元親が娶った」とあったりするように、斎藤利三の妹であるとの説が長く信じられていた。系図類でも、たとえば一七世紀末に作成されたとみられる「斎藤家系図」（『大日本古文書　蜷川家文書』八九三・八九四号）では、斎藤伊豆守の娘で利三の妹が元親の妻とされている。

ただ、一七世紀の史料「治代譜顕記」が、元親の妻を石谷《いしがい》家の娘と記しており、また禅僧の策彦《さくげん》周良《しゅうりょう》が彼女を源氏の娘と明記していることから、斎藤家（藤原氏）の娘とする説は江戸時代後期の段階ですでに疑問が持たれていた（「土佐国記事略編年」）。これを受けて関田駒吉氏は、土岐一族で室町幕府奉公衆である石谷兵部大輔光政《みつまさ》（摂津入道空然《くうねん》）の娘が元親の妻になったと指摘しており、現在ではこの見方が受け入れられている（関田駒吉「土佐に於ける禅僧餘談」）。江戸時代に流布していた斎藤利三の妹説は、斎藤利三の弟孫九郎（兵部少輔）頼辰《よりとき》が石谷光政の養子になったために生じたのだろう（山本大『長宗我部元親』、朝倉慶景「長宗我部元親夫人の出自について」）。最近、この石谷家に関する「石谷家文書」が発見され、元親の書状などが含まれていることから大きく話題になった。

戦国大名や国人といった領主層の結婚は、恋愛よりも政略結婚の方が一般的である。では元親と石谷光政娘の結婚はどういった事情でなされたのだろうか。まず結婚時期について、「土佐国古城伝承記」は永禄六年（一五六三）元親二五歳での結婚とするが、それだと当時としては遅い。また長男信《のぶ》

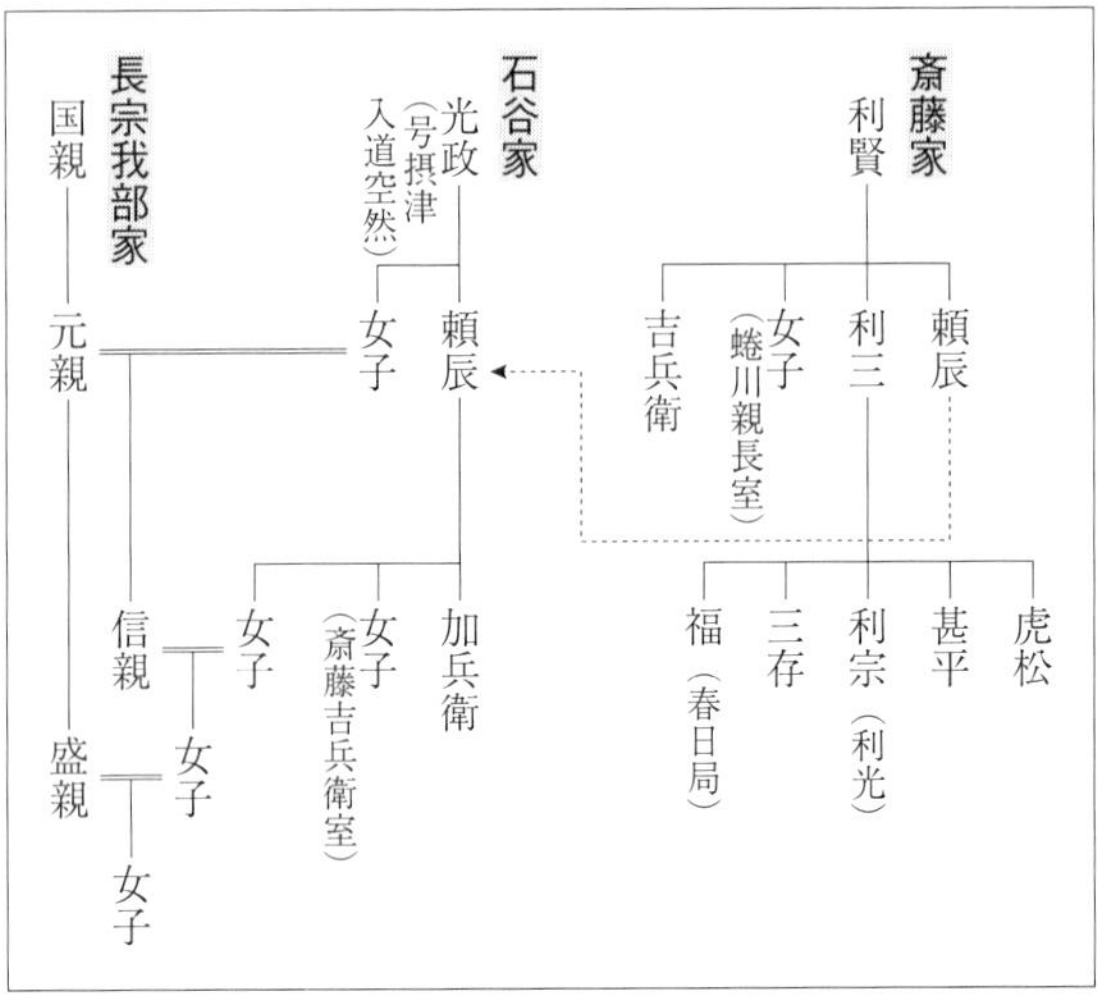

斎藤家・石谷家・長宗我部家の略系図（『石谷家文書』より）
（朝倉慶景「長宗我部政権の特質について」を参考に作成）

親《ちか》の生年（永禄八年〈一五六五〉）から見ても、もう少し早かったのではないかと思われる。父国親が跡取り息子の結婚に無関心だったとは思えないから、国親の生前に結婚、あるいは婚約していたのではないか。

石谷家と婚姻関係を結んだ理由は、舅の光政が在京し将軍足利義輝《よしてる》の側近くに仕えていたことから、室町幕府との繋がりを得るためとみるのが妥当だろう。永禄年間には三好長《みよしなが》慶《よし》が幕府と和睦して政権を安定化させた一方で主家の細川京兆家はほとんど実態を失っており、長宗我部家としては細川家以外のルートから幕府に結び付いておきたかったと思われるのである。戦国時代の室町幕府というと有名無実化したイメージが強いが、大名にとって幕府と結び付くことは自家の正統性を示して他勢力より優位に立つ効果があり、たとえば長尾景虎（上杉謙信）や織田信長のようにわざわざ上洛して将軍義輝と関係を結ぼうとしたものもいる。

ただ、元親が結婚したのち、永禄八年（一五六五）に三好家が将軍義輝を殺害しており、その後足利義栄《よしひで》が将軍に就任したり、織田信長が足利義昭《よしあき》を擁立したりと、幕府をめぐる情勢は大きく動いている。こうした動向の中で元親が幕府とどう繋がっていたかは残念ながら不明である。元親と石谷光政との関係は、織田信長が幕府に代わる政権を打ち立てた後に効果を発揮していくことになる。

元親の兄弟姉妹

元親の兄弟・姉妹も見ていこう。国親は妻本山氏との間に三男四女を儲けたとされ（「鏤氷集」）、長男は元親である。

次男は左京進親貞で、土佐・吾川郡の国人吉良家を継承した。この吉良家は本山清茂が滅ぼして茂辰が継承していたから（「土佐国記事略編年」）、本山家を平野部から退かせた元親が、改めて親貞に吉良家を再興させたのであろう。なお再興した年は明らかではない。永禄七年（一五六四）付で吉良親貞と名乗った棟札が香美郡前浜村伊都多《いずた》社にあるが（「土佐国蠹簡集」三一一号）、この棟札には子の親実《ちかざね》まで登場しており、元親の弟の子がすでに元服しているとは考えがたいから疑問である。ただ親貞は永禄一〇年（一五六七）には確実に吉良を名乗っており（「土佐国蠹簡集拾遺」一八八号）、本山茂辰を朝倉から追放して三〜四年の間に再興したことは間違いない。「長宗我部地検帳」（後述）を見ると吉良家臣には吉良苗字を持つ者も幾人かいるから、吉良家の生き残りもいたのだろう。

三男は弥七郎親泰《ちかやす》で、こちらは香宗我部親秀の婿養子になった。香宗我部家は名前こそ似ているが長宗我部家とはまったく別の家で、鎌倉期に地頭として入部し、香美郡の有力な国人となった。養子に入った年代は明らかではないが、永禄一〇年に彼はまだ長宗我部を名乗っているから（「土佐国蠧簡集拾遺」一八八号）、それ以後となる。香宗我部家を圧迫していた安芸国虎《くにとら》を元親が攻めることになる永禄一二年（一五六九）、もしくはその前年だろう。

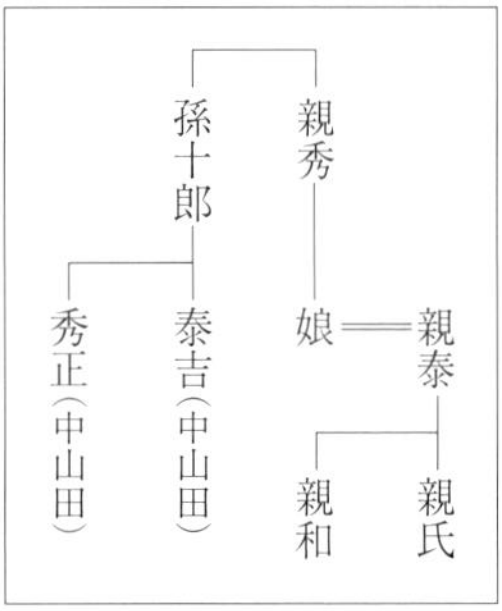

香宗我部家略系図

「土佐国古城伝承記」などは、親泰を養子に迎えるにあたって親秀が反対派の弟孫十郎を殺害したと記している。中国地方の大名毛利元就が息子元春・隆景を吉川《きっかわ》家や小早川家に養子入りさせた際と似たような、流血をともなう相続劇が展開されていたのであろう。孫十郎の子である中山田《なかやまだ》泰吉《やすよし》・秀正《ひでまさ》兄弟は分家となり、香宗我部家を継いだ親泰の重臣として活躍した。

四男として、側室との間の子とみられる島《しま》弥九郎親益《ちかます》もいた。「土佐遺語」によると島家の本姓は依光で、詳細は不明である。永禄一〇年に、高野山観音院の檀那となることを述べた文書に三人の兄と一緒に署名している。「元親記」によると、親益は伊勢神宮への参宮の帰途に阿波国南方の奈佐湊で海部《かいふ》城主に襲われ死亡したという（後述）。

元親の姉妹は、基本的に政略結婚によりその消息が知られる。姉が本山茂辰の妻となったことは前述の通りで、本山家が降伏してからは岡豊城下に移り住んだ。子の貞茂《さだしげ》（親茂《ちかしげ》）が永禄九年（一五六六）には当主となっていることからすると、彼女は国親と本山氏の結婚後すぐに生まれた可能性が高い。次いで元親の妹が池頼和《いけよりかず》に嫁いでいる。池家が守護代細川家一族であったことは前述した。その下の妹（養甫尼《ようほに》）は高岡郡《たかおか》波川《はかわ》村の波川玄蕃清宗《きよむね》に嫁いだが、年代は不明である。系図によればこのほかに妹が高岡郡の国人津野《つの》家（勝興《かつおき》か？）に嫁いだとされている。

なお、他家に嫁いだ元親の姉妹たちは「〇〇上様」（かみさま）と敬称をつけて呼ばれたほか、土地も所持しており（「長宗我部地検帳」）、実家の長宗我部家や嫁ぎ先から優遇されていた（吉村佐織「豊臣期土佐における女性の知行」）。

2　土佐国統一への道筋

本山家の降伏

長浜城奪取後、父の死によって家督を継いだ元親は、南の吾川郡長浜と中央の土佐郡薊野《あぞうの》の二方面から本山家を攻めた（「元親記」）。永禄三年（一五六〇）八月には土佐郡秦泉寺で両者の戦いが行われている（「土佐国蠹簡集」二九〇号）。翌永禄四年（一五六一）には長宗我部一族で本山家に従っていた杓田《ひしゃくだ》城の国人大黒弾正忠を味方につけるとともに、家老久武昌源《しょうげん》を奏者として周辺の土豪たちを引き立てている（「土佐国蠹簡集」二九四〜二九七号）。岡豊城に近い別宮八幡宮に三十六歌仙の扁額を奉納したのもこの時期であり、戦勝祝い、あるいは家督相続を感謝したものとされている（『長宗我部氏と宇喜多氏』一八号）。

その後、元親は永禄五年（一五六二）一〇月頃から本山家の土佐郡平野部での拠点朝倉城への攻撃を本格化させ、翌永禄六年（一五六三）三月には朝倉城を奪取して茂辰を本拠の本山まで退けた（「土佐国蠹簡集」三〇三・四・六号）。このあたりの詳しい状況は「元親記」「長元記」ともに記していないが、「土佐物語」によれば九月の朝倉城攻めは本山茂辰の子貞茂の活躍などによって成功せず、翌年正月に茂辰が味方の寝返りなどを警戒して朝倉を放棄、本山に籠もることで元親との和睦を狙ったという。この時期に土佐一条家（後述）が元親と連携して本山家から高岡郡の蓮池《はすいけ》城を奪取したともいい、事実であれば茂辰は東西からの挟撃を避けるため平野部から撤退したのだろう。

永禄六年（一五六三）土佐郡南部から撤退した本山茂辰は本貫地の長岡郡本山に戻ったが、その後文書発給がみられなくなる。これは茂辰が死亡したのではなく、彼は出家・隠居し、息子の貞茂が本山家を継承したと推測されている（窪内茂「永禄六年以降の軍記物に記された本山氏の動向についての一考察」「戦国末期の長宗我部氏による本山攻めと国人・領主本山氏の最期」）。茂辰と入れ替わって登場する貞茂の文書をみると、たとえば永禄一〇年（一五六七）に要地の守備を命じており、数年間は長宗我部家との戦いを継続していたようである（「土佐国蠹簡集」三三〇号）。ただ、永禄一一年（一五六八）四月に発給が止まることから、このあたりの時期に長宗我部家に降伏したものとみられる。以後、茂辰夫婦は岡豊城下に移住、貞茂あらため親茂（元親から一字拝領）は長宗我部家の家臣となっていく。

本山父子を服属させたこの時期、かつて奪取した浦戸湾に関連してある事件が起きていた（津野倫明「南海路と長宗我部氏」）。といっても、事件が起きた場所は浦戸ではなく、九州の日向国串間である。

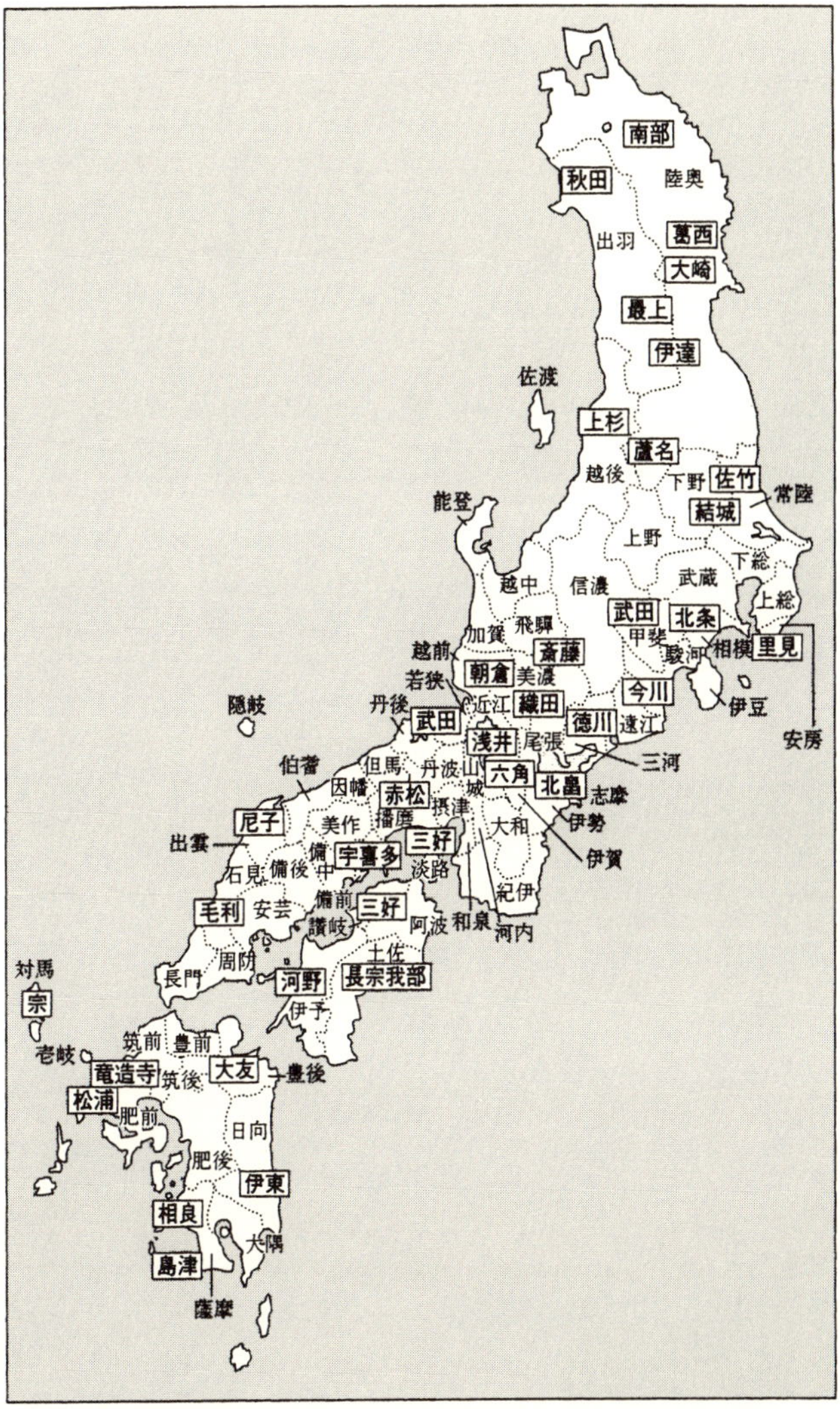

永禄年間の戦国大名勢力図（久留島典子『一揆と戦国大名』より）

その地域では肝付《きもつき》家と島津家との争いが起きていたが、そこを通りがかった浦戸の船を肝付家側が誤って攻撃して死人まで出たため、謝罪のため肝付家臣の薬丸兼将《やくまるかねまさ》が長宗我部家の重臣江村親家《えむらちかいえ》に書状を送ってきたのである。兼将は今後の廻船の往来も求めてきているが、これに親家や元親がどう返信したかは残念ながら分からない。ただ、浦戸湾を発した廻船が九州南部（この廻船は島津領を目指していたとされる）と往来していたことが明らかであり、このことから、本山茂辰と戦って浦戸湾を手に入れた国親の狙いを間接的に知ることができるだろう。

なお、この船は長宗我部家が直接派遣したのではなく、民間の船と推測されている。したがって大名同士の連携といった要素は見えないのであるが、今まで長宗我部家のことをほとんど知らなかったと思われる薬丸兼将が江村親家に書状を出せたということは、この廻船業者が土佐を出発するにあたって長宗我部家による通行許可などを得ていたことを示している。この事件後も島津領への廻船は続いたようで、後に島津義久《よしひさ》と元親の間では、この民間レベルでの交流が縁となって大名間の交易へと発展していくのである。

土佐一条家との関係

本山勢の朝倉退去から降伏までは五年間かかっており、これは決して短い時間ではない。それだけ攻略が難しかったとみることもできようが、実際のところこの間元親は本山攻めに専念できたわけではなかった。一つには前述の安芸郡の安芸国虎の動向があり、安芸郡に隣接する香美郡側の体制を固める必要があった。

もう一つの要因として土佐一条家との関係がある。土佐一条家とは、前関白一条教房が応仁の乱を避けて京都から家領の土佐国幡多荘に下ってきたことをきっかけに、教房の子房家以後、京都の一条家とは別に数代に渡って同郡中村に定住して成立した家である。戦国期には多くの公家が京都の治安や財政の問題によって在国していたが、土佐一条家の場合は単なる在国公家ではなく国人領主などを積極的に配下に編成するとともに領地を拡大し大名化したことに特徴がある。その勢力は幡多荘のある幡多郡のみならず東隣の高岡郡にも広がっており、久礼《くれ》の佐竹《さたけ》家や姫野々《ひめのの》の津野家などを配下とし、同郡の国人大平家を滅ぼして蓮池城を支城化するまで広がった（佐竹家については守護細川京兆家と土佐一条家の合意とする説もある。市村高男「中世四国における西遷武士団のその後」）。

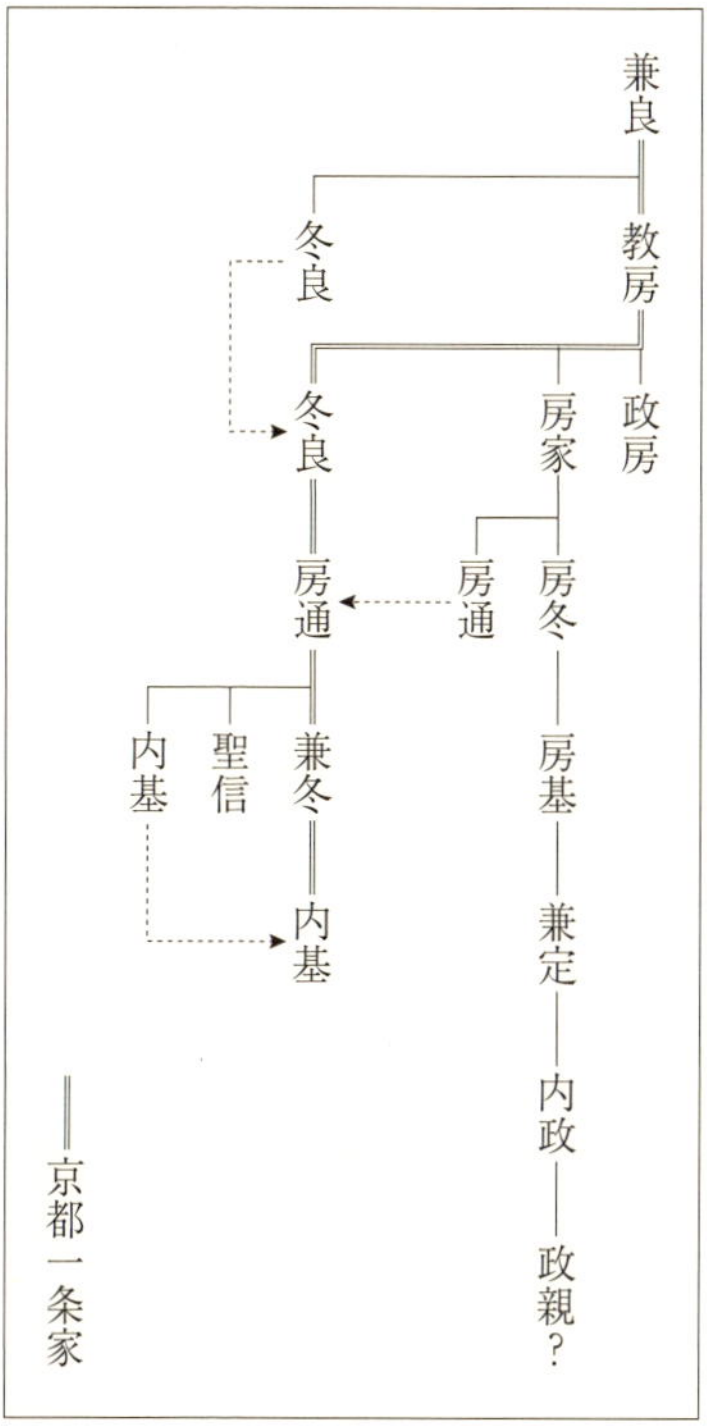

一条家系図
（朝倉慶景「土佐一条氏の動向」から一部改訂）

『長元記』によれば土佐国中の侍が土佐一条家に従ったとされており、幡多・高岡郡並とはいかないまでも土佐全域の国人に影響力があったらしい。それは細川家臣であった長宗我部家に対しても例外ではなく、国親が土佐一条家の保護と支援によって家を再興したとされていることは、先に触れた通りである。一方、西側では伊予国南部でしばしば合戦を行っており、婚姻関係も当初は京都の公家と結んでいたが次第に中国地方の大内家や九州の大友家といった戦国大名と結ぶようになっていくなど、豊後水道・瀬戸内海に面した有力大名の一つとなっていた（市村高男「海運・流通から見た土佐一条氏」）。

土佐一条家は永禄九年（一五六六）頃から南予地域をめぐり西園寺《さいおんじ》家・河野家・毛利家と対立しており、その翌年九月に、元親に伊予国との国境地域への出兵を要請してきた（石野弥栄「戦国期南伊予の在地領主と土佐一条氏」）。土佐一条家の家臣源康政は元親への書状で、場合によっては吾川郡の弘岡への「一陣」と同郡波川・高岡郡久佐賀の「御番衆」を土佐一条家が命じると述べており、やや意味が取りづらいが出兵の見返りとして本山攻めへの協力を提案しているようにみえる（「土佐国蠹簡集拾遺」三三六号）。この出兵に元親は同意したが、彼が伊予の地侍久枝又左衛門に出した書状を見るとあまり乗り気ではなく、むしろ和平すべきと考えていたようである（「宇和旧記」『愛媛県史』資料編古代・中世、一九九四号）。「元親記」によると、元親は重臣江村親家を派遣したという。重要な戦力を伊予方面に派遣せざるをえなかったことは本山攻めを停滞させる要因になったであろう。

ちなみに土佐一条家の軍勢は永禄一一年（一五六八）の鳥坂《とりさか》の戦いで敗れ、南予への侵入は失敗に終わった。この敗北の影響は大きく、後に同家が衰退していく一因となったとみられている。

土佐神社再興

この時期、長宗我部元親はさらに一つの大事業に着手していた。それは、土佐神社の再興である。土佐神社は土佐国の一宮で、父国親も造営段銭の徴収に着手していたことはすでに述べたが、子の元親がそれを成し遂げたのであり、入とんぼ式の社殿は現存して国の重要文化財として知られている。

この再興については「土佐神社文書」にある程度史料が残っており、様子をうかがうことができる（『土佐神社の文化財　古文書篇』）。始期をみると、永禄一〇年（一五六七）一一月の段階で長岡郡豊永《とよなが》山や香美郡韮生郷から材木を取り寄せており、遅くともこの時期には始まっている。その後京都の義父石谷光政を通して公家の土御門有春《つちみかどありはる》に造営の日程を問い合わせたようで、翌永禄一一年（一五六八）正月一五日に有春からそれぞれの儀式の月日・時刻までの詳細な指示（二月開始案）が送られてきている。この有春の返事は八月付の別の案（九月開始案）もあり、しかも実際の作業日程はそのいずれともずれている（六月から開始）。本山・安芸・一条各家との軍事関係から、スケジュールがうまくいかなかったのかもしれない。

造営開始後の帳簿に記された日付は永禄一一年が多いが、金細工に関する帳簿のみ元亀三年（一五七二）九月となっており、この作業の終了をもって土佐神社の落成となった。有春の提示したスケジュールでは一年以内に造営が終わるはずであったが、開始から三年以上かかったのは、やはり周囲の勢力との関係が影響したのではないだろうか。

土佐神社再興は、長宗我部家にとって念願の事業であり、政治的効果をも期待して行われた（秋澤繁「書評『高知県史古代中世篇』」、市村高男「永禄末期における長宗我部氏の権力構造」）。長岡・香美・土佐・吾川の四郡の平野部を手に入れて土佐中央部の最大勢力となった長宗我部家こそが、土佐国の一宮を復興するにふさわしい存在であるとのアピールである。また、この事業には家臣や配下の領主に多くの人夫を負担させており、造営を通して家臣への支配力を強化することもできた。単なる元親の信仰心ではなく、こうした実利的効果をもたらすものであったからこそ、これほどの大事業を断行したのだろう。

戦国時代を生き残るためには実力、特に軍事力が必要なのはもちろんであるが、実力だけで人々が従うとは限らない。先にみた室町幕府との関係構築や、こうした寺社復興などの公共的事業、百姓の保護などの政策によって、支配者としての社会的認知を得ることが必要であった。こうしてみると、土佐神社復興は、元親側からのアピールであると同時に、地域の側の期待に長宗我部家が応えた側面もあったといえよう。

人夫割帳にみる家臣団構造

この土佐神社造営に関わる人夫割帳は、この段階の長宗我部家の構造について多くの材料を提供してくれる史料となっている。市村氏の研究成果をもとに見ていこう。

当時の長宗我部家は、長宗我部一族や譜代家臣、新たに服属した各郡の国人、比較的小規模な武士たちを、地域ごとの名を冠した「〇〇衆」として地縁的に編成していた。

このうち、本山家から獲得した土佐郡の朝倉・久万などの地域の衆（朝倉衆・久万衆）には、もともと現地にいた武士たちのみならず、長宗我部一族や譜代家臣も含まれている。地縁的に編成された衆というと、現地の地侍を集めたものとみなしがちであるが、長宗我部家の衆の実態としては、その地域以外から移住したり所領を与えられたりした武士も含まれていたのである。

これは元親が長宗我部家臣を服属地域に送り込んでいたことを示している。それによって新支配地を長宗我部領国に組み込むことができたのである。特に朝倉では守護代一族の十市宗桃（宗等とも）を城代として据えるなど大きな再編がなされており、朝倉城を当時の長宗我部家の西側の拠点として重視していた様子がみえる。

また、人夫割帳には「御やとい衆」と呼ばれる一群がおり、そのメンバーとしては、本来同格の国人であった吉良・香宗我部家をはじめ、守護代一族の十市・池家、本山攻めによって配下に加わった土佐郡の国人大黒・大高坂《おおたかさか》家などがいる。「やとい」という微妙な表現から分かるように、これらの有力領主は自前の家臣団を擁した自立的性格の強い存在であり、弟親貞が当主である吉良家といえどもその点は変わらない。人夫割帳の記述からは、この段階の長宗我部家が彼らを家臣団に組み込みきれていないことと、そうした彼らに対しても人夫を出させること自体はできていたことの、両方を読み取ることができる。

戦国大名の勢力拡大は、権力の構成員の増加と権力構造の複雑化をもたらすものであり、特にこうした自立的性格の強い国人たちとの関係は、どの大名にとっても悩みの種であった。元親が彼らを「やとい」の衆として尊重しつつも、長宗我部家の命令に基づいて働かせていたことが、土佐神社の再興事業から分かるのである。

本山家を降伏させた翌年の永禄一二年（一五六九）、元親は今度は安芸国虎と雌雄を決している。安芸家は、「平家物語」に土佐国の住人で安芸郷を領する安芸太郎実《さね》光《みつ》兄弟が平教経《のりつね》の最後の相手として登場しており、その後裔ともいわれている。

安芸城の攻略

安芸国虎は長宗我部元親より二歳年下で、弘治三年（一五五七）から当主として活動を開始している（吉田萬作「安芸氏論考」「安芸氏について」）。永禄三年（一五六〇）頃から安芸国虎は香美郡との境である和食《わじき》荘での活動を活発化しており、それに対抗するように元親は香美郡の大忍荘や韮生郷の土豪との関係を強化している（「土佐国蠹簡集」二八八・二九九〜三〇二号）。香美郡の香宗我部親秀は以前から安芸家の攻撃を受けていたことから、長宗我部家と同盟してその攻勢をしのごうとし、やがて元親の弟親泰を婿養子として迎えて家を継がせることになる。

長宗我部元親が安芸国虎を攻撃した事情は諸書によって異なる。「元親記」は、香宗我部親泰を通して降伏を願ってきた国虎がその約束を破ったために元親は安芸攻めを決断したとする。隊を後山方面と浜の手方面の二手に分け、安芸郡八流《やつながれ》の戦いに勝ち新城《しんじょう》・穴内《あななない》の二城を落とし、そのまま安芸城を包囲して落城させ、国虎は切腹したという。

「長元記」は安芸国虎が一条兼定と共同で岡豊城を攻め、それを撃退した元親が今度は八流で安芸衆を破り、「安芸殿」は阿波へ浪人したとする。

「土佐国古城伝承記」は、香美郡夜須《やす》城の長宗我部家臣吉田伊賀介（重康《しげやす》か）が安芸側の馬之上《うまのうえ》城を乗っ取り、安芸家が反撃して岡豊を攻めたが一条兼定が仲介して和睦、会談を岡豊で行おうという元親の提案に対し国虎が「対等の関係ならば両者の領地の境で会うべきなのに、こちらから岡豊に出向くのは降伏扱いではないか」と怒って断交し、八流の戦い・安芸城攻めに至り国虎は切腹したとする。

　これらの説の真偽は不明であるが、「元親記」は元親側、「土佐国古城伝承記」は国虎側の認識を示したものとみれば、和睦と降伏をめぐる認識の違いとして類似している。やはり両者の間で何かしら行き違いがあり、対立に繋がったのではないか。

　一次史料から分かることは、永禄一〇年（一五六七）二月の段階で安芸国虎が新城の定番を命じていること（「土佐国蠹簡集竹頭」七四号）、永禄一二年（一五六九）七月に安芸国虎が籠城していること（「長崎家文書」〈「土佐国蠹簡集」三四四号〉）、翌年彼の息子千寿丸が阿波との国境地域の土豪に家を再興した場合に望みを叶える旨の文書を出していることである（「山本家文書」〈「土佐国蠹簡集」三五三号〉）。永禄一二年（一五六九）夏に元親が安芸城を落とし国虎は死亡、子の千寿丸が逃亡しながら再起を狙うことになったのであろう。

　安芸家を滅ぼしたことで、土佐国東部の主だった敵対勢力は消滅した。手に入れた安芸城は弟の香宗我部親泰に預けた。この後親泰はそれまでの弥七郎を改めて、安芸守を名乗る。ほか、新城城に吉田左衛門佐孝俊《たかとし》、奈半利《なはり》城に桑名丹後守など、譜代の重臣たちを配置し、安芸郡の押さえとさせた。さらに「長宗我部地検帳」をみるとこの地域には久武や秦泉寺など明らかに長宗我部家の侵攻に伴って新たに給地を得た家臣が多数おり、彼らは香宗我部親泰の指揮のもとでこの方面での戦いに従事したものとみられる。

土佐一条家との断交

ところで、「長元記」は、土佐一条家が安芸家と縁戚関係にあり、安芸家に加勢する形で長宗我部家と戦ったことを強調している。これは事実であった可能性が高い。

なぜなら、安芸城を落としてからさほど間を置かずに長宗我部勢が土佐一条家の持つ高岡郡蓮池城を攻め、遅くとも一一月には落城させているからである（「土佐国蠹簡集」三四六号）。元親は二年前には土佐一条家から伊予国への出兵を要求されて引き受けていたのに、今回は逆に土佐一条家を攻撃しているのだから、よほどの出来事があったものと思われる。やはり、「長元記」が記すように、安芸家との関係を重視した土佐一条家側から長宗我部家と断交した、という経緯があったのだろう。

一方、「元親記」はこの蓮池城攻略について、かねてから蓮池城奪取を主張していた弟の吉良親貞が、反対する兄元親を言いくるめて独断で土佐一条家の番衆を味方に引き入れ、攻め取ってしまったとする。驚いた一条兼定が抗議してきたため、元親は「親貞が粗忽者であることはこれまでも申してきましたが、このようなことを起こしてしまったので、兄弟の縁を切ります」と謝罪したものの、結局土佐一条家と長宗我部家の関係は悪化してしまったという。

「元親記」は「一条殿を攻める天罰は自分が引き受けます」という親貞の言葉を載せ、親貞の主導を強調しているが、断交という重大事に至る経緯としては不自然なように思われる。それよりはやはり、安芸家との関係をめぐって両者が断交し、その結果として長宗我部側が蓮池城を奪取したとみるべきであろう。そもそも同書は安芸家の滅亡を蓮池城奪取の後に記しており、土佐一条家と安芸家の関係には触れていないが、一次史料からみて安芸城攻略の方が先と見るのが自然だから、この点から見ても「元親記」の記述に疑問が残る。

ただ、二年前の土佐一条家の南予出兵に長宗我部家が付き合わされたことを元親自身が迷惑がっていたことからみて、「元親記」に描かれた親貞のように、土佐一条家との断交を望む志向が長宗我部家の中で広まっていた可能性はある。本山家を下し土佐中央部の一大勢力となったことで、長宗我部家が土佐一条家の下風に立つことへの不満が醸成されていき、土佐一条家との断交を覚悟した上で安芸家との決着を強行する姿勢に繋がっていったのではないか。蓮池城を手に入れた元親は吉良親貞を城主とし、戸波《へわ》城は一族の長宗右兵衛尉（戸波親武《ちかたけ》）に預けた。

高岡郡の諸勢力

蓮池城奪取からしばらく、元親の軍事行動は土佐国西部の高岡郡・幡多郡を中心としたものになる。

高岡郡中部には有力な国人として津野家がいた。津野家は本来長宗我部家と同様に細川家に従う国人であったが、室町期の当主之高が幕府に反抗するなど独自の動きを示していた。だが、戦国期には土佐一条家の攻撃を受けて服属し、元親と対峙した津野定勝《さだかつ》は系図によれば土佐一条家の娘を妻とするという（「土佐国蠹簡集」一二八号）。したがって長宗我部家との戦いも、主家土佐一条家からの命令によるものとみていい。

「元親記」や「土佐物語」は、津野家が長宗我部家と姻戚関係にあったのですぐ降参したとする。

「長元記」は、長宗我部家にかなわないと思った津野家が元親の三男孫次郎（のちの親忠《ちかただ》）を養子にもらい隠居、降伏したとする。系図ではこれらとはまた違った説を伝えており、一条側につく津野定勝の方針に家臣が反発し、定勝を追い出して子の勝興を当主にしたという（「津野氏家系考証」は子ではなく弟とする）。

一次史料を見ると、津野定勝が高岡郡半山《はやま》で戦ったことが元亀二年（一五七一）正月付の文書にみえ、これは長宗我部元親との戦いと推測される（「土佐国蠹簡集」三五七号）。ところが翌元亀三年（一五七二）に勝興が文書を発給し始め、以後定勝の姿はみえない（「土佐国蠹簡集」三六一号）。したがってこの間に代替わりが行われたことは間違いない。これ以後津野家と長宗我部家の戦闘がみえないことから、系図が伝えるように長宗我部派につくことで津野家を存続させようとする動きが代替わりの裏にあった可能性が高い。勝興は永禄五年（一五六二）一六歳のときには出家していたようだが、家臣に擁立されて還俗し、津野家を継いだのだろう（関田駒吉「土佐に於ける禅僧余談」）。この当主交代劇の裏側で、元親が津野家臣に手を回していたのではないだろうか。長宗我部家の系図には元親の妹が津野家に嫁いだとされており、夫となったのはこの勝興の可能性もある（「土佐国蠹簡集」一二一号）。

高岡郡の土佐一条家配下の国人には久礼城主佐竹義直《よしなお》もいたが、津野家と同様に長宗我部家の配下に下っている。それにより同郡仁井田《にいだ》の諸領主も次々と下ったという（「元親記」『長元記』）。ほか、高岡郡東部では佐川郷の中村家、黒岩郷の片岡家、尾川郷の近沢家などがあったが、いずれも降参した。ただし彼らの領地がそのまま継承されたのではなく、他の二家に比べて片岡家が大きな領地を獲得しており、領地高が津野家に匹敵していることから、片岡家はこの服属過程の中で中心的役割を果たしたものと推測されている（秋澤繁「中世」『佐川町史』）。佐川城には長宗我部家の重臣久武内蔵介親信《ちかのぶ》（父肥後入道昌源や弟親直《ちかなお》の可能性も）が配置され、久武親信が統率する土佐郡久万衆など、他地域から来た家臣がこの地域に給地を得ている。久武親信・親直兄弟は寄親《よりおや》としてこの地域の国人を統率し、後に伊予国攻めを担当するようになる。

元亀年間の長宗我部家

高岡郡攻略に取りかかっていた元亀年間（一五七〇〜七三）は、土佐神社の金細工帳と、寺社造営に関わる棟札以外は、長宗我部家に関する一次史料があまり残っていない。

土佐以外を見ると、畿内では織田信長が、浅井・朝倉家との戦いや比叡山焼き討ちなどを行う一方、足利義昭との関係がだんだん悪化していき、ついに破綻する時期である。隣国阿波国では三好長治《ながはる》が織田信長に対抗しており（天野忠幸「三好長治・存保・神五郎兄弟小考」）、元親としてはどちらかと関係を結ぼうとしていてもおかしくはないが、残念ながら史料からは確認できない。ただもしあったとすれば、これ以前の動向と以後の織田政権との関係からみて、幕府側（義昭・信長）を優先していたであろう。

元亀二年（一五七一）に、長宗我部家が伊予国の村上《むらかみ》水軍の一人村上吉継《よしつぐ》と交わした書状の写がある（「藩中古文書」『戦国遺文　瀬戸内水軍編』三九三・四号）。書状は元親のものと弟の吉良親貞のものがみられ、両書状ともに伊予国での戦乱によってしばらく連絡が取れなかったことを詫びているから、どうもこれ以前から元親は村上水軍と交流を持っていたようである。これは土佐一条家に対抗するために中国地方の毛利家や伊予国守護河野家などと結ぶ遠交近攻策だったのだろう（川島佳弘「戦国末期における長宗我部氏と毛利氏の関係」）。書状の内容自体は両家の関係を深めるための挨拶程度であるが、元親が「当国（土佐）は私の存分の通りですのでご安心ください」と述べていることから、対外的には支配の順調さを誇っていたようだ。

また、「吸江寺文書」には元亀三年（一五七二）の吸江庵と竹林寺の山境相論の裁許状がみられる（「土佐国蠹簡集」三六三号）。これは国親の時にも起きていた相論が再発したもので、ここで元親は「覚世の沙汰」＝国親の裁許を先例として決着を付けた。ここには国親の頃のような守護細川家の寺奉行としての姿は見えない。元親は、細川家の裁許を国親の裁許と意図的に読み替え、独自に裁許をするような、自立した権力となったのである。この時期、細川京兆家の当主細川昭元《あきもと》（晴元の子）は、三好三人衆に担がれた後に足利義昭・織田信長に降伏しており、土佐国の相論を裁許するような力は皆無であった。もとより元親が当主となった頃からすでに細川家との関係はほとんど確認できないのであり、元親から見れば、主家が自然消滅したといっていい状態だった。

なお、東山御文庫に「蓮華王院文書」の写があり、そこには元亀三年閏正月に長宗我部元親に宛てられた綸旨の写が収められている（「東山御文庫所蔵史料」）。内容は、「三十三間堂の伽藍の修理のために、国中に奉加を申付けるように」といったものであった。発給の経緯は分からないが、この時期には朝廷から直接命令を受けるほどに長宗我部家の名声が上がっていたようである。

土佐一条家の代替わり

高岡郡の諸勢力を服属させたとなると、土佐西部で残るのは土佐一条家の本拠幡多郡のみとなる。『土佐物語』によれば、仁井田郷を支配下に置いた元親に家臣たちが「このまま幡多郡に攻め込みましょう」と進言したところ、元親は「幡多郡は一条殿の本領であり、下々は足を踏み入れるべきではない」と止めたといい、それを聞いた一条兼定は「(元親の振る舞いは)仇を恩で返したものだ」と言ったというが、これはいささか美化しすぎた話であろう。

さて、一条兼定であるが、この人物は諸書によって描かれ方が異なる。よく知られているのは『土佐物語』の記述で、軽薄で放蕩を好み日夜酒宴遊興に耽り、男色女色し…とさんざんな評価である。『南海治乱記《なんかいちらんき》』も、不智不徳、情欲を恣にし、国家汎愛なく、人情に違い、危難を告げると機嫌が悪く、追従を聴くと喜ぶ…と辛口である。一方『元親記』『長元記』だと、「隠もなき形儀荒き人」「形儀荒く」と乱暴な性格を伝えているが、前二者ほどひどくはない。『土佐物語』『南海治乱記』の記述は、君主が暗愚だから国が滅びるという、物語によくあるパターンに兼定を当てはめるために誇張して描いているとみられる。

その兼定は、土佐一条家の当主の座を追われることになる。軍記物では、兼定が老臣土居《どい》宗珊《そうさん》を手討ちにしたため、それに反発した家臣達が兼定を隠居させ、代わりに子の内政《うちまさ》を土佐一条家当主にした上で元親の娘を娶せることで元親に土佐一条家を後見してもらった、という流れを描いている(『元親記』『長元記』)。構図としては津野家の場合と類似しており、大名当主を家臣たちが別の当主に変えようとすることは中世・近世にまま見られる現象である。家臣にとっては自らが属する大名家が組織として機能してこそ自分の家も成り立つのであり、自分たちの家のためなら主君を代えることもあり得たのである。

なお、事の発端となった土居宗珊の手討ちについては、「土佐物語」は兼定の生活を諫める宗珊に兼定が激怒したことによるとし、「土佐軍記」は宗珊の裏切りを偽装する元親の謀略に兼定が引っかかったものとするが、詳しくは分からない。推測になるが、もし宗珊の諫言が事実であれば、その諫言の内容は、前年の南予侵攻が失敗に終わったことや、長宗我部家と断交した結果高岡郡を失ったことについてだったのではないだろうか。

この土佐一条家の代替わりに関して、朝倉慶景氏の説を紹介したい（朝倉慶景「天正時代初期の土佐一条家（上）」）。土佐一条家の本家にあたる京都の一条内基《うちもと》が、ちょうどこの事件と同時期である元亀四年（天正元、一五七三）七月に上京の火事を理由に朝廷・幕府に申請して土佐へ下向しており、二年後の天正三年（一五七五）五月まで土佐に滞在している。その滞在中の天正元年九月一六日に兼定が出家している上に、兼定の子内政の元服が同年某日に行われていた。そして、その内政の烏帽子親《えぼしおや》を内基がつとめたことが、名前から見てほぼ確実である。つまり、土佐一条家の前途を危惧した家臣たちが京都の本家に救済を願い、それに応えるべく内基は火災を口実に土佐に下り、兼定を隠居させて内政を当主につけ、さらに長宗我部元親に内政の庇護・養育を依頼して京都に戻っていったのである。

朝倉説を踏まえた上で、さらにうがって見るならば、京都から幡多郡に下るためには長宗我部領の港を経由するはずだから、元親が一条内基の下向を知らないはずがなく、内政の保護を依頼されるまで元親がこの件にまったく関与していなかったとは考えがたい。内基を呼ぶ段階から、土佐一条家臣と元親の協議があったのではないかと思われる。

兼定の追放

隠居させられた一条兼定は、舅である豊後国の大名大友宗麟《おおともそうりん》のもとへ送られた。送られた、と表現したのは、兼定が自発的に移ったのではなく、家臣によって追放されたとされているからである（「元親記」「長元記」）。先述の一条内基がしばらく土佐に滞在していたことから、この追放も彼の了承を得てなされたのだろう。ただ、イエズス会の史料では兼定は一人の家臣に追放されたと記されており、この家臣とは元親を指すようだから、兼定は宣教師に対して「元親に追放された」と説明していたようである。新当主内政を後見する元親が、土佐一条家臣に兼定を追放させることで、土佐一条家への介入をさらに進めようとしたのだろう。追放の年代について、「土佐国蠹簡集」に収録された土佐一条家の系図と「土佐物語」は、代替わりの翌年、天正二年（一五七四）二月のこととしている。

ちなみに「元親記」は、家臣たちが幡多郡下田の港から豊後に兼定を「送り捨」てたが、大友宗麟も落人となった兼定を受け入れず伊予国に送ったとする。家臣にも舅にも捨てられたとなるとかなり悲惨である。

だが、天正三年（一五七五）のイエズス会宣教師の書翰によると、兼定が夫人とともに豊後国に滞在し、数カ月間熱心に説教を聴いた上で洗礼を願ったとされているから、この説は誤りであろう（『イエズス会士日本通信』下、八九号）。「元親記」は、のちの渡川《わたりがわ》の戦いの後に兼定が伊予に滞在していたことを混同して記しているものとみられる。

イエズス会の書翰・記録によると、兼定は豊後で受洗してドン・パウロを名乗り始めた。彼は宣教師に「全国をキリシタンとするよう努力する」と決心を述べたといい、自分の兵船が仏教の旗を掲げているのを降ろさせて十字架の旗を掲げるようにしたという。兼定は再び土佐一条家の当主に戻ることを願っていたから、そのための軍事力を得る術としてイエズス会を頼ろうとした一面もあったのかもしれない。彼は渡川の戦いの後に一度キリスト教に懐疑心を持つこともあったが、その後は後々まで敬虔なキリシタンであり続けていた様子がイエズス会の記録からみえる。

大津御所一条内政

土佐一条家の代替わりとともに、長宗我部元親の娘が兼定の息子内政と結婚し、元親が内政を後見する体制が作られた。ただ、内政はこれまでの拠点である幡多郡中村城ではなく、長宗我部家のお膝元といっていい状態にある長岡郡大津城に移された（「元親記」「長元記」）。拠点であった中村城には元親の弟吉良親貞が代わりに入城した。

この件について、「長元記」は、土佐一条家の家老たちと幡多郡の国人の対立や、土佐一条家の一族や家礼の公家衆たちが立ち退いた跡の領地をめぐる衝突などが起きていたため、「危険な場所に内政を置くことはできない」として大津に引き取ったとしている。実際、幡多郡の安並《やすなみ》城主である安並因幡守が天正二年（一五七四）一一月に死んでおり、同年の幡多郡で争乱が起きていたことは事実らしい（「土佐国蠹簡集」三七七号）。

これに対して、「元親記」は内政が大津に連れ去られたことに安並左京進が反発したため切腹させられたとしており、事態が逆に描かれている。

ちなみに、ルイス・フロイスは、内政と兼定が文通することを恐れた元親が内政を山奥の城に閉じ込めたと、別な場所への幽閉を記録している（『日本史』七、八四頁）。この点については、一三年後の「長宗我部地検帳」に「大津乳母」なる人物がみられ、内政の子の乳母と推測されているから、通説通り大津への移住と見ておきたい（吉村佐織「豊臣期土佐における女性の知行」）。

このように内政の待遇については諸書によって記述の違いがみられるが、秋澤繁氏は先の朝倉説を援用し、土佐に滞在中の一条内基が、土佐一条家の大名的性格を解体し、元の在国公家へと戻すために大津城への移動をはからったとみている（秋澤繁「織豊期長宗我部氏の一側面」）。そもそも内基が京都から下ってきて兼定の隠居に協力した目的も、この土佐一条家の性格転換を果たすことにあったという。秋澤説によれば、内政の大津への移住は、内基下向の段階から既定の方針であったことになる。

ただ、内政を大津に移して中村城や幡多郡を長宗我部家が管理することや、土佐一条家を大名ではなくすことには、やはり納得できない一条家臣がおり、それが先に触れた幡多郡での争乱として表れたのだろう。こうした不満が蓄積し、翌年の渡川の戦いへと繋がっていくのである。

安芸郡の制圧

天正二年（一五七四）末、元親は長岡郡豊永郷の豊楽寺《ぶらくじ》、土佐郡森郷の白髪社《しらが》、香美郡夜須村の八幡宮と各所の棟札で大旦那として名を連ねており、特に後ろの二社では「千雄丸」として長男信親の幼名が姿を現わしていることが目をひく。系図や軍記では信親は永禄八年（一五六五）生まれとされており、数え年でまだ九歳であるが、やはり元親としては早めに後継者の存在を広めておきたかったのだろう。

土佐一条家との関係から土佐の西側の話題が続いているが、ちょうどこの時期に東端の安芸郡の制圧も行われた。既述のように元親は安芸国虎を滅ぼして安芸郡中央部を手に入れたが、安芸家以外の国人たちもそれを期に長宗我部家に従った者が多かったようである。しかし、天正二年（一五七四）秋には羽根《はね》・吉良川《きらがわ》・佐喜浜《さきはま》・野根《のね》・甲浦《かんのうら》の領主が共同で羽根まで出陣してくるなど、まだ安芸郡東部は服属していなかった。天正三年（一五七五）三月に元親は佐喜浜に攻め入り、この地域を服属させたが、東端に位置する野根・甲浦については阿波国から援軍が来る可能性があるため攻めなかったという（「元親記」）。六月七日付で篠次郎左衛門に対して室津での高名を称える元親の感状があるが、この天正二・三年のどちらかに出されたものだろう（「土佐国蠹簡集」八一九号）。室戸岬周辺には最御崎寺《ほつみさきじ》（通称東寺）、金剛頂寺《こんごうちょうじ》（同西寺）、津照寺《しんしょうじ》（同津寺）の三つの真言宗寺院があり、それぞれ少なからぬ寺領を保持していたが、これも従うようになり、特に金剛頂寺の僧北村閑斎《かんさい》は軍勢を率いて香宗我部親泰のもとで活躍するようになる。

野根・甲浦の制圧については「元親記」「長元記」の両書でほぼ一致しており、長宗我部方の奈半利城主桑名丹後守が、野根城主の野根国長《くになが》が七月に踊りを開催したことに乗じて番衆（「元親記」は浪人とする）の西内喜兵衛を忍び込ませて不意打ちをしかけ、驚いた野根城の面々は隣国阿波国の海部・宍喰《ししくい》まで逃亡してしまったという。これにより土佐の最東端にあたる野根と甲浦を手に入れ、安芸郡が長宗我部家の支配下に入ったとされる（野根家については下村效「野根益長画像と玉篇略」）。野根城には丹後守の子桑名左近将監親勝《ちかかつ》が城主として入り、後に甲浦城に移っている（「土佐国蠧簡集」五〇七号）。

なお「元親記」は野根・甲浦制圧を渡川の戦いより後の出来事とみており、この事件をもって土佐国の統一がなったとしている。だが、次にみるように渡川の戦いは八月以後で、仮に七月の安芸郡制圧が事実であるとすれば幡多郡の方が後に手に入ったことになる。「長元記」は幡多郡を手に入れたことで土佐統一とみているため、こちらに従っておきたい。

渡川の戦い

土佐から追放されていた一条兼定は、天正三年（一五七五）七月下旬、大友宗麟の協力を得て軍勢をととのえ、幡多郡奪還のために九州から四国へ渡海した。

「元親記」だと兼定は渡川（四万十川）から隣国伊予の御荘郡（宇和郡御荘を指すか）までを味方にしたといい、幡多郡のかなりの部分が土佐一条家についたとする。イエズス会側の史料でも、「短期間に全国を領し」「ファタ（幡多）の城および町のほかは悉く占領せり」とあり、吉良親貞が城主となっていた中村城とその城下町以外の幡多郡を回復した状況を伝えている（『イエズス会士日本通信』下、九〇号）。八月二九日には中村城外で吉良親貞の軍勢が一条側と小競り合いをしており、土佐一条勢力がかなりの部分を回復したことがうかがえる（「石谷家文書」一五号）。豊後から渡海したのは同年の七月下旬とみられ、南予の一条派勢力である御荘・鍛冶屋、それに大友宗麟の援軍などが参加していた（石野弥栄「戦国期南伊予の在地領主と土佐一条氏」、津野倫明「戦国期土佐における渡川合戦の意義」）。

このように一条兼定が短期間で幡多郡を回復できた裏には、他国からの援軍の他に、先に述べた幡多郡での争乱があった。というのも、兼定が土佐に帰還したきっかけは、重臣たちが彼を土佐一条家当主に戻そうとしたためだからである（『イエズス会士日本通信』下、八九・九〇号）。長宗我部元親と一条内基が画策した大津御所体制に反発した一部の重臣が、兼定を帰還させることで、大名としての土佐一条家を復活させようとしたのだろう。なお、同じくイエズス会の史料によると一条勢に「坊主等」が抵抗したという。これはイエズス会に土地を寄進し布教に協力する兼定の行動に反発した、金剛福寺《こんごうふくじ》等の幡多郡の寺院が長宗我部側についたことを示すとされる（東近伸「キリシタン史料から見た四万十川（わたりがわ）合戦と一条兼定」）。

九月中旬、四万十川西岸の具同《ぐどう》村栗本《くりもと》城に陣取った一条兼定に対し、中村城を確保していた長宗我部元親は川の東岸で対峙した。これが渡川の戦いである。「元親記」によると、一条勢が川に杭を打っていたため吉良親貞をはじめとする長宗我部勢は杭の無い川上から渡河し、不意を突かれた一条勢は敗走したという。「土佐物語」だと、川上に向けた別働隊に一条勢が気を取られている隙に川下からも同時に攻撃したことになっている。

敗走した一条勢は栗本城に籠もったが元親はそのまま攻撃し、三日後に落城させた。イエズス会の書翰によれば、再び土佐を出ねばならなくなった兼定は「味方の大身の城」「長島の城」（南予の勢力か）に逃亡した。後に彼は、南予の一条派国人法華津前延《ほけづさきのぶ》を頼り、宇和郡戸島に滞在しながら、幡多郡回復の機会を狙い続けることになる。

この戦いに勝利した元親は、幡多郡を一挙に手に入れることになった。「長宗我部地検帳」をみると、中村郷をはじめとする四万十川下流域や、宿毛《すくも》湾に面する宿毛村など、重要地域の郷村には長宗我部家の直轄領や譜代の直臣・陪臣たちの給地が多く存在しており、一連の騒動で親一条派を壊滅させた元親が幡多郡の所領関係をかなり改変したことが分かる。戦いは八〜九月であり、一条内基はこの年三月にすでに京都に帰還しているから、この幡多郡の処置は元親独自の判断であろう。

結果論になるが、一条兼定の一時的復帰は、幡多郡への長宗我部家の支配の浸透を促進する役割を果たしたのだった。一方、再度降伏してきた、あるいは一貫して長宗我部家に従っていた一条家臣や国人たちは、一定の所領を安堵され、中村城の吉良親貞に統率されることになった。なお、大津御所一条内政は渡川の戦い以後も元親に保護され続ける。

3　戦国大名長宗我部家の軍団

土佐統一の契機

長宗我部元親は渡川の戦いによって幡多郡を完全に勢力下に組み入れ、土佐一国を手中に収めた。父国親の死から一五年である。ちなみに元親より五歳年上の織田信長は、二年前の天正元年（一五七三）に足利義昭を京都から追放しており、この天正三年（一五七五）には権大納言・右大将に任官、室町幕府に代わる中央政権を確立している。

国親の代からすでに長岡郡・香美郡で勢力を広げていたことはすでに見た通りだが、それが土佐全体を手に入れるまで広がったのはなぜだろうか。地理的には本山家を駆逐して土佐中央部と浦戸湾を掌握したことが重要であり、長浜の戦いは元親の初陣のみならず長宗我部家にとっても非常に重要な一戦であった。そうした拡大に至った契機として、一般に戦国大名が領土欲を持っていたことが自明視されているが、大名たちがみな天下統一を目指していたとみる研究者は現在は少なくなってきた。長宗我部元親も、実際に土佐全体を領地としているからには、根本的姿勢として領地拡大志向があったことは間違いないだろうが、そのために闇雲に戦争をしかけていたというのも一面的な見方であり、様々な条件が絡まり合ってここまで来ている。

たとえば、軍記物では安芸家攻めの際の吉田重康、蓮池城攻略の際の吉良親貞のように、家臣が先走って戦争に突入した様子が描かれている。何度も繰り返すようにこうした内容は物語の作者による潤色も多いのだが、支城の動向をすべて大名がコントロールできていたとも限らないだろう。また、香宗我部家との同盟が安芸家との対立を呼び、それがまた土佐一条家への対立へも連鎖していくという構図もみられた。勢力間の提携が別な勢力との争いに繋がることは戦国期でままみられる状況であり、その中には元親の望まざる戦争も含まれていたであろう。なお、国親の時代にみられた、守護細川家からの命令という要素は、既述のように元親の時代には見出せない。

こうした自律的・他律的要素の両面に規定されながらも土佐国を手に入れた元親は、間髪を入れずに四国の他の三国（阿波・讃岐・伊予）へと進出していく。元親は四国の外との外交に注力しながら領地を広げていくのだが、それについてはもう少し後に述べることとし、ひとまずここでは領国支配と家臣団のあり方についてまとめておきたい。

居城としての岡豊城

長宗我部家が長岡郡の岡豊城を本拠としていることは何度か触れた。土佐を統一した後も、元親はしばらく岡豊城を拠点とし続ける。

岡豊城は岡豊山に築かれた山城で、頂上に本丸にあたる詰ノ段、そこから下って二～四ノ段があり、詰ノ段の南部には伝家老屋敷曲輪、同西部には伝厩跡曲輪がある。後二者に「伝」とついているのは、利用方法に関する確実な文献が存在せず、伝承によって仮の名をつけているためである。近年の発掘調査によれば、伝家老屋敷曲輪には長宗我部家の屋敷があった可能性も考えられている（『岡豊城跡Ⅲ』）。

この城については国親幼少期の落城、国親の復帰などの政治的画期があるが、文献史料からは不明な点が多い。ただ、地表から観察できる遺構や発掘調査によって、いくつかの点が分かっている。なかでも、天正三年（一五七五）の銘を持つ、和泉国の瓦工が作成した瓦の存在が大きく注目され、いくつかの指摘がなされている。一つは天正三年という年代から、土佐国を統一したことを契機として岡豊城を改修整備したのではないかというものである。瓦をともなう建築物の造成（改修）のほか、畝状空堀群などもこの時期に整備されたとみられている（前川要他「戦国期城下町研究ノート」）。かつての山頂を中心とした形態から、丘陵全体を城郭とする形へと変化したのであり、これは土佐国の支配者になった元親がその地位にふさわしい城を求めて改修を行ったものとみられる（『岡豊城跡Ⅲ』）。

もう一つ注目されているのは、この瓦が織田信長に関係があるとされていることである。和泉国は織田政権の支配下にあり、信長は家臣に対し瓦の許認可制を取っているから、元親が岡豊城に瓦を使用したのも織田政権の影響によるものとみるのである（加藤理文『織豊権力と城郭』）。後にみるように元親は信長に対して低姿勢で従っており、かつその接触時期も早かったものと思われるから、この説は魅力的である。

ただ、織田政権の影響を直接受けたという証拠に乏しいことはいささか気になる。和泉国の港町として有名な堺は以前から南海路を通して土佐との交流がみられるから（下村效「戦国期南海路交易の発展」）、独自ルートによる瓦の発注の可能性も捨てきれない。いずれにせよ、天正三年（一五七五）に改修された岡豊城は、土佐国内の城郭建築では瓦を用いた最初期の事例であり、当時最先端の方式を取り入れたものと評価されている。

軍代体制

続いて土佐国全体の体制を見ていこう。土佐国は東西に長いため、元親は東端の安芸郡から西端の幡多郡までを一元的に管理するのではなく、中央の五郡と両端の二郡を分けて管理する方針を持っていた。

そこで白羽の矢が立ったのが二人の弟である。香宗我部親泰が安芸城、吉良親貞が中村城の城代となったことはすでに述べた。この二人は、「親貞は海より西の軍代、親泰は東表の軍代を給う」と、土佐の東側・西側の攻略を担当する「軍代」という役職に任命されていたという（『元親記』）。両郡には服属した国人たちがいたことはもちろん、長宗我部家譜代の家臣もたとえば幡多郡であれば「中村衆」として給地をもらって入部しており、それに加えて香宗我部・吉良両家の家臣も入部していた。親貞と親泰は、こうした武士たちの寄親として、軍事指揮を行う役割を担っていたのだろう。また、先述した村上水軍との交渉の際に吉良親貞が副状を発給しているように、軍事と表裏の関係にある外交についても大きな役割を担っていた。他にも軍代は、寄子の訴訟処理や軍功を元親に取りなすことも行っており、あくまでも長宗我部直臣を預かる立場ではあるものの、元親の分身というべき立場であった。

天正五年（一五七七）正〜二月頃、九州に下向していた公家の近衛前久《このえさきひさ》が帰京する際に土佐を経由しているが、その際に前久が記した書状には「豊後から親貞領まで送る」と記されている（津野倫明「南海路と長宗我部氏」）。前久が吉良親貞をよく知っていたとは考えがたいから、「親貞領」という表現は先に元親側から用いたものとみられる。この「親貞領」は幡多郡そのものでないかとみられ、ここから、親貞が軍代として同郡を管掌していたことを知ることができるだろう（ただし全域が吉良領だったとは考えられないから、あくまで管掌したのみとみられる）。

このように二人の弟は元親にとって欠かせない存在となるはずであったが、吉良親貞はこの天正五年の後半頃、兄に先立って病死してしまう（津野倫明「南海路と長宗我部氏」）。吉良家は親貞の子親実が継ぐが、彼はまだ若かったためであろう、中村城代は重臣の桑名藤蔵人、軍代の役割は筆頭家老の久武親信が継承することになった。軍記物の記述を見ていると、親貞は兄元親や弟親泰に比べて積極的に仕掛けていくタイプとして描かれているから、元親にとって彼の死は戦略面のみならず相談相手の喪失という意味でも大きな痛手であっただろう。

元親を支えた一族は、弟たち以外にもおり、各地の城主を務めた。まず従兄弟から見てみよう。父国親には弟がいたとされ（名前は「国康」とされるが一次史料では確認できない）、その子として右兵衛尉親武と掃部助（名は「親興」とされるが右に同じ）の兄弟がいた。親武は前述のように高岡郡戸波城の城代となって戸波を名乗り、掃部助は岡豊の近くの長岡郡国分村の比江城に住み比江山《ひえやま》を名乗った。後に彼らは讃岐や阿波の征服地の城を預かるなど、四国への進出時にも活躍している。

このほか、だいぶ離れた一族として、長宗我部信能の四代前にあたる兼光の弟の家系に広井・中島・野田・大黒・上村・中野の各家がある（「古筆秦氏系図」）。大部分は戦国期にも活動がみえ、「元親記」には国親の頃からの重臣として名前が挙げられている。たとえば上村家の当主親綱《ちかつな》は元親に仕えて国吉甚左衛門尉を名乗って後に讃岐国の軍代に任命されており、一説には元親の姉を妻としていたともされる（寺石正路『土佐名家系譜』）。中島家は大和守が重臣として仕え、与一兵衛（重房・重弘の二名おり、親子か）は能筆で知られ元親の側近を務めた。大黒家は長宗我部家から離れて自立していたようだが、本山攻めの際に長宗我部配下に加わることになった。野田家では右衛門大夫・甚左衛門（同一人物か）が幡多郡宿毛城の城代として配備され、宿毛苗字を名乗っている（『南国市史』）。なお右衛門大夫を長宗我部一族の南岡四郎兵衛親秀を指すとする説もある（「土佐遺語」）。親秀は南岡城主の左衛門大夫の子とされ、後に検地役人も務めた。

上村家等よりさらに前に分かれた一族として国沢・江村・久礼田家があり、このうち江村家は重臣として有名である。江村家には国親の時代に長宗我部家臣吉田家から養子が入って備後守親家と名乗り、先に見た島津家との交渉や、のちの備前国の宇喜多家との交渉など、外交窓口としても活躍した。息子の孫左衛門尉親頼も後に阿波国一宮《いちのみや》城を守り豊臣秀長と交渉を行っており、江村父子は軍事・外交両面で活躍したといえよう。このほか、姫倉・国分など系譜関係の分からない一族もおり、いずれも城主や検地役人として活躍している。

これらの一族は基本的に出身地や居城の地名を名字として名乗るが、「長宗我部地検帳」などを見ていると「長宗」という苗字で表記されることもある。これは「長宗我部」を略記したもので、主君の長宗我部苗字をそのまま用いることを憚ったためとされている。

以上のように、長宗我部家臣の中には一族が多数いたが、吉良・香宗我部といった他家を継いだ弟たちが独立した領主となっていたのに比べて、早い時期に分かれた一族はほぼ譜代の家臣と化していた者も多かった。「元親記」に掲載された重臣リストによると、国親時代の重臣一五名のうち六名を一族が占めている。

長宗我部家の家臣たち

一族を見たついでに、他の家臣も見ていこう。重臣については先述のように「元親記」にリストがあり、そちらを参照していきたい。

長宗我部家の筆頭重臣として、「三家老」と呼ばれた久武・桑名・中内の三家がある。久武肥後入道昌源とその子内蔵介親信・彦七親直兄弟が土佐郡久万や高岡郡佐川などの城を預かったことは先に見た通りである。桑名家や中内家も、軍代を務めた久武家ほどではないが一族が各地の城に配置され

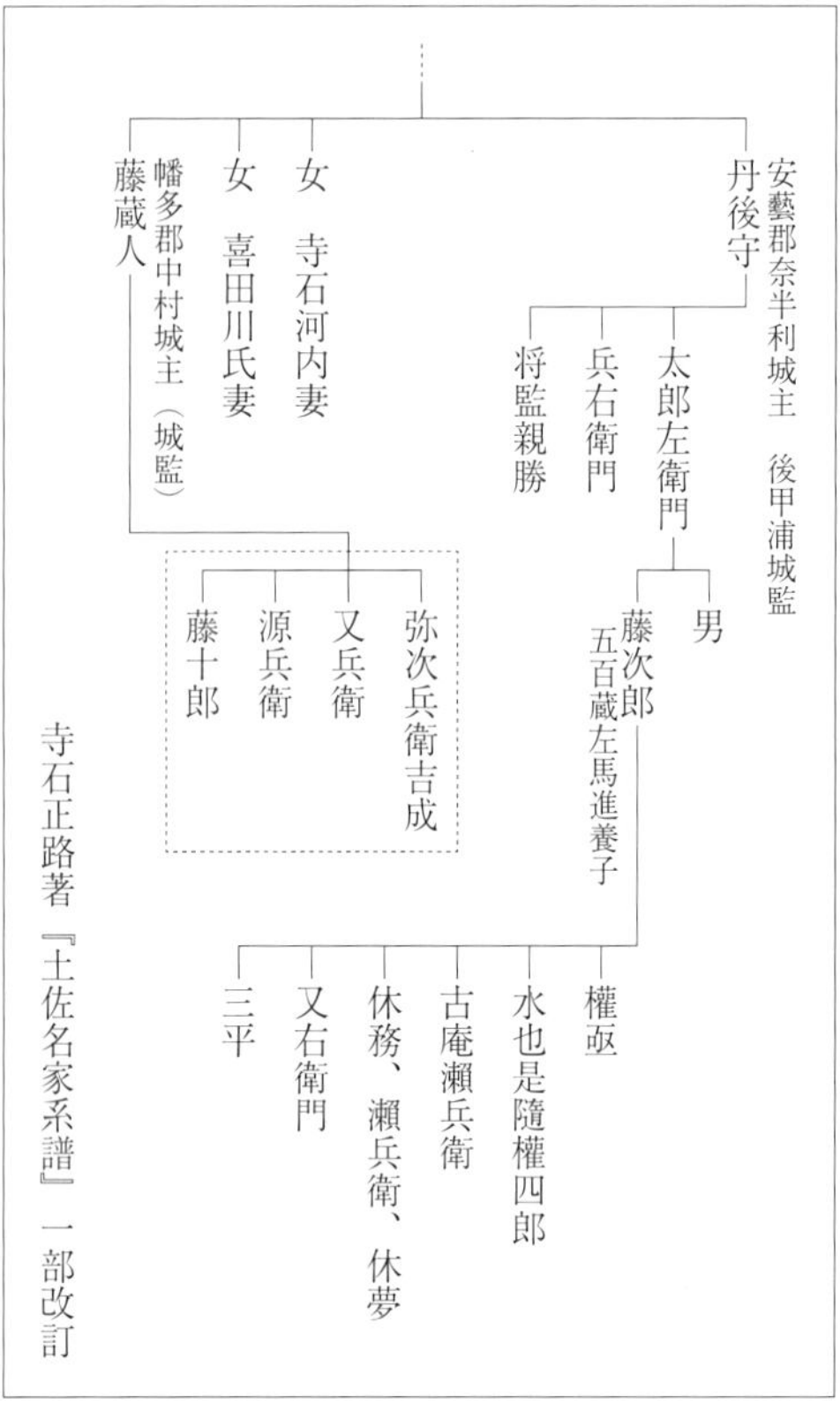

桑名家略系図
（野本亮「史料紹介『竹心遺書』について」より）

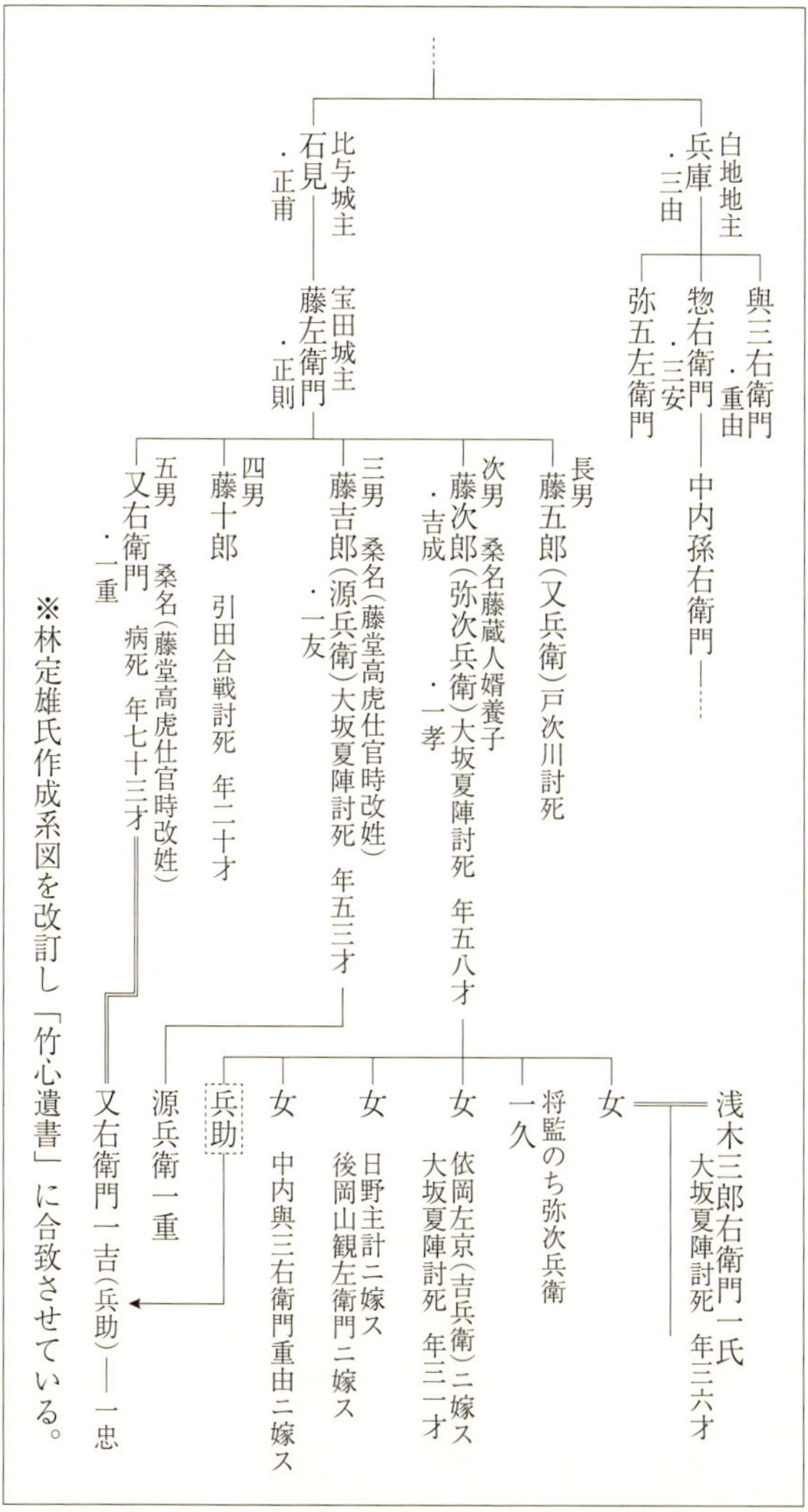

中内家関係略図（推定）

（野本亮「史料紹介『竹心遺書』について」より）

て重く用いられていた。

筆頭重臣というべきこの三家の他には吉田一族が有名であり、備中守孝頼《たかより》（周孝《しゅうこう》）・次郎左衛門尉貞重《さだしげ》父子が土佐郡井口城主となり、その弟重俊の子伊賀守重康が香美郡夜須城、重康の子孝俊が安芸郡新城城に配置されたほか、重康の弟親家が江村家を継いでいる。ところで孝頼をはじめとする吉田一族は「土佐物語」に数々の活躍が記されているが、「元親記」「長元記」には無い記述が多い。実は「土佐物語」の作者は吉田惣右衛門孝世《たかよ》といい、吉田家の子孫を名乗っていた。したがって先祖の活躍を「土佐物語」に勝手に盛り込んだ可能性があり、あまり信用できない。なお「土佐国古城伝承記」も「土佐物語」同様に吉田家関係のエピソードが多い。こちらの作者ははっきり分からないものの、どうも孝世自身か、吉田家関係者ではないかと思われる。

このほか、「元親記」の重臣リストによれば、元親の時代になると譜代の家の他に新たな重臣が加わっている。十市新右衛門尉は先述の土佐国守護代細川家（上野家）の一族であり、横山九郎兵衛は長岡郡介良荘の国人である。どちらも早い時期に元親に下った者たちであり、信用を得て重臣となっていったのだろう。

彼ら重臣たちは、毎月六度ずつ集まって訴訟処理のための会議を開き、元親からの諮問に答えていたという（「長元記」）。長宗我部家が小さかった頃はそれが通用したのだろう。その後、土佐一国を領有し、四国全域に進出していく時期になると、前線に配置された重臣たちを頻繁に招集することは物理的に難しくなったものと思われるが、その時期の様相は不明である。後に豊臣政権に下ったのちは、訴訟は重臣ではなく奉行が月に三度ずつ処理することとし、急用の場合は随時届け出るようになった（「長宗我部氏掟書」第一三条）。

「元親記」や「長元記」で重臣として挙げられた以外の一般の家臣もたくさんいる。なかでも異色の家臣である谷《たに》忠兵衛忠澄《ただずみ》は、土佐神社の神主出身とされている。土佐神社再興のあたりから家臣となったのであろうか。慶長五年（一六〇〇）の位牌から逆算すると元親より五歳年上で、後に江村親頼とともに阿波国一宮城を守り豊臣秀長と交渉、豊臣期には幡多郡を統轄する役割に就くなど、軍事・外交・内政と多岐にわたって活躍した。兄弟に滝本寺《たきもとじ》の僧非有《ひゆう》がおり、こちらも元親の側近として豊臣期の長宗我部家の内政を牽引していた。

重臣や一般の家臣とは違ったタイプの家臣として、国人たちがいる。これは吉良家や香宗我部家と同様にかつて長宗我部家と同格であった者たちであり、家臣というよりは長宗我部家の軍事指揮に従って働く協力者・同盟勢力といった方が近い。元親初期の国人には、土佐神社再興の際に紹介した「御やとい衆」がおり、十市・横山のように譜代の家臣と同様になっていく者も多い。その後に服属した長岡郡の本山家や高岡郡の津野家・片岡家・佐竹家、幡多郡の小島家・依岡家などは、一族や譜代の重臣よりも広い領地を持ち独立性が高かったとみられ、元親は彼らに配慮しながら統制していく必要があった。

一領具足をめぐる通説

ところで、長宗我部家の家臣というと「一領具足《いちりょうぐそく》」（「一両具足」とも）が有名であり、国人と家老以外はすべて一領具足であったかのような印象まで持たれてしまっている。

その存在について、現代の研究者は、四国進出までは長宗我部家の躍進の原因として言及し、豊臣政権に降伏するあたりの話になると一転して長宗我部家の敗北の原因として槍玉に挙げるパターンが多い。これについて、以下に筆者の見解を記す（詳細は平井上総「一領具足考」）。

一領具足を解説した史料で最も有名なのは「土佐物語」であり、一領具足を次のように描いている。

一領具足というのは、僅かな田地を領し、守護に勤仕せず役も勤めず、領地に引き籠もって自ら耕し、他の武士とも交わらないので礼儀作法もなく武勇のみを行い、田に出るときにも槍の柄に草履・兵糧をくくりつけて田の畔に立てておき、戦の際には鎌・鍬を投げ捨てて鎧一領・馬一匹で戦に出るので一領具足と名付けられた。弓・鉄砲・太刀打に優れ、命知らずの野武士であった。

他の史料も見てみよう。「清良記《せいりょうき》」の七巻「親民鑑月集」は、「田地一町とは、近代の一両具足という侍一人分の領地である」としており、知行地が一町程度であったとする。「長元記」は「土佐の一領具足とは他家の馬廻と同じである」とする。さらに中村家の系図に「三拾石　中村彦左衛門、これは一領具足」とあり、この事例では知行地が三十石＝三町となっている（「土佐国蠧簡集木屑」五四二号）。

これらの記述から、井上和夫氏は屯田兵的存在を想定した（井上和夫『長宗我部掟書の研究』）。この説に関しては典拠となった史料をみてもやや勇み足の感があり、受け継がれていない。横川末吉氏や山本大氏は、一〜三町程度の給地を持つ在郷の名主で、兵農未分離の農民的武士であり、地域ごとに「〇〇衆」として編成された、長宗我部家の兵力の基礎であったと位置づけており、これが通説となっている（山本大「長宗我部元親の軍事行動」、横川末吉『長宗我部地検帳の研究』）。

下村效氏は他の一次史料も加えて検討し、元親が家臣に与えた坪付状（知行宛行状）に「二町衆」「百八十衆」などと見えることから、一領具足は地域ごとの編成だけではなく、知行地の規模も基準として、数十・数百の戦闘部隊に編成されていたとみた（下村效「長宗我部元親と一領具足」）。さらに市村高男氏は、地元以外の者を中心とした「衆」も存在することを指摘し、長宗我部家臣＝一領具足とみがちな先行研究に再考を促した（市村高男「永禄末期における長宗我部氏の権力構造」）。

一領具足と一次史料

ところで、一領具足という言葉が明記された史料はほとんどが江戸時代に記された二次史料であり、素直に信用することはできない。では一次史料ではどう書かれているかというと、実は長宗我部元親・盛親父子が定めた分国法である「長宗我部氏掟書」にもこの言葉は見られず、同家の史料ではたった二つにしかこの言葉は登場しない。

一つ目は慶長二年（一五九七）制定とされる「長宗我部元親式目」（「慶長式目」とも）と呼ばれる史料である。分国法の「長宗我部氏掟書」（「長宗我部元親百箇条」）と混同するかもしれないが、まったく別な法であることに注意されたい。この法は、第一三条に「知行割の事は、五ツ八歩平均として渡すように。ただし、城持ちと一両具足は各別にすること」とあることから、一領具足が普通の家臣とは違う扱いを受けていた証拠として用いられてきた。

しかし、この「長宗我部元親式目」には大きな問題がある。それは、条文のいくつかが、のちの土佐藩（山内家）が制定したものに酷似しているのである。それだけだと土佐藩が長宗我部家の法を模倣したとみることもできようが、実際は土佐藩の法の条文が何十年もの間で徐々に形を変えていく途中の形態（一七世紀後半）に酷似していることから、それはありえない。むしろ「長宗我部元親式目」の方が土佐藩の法を模倣したとみる方が整合的であり、さらにこの法の内容には長宗我部家の実態に合わない部分もある。したがって、この「長宗我部元親式目」は、実は江戸時代に偽作された法であったと思われる（平井上総「「長宗我部元親式目」考」）。そう考えると「長宗我部元親式目」第一三条の内容も江戸時代に創作されたものであるから、一次史料からは除外される。

残るもう一つの史料は慶長五年（一六〇〇）一二月、すなわち長宗我部家が改易される時のものであり、浦戸城に籠もった浦戸一揆の主体が一領具足であることを重臣たちが伝えている（「土佐国蠹簡集拾遺」一三三七号）。つまり長宗我部家の一次史料では改易の瞬間にのみ「一領具足」という言葉が出てくるのであり、一領具足の実在すら疑いたくなる残存状況なのである。

ところがさらにややこしいことに、この改易とその翌年、徳川家臣の井伊直政や新国主（土佐藩主）山内一豊《かずとよ》の弟康豊《やすとよ》らが書状の中で「一領具足」という言葉を使っているのである。これによって、他国の者にも一領具足の存在が知られていたことになるから、実在していたことは間違いない。しかも土佐藩では一七世紀にいくつかの法令などで「一領具足」という言葉を使っているから、残存史料では長宗我部家よりも山内家の方がこの言葉をよく使っていた状況になってしまっている。

では、一領具足をどういう存在とみるべきなのであろうか。一次史料の状況が芳しくないため（土佐藩の使う「一領具足」は長宗我部家のものとは別に検討するべきであろう）、結局は推測に頼らざるをえない。

一領具足の実態

ここでは、具足を一領というその数に注目したい。元親が検地役人について定めた「検地衆江之掟」には、検地役人には「弐領前の知行役を免除するのでその他の公役は勤めること」という規定がある（「土佐国蠹簡集」六五九号）。この「弐領前」とは知行役として負担する人数二人分という意味であろうが、この言葉が一領具足の「一領」と対応することは想像に難くなく、そう考えると「一領」とは知行役を指すことになる。他の地域の事例を見ると、島津氏が軍役を「具足一領」という単位で賦課したり、伊予国で「具足四十八両分の軍役」を負担したという庄屋の主張が見られたりすることから、この推測を裏づけることができよう。

知行役（給役）とは、家臣が大名から与えられた知行地（給地）の額に応じて負担する奉仕のことで、戦国期ではその中でも軍役が重要であった。「土佐物語」の記述を重視すると具足を一領しか持たないという貧しさから来る名前であるかのように見てしまうが、そうではなく、具足一領分の役だけを負担する武士だから一領具足と呼ばれた、とみておきたい。

この名称については、前述の史料状況からみて、正式なものとみることは難しい。俗称・通称とみておくべきである。長宗我部家の家臣団ではごく僅かな知行地しか持たず一人分の軍役しか負担しない武士たちを一領具足と通称しており、そうした家臣が他の大名家よりも格段に多かったのだろう。

実際、「長宗我部地検帳」をみていると零細な武士が数多く見られる。それが長宗我部家の躍進によって有名になったために話に尾ひれが付き、いかにも特殊な存在であるかのような見られ方をされてしまったものと思われる。

一領具足は知行地が少ないことから、「土佐物語」などが語るように自分で田地を耕す必要があったものと思われる。中には武士稼業をたまに行う兼業農家と形容した方がふさわしい者もいたかもしれない。長宗我部家臣として把握され、軍役も務めるが、普段の生活は百姓並という武士たちが、長宗我部家の兵数を底上げしていたのだろう。

なお、こうした存在が近世には否定されるとみる研究もあるが、それは一面的な見方である。たとえば土佐藩には郷士制度があり、先祖が武士であった百姓が新田を耕した場合に、開墾地の一部を給地として在村の武士に取り立てていた。こうした取り立てのあり方は、戦国大名でいえば武田家や北条家が行っていたものに類似する。郷士の存在形態は一領具足とさほど変わらなかったはずであり、これを材料として戦国時代と近世の違いを強調するべきではない（平井上総「中近世移行期の地域権力と兵農分離」）。

知行制と初期検地

知行役に触れたついでに、知行制と検地についてみておこう。

大名と家臣の関係が、知行地の給与と知行役の負担によって結ばれていたことはすでに説明したが、知行地の給与の形態にも種類がある。戦国時代に主流だったのは土地そのものを与える形態であり、江戸時代には地方知行制と呼ばれるようになる。他に江戸時代には俸禄制という、土地を与えずに金銭・米穀のみを給与する形態もあった。俸禄制は戦国時代にもあったとは思われるが、江戸時代になって一気に主流になっていった。長宗我部家の場合は前者の地方知行制を主に採用しており、家臣との関係は土地を媒介としていた。

知行制にはもう一つ、与える知行を数値化する際の基準という意味もあり、銭で数値化する貫高制、米の石高制、面積の地高制などの種類がある。長宗我部家では国親の代の初めの頃は貫高制を用いていた形跡があるが（「土佐国蠹簡集」一二五号）、後に地高制を基本とするようになっていく。

このように家臣に土地を与える前提として、大名は自分がどこにどれだけ土地を持っているかを把握している必要があり、そのために行われるのが指出や検地などの土地調査である。土佐国内の検地を見るため、坪付状（知行宛行状）の一例を見てみよう（「土佐国蠹簡集拾遺」一九二号）。

坪付

（花押）　春田五郎兵衛尉

一 松タ出勺 所三段卅代　岩村郷
一 同所 ヽ三段四十代　同郷
一 川マカリ ヽ三十代　同郷
一 木ノ内 ヽ壱段卅代 出廿　前給 吉田之内かい城分 一反卅代の替也

已上壱町ヤシキ共ニ、

永禄十一年
八月十六日

一筆目で解説すると、岩村郷の三反三〇代の面積の田地が春田五郎兵衛尉に与えられており、合計四筆で一町分＋屋敷分が宛がわれている。ところでこの四筆目の面積の下には「出廿」とあり、これは本来の一反三〇代の土地に加えて二〇代分の土地が出ていることを示している。こうした記述はのちの「長宗我部地検帳」に多く見られ、検地の結果検出された面積を指す表記である。したがってこの永禄一一年（一五六八）の坪付状以前に、一反三〇代の土地面積の把握と、追加の二〇代の土地面積の把握の二度の土地調査が行われていたことになる。

新たな土地の把握は、そこが直轄領である場合は年貢収入の増加であり、家臣の給地であれば知行役の負荷量増加になるから、大名の基盤強化に繋がる。長宗我部元親によるこうした土地検出作業（＝初期検地）の存在は、下村效氏によって数多く指摘された（下村效「土佐長宗我部氏の初期検地」）。後に豊臣政権下に入ってから行った検地に比べればまだまだ低い精度ではあるが、元親はこうした土地調査を繰り返すことで経済的・軍事的優位性を確保していったのであった。

長宗我部家と鉄砲

戦国時代、新兵器として鉄砲が日本に伝来し、国内の合戦の主力兵器として使われるようになったことはよく知られている。戦国大名と鉄砲というと織田信長のイメージが強いが、実際には信長以前から多くの大名が鉄砲を活用している。

当然ながら、長宗我部家もまた鉄砲を用いていた。「元親記」によれば、元親は家臣の鉄砲の訓練のため、毎月朔日（一日）に鉄砲揃を行い、標的を撃たせたという。元親は他国衆に、

> 我が家中には鉄砲の者は特別にいません。戦場に鉄砲を持ってこない家臣はおらず、武士が百人であれば百挺、千人なら千挺の鉄砲が揃うため、合戦で勝利する理由の三分の二は鉄砲によるものです。このような状態ですので、遠くから針を撃てるような腕前の家臣は数を知れず、特定の家臣を鉄砲の者とは言えないのです。あの久武内蔵介（親信）や桑名弥次兵衛（吉成《よしなり》）も皆鉄砲の名手です。

と言っていたとされる。長宗我部＝一領具足というイメージを持ってしまうと鉄砲隊はあまり想像がつかないかもしれないが、実は長宗我部家の躍進は鉄砲の大量運用にあったと「元親記」は記しているのである。

「元親記」は二次史料であるため、鉄砲に関する一次史料を確認してみよう。元親は領内の鉄砲鍛冶に対し、

> 種子島筒（鉄砲）は、長宗我部家臣にはいくらでも用意するように。他国衆には一切停止すること。もし欲しがる者がいたらすぐに言上するように。密かに鉄砲を渡したならすぐに斬首する。

といった内容の法令を定めている（『中世法制史料集』五、武家家法Ⅲ、九五七号）。この法令から、土佐国内では鉄砲が量産されていたことと、元親が鉄砲の流出を警戒していたことが明らかであろう。「元親記」で元親が語ったとされる言葉にはオーバーな表現もあるかもしれないが、右の法令からみて、長宗我部家が鉄砲を重視していたことは確実である。後に元親の子盛親が、関ヶ原の戦い直前に炮録火矢《ほうろくびや》（発射式の爆弾）の用意を鍛冶奉行に命じており、これも領内で生産する体制が整っていたのだろう（「土佐国蠹簡集拾遺」二三九号）。

この他の長宗我部家と鉄砲に関するエピソードを見ると、のちの九州出兵の際、豊臣勢の中で長宗我部勢の鉄砲が頼りにされていたり（フロイス『日本史』）、関ヶ原合戦のときに兵数五千に対して鉄砲千五百挺を用意していたりといったことなどが知られる（「旧記雑録」後編三、一一六七号）。元親の鉄砲重視の姿勢は他国にも知られ、次世代の盛親にも受け継がれていったのである。

第三章　土佐から四国へ

1　織田政権のもとで

長宗我部元親が、土佐国を統一した後さほど間を置かずに四国全体に進出していったことはよく知られている。地形からみて、土佐は国内の大部分を山地が占めるため、国内統一自体が大事業であり、さらにそこから他の国へ進出していくことはかなり困難だったはずである。

天正年間の政治情勢

天正年間の四国情勢を描く場合、元親が四国を統一する過程として描こうとする視角がこれまでは多かったが、最近の研究では本能寺の変をめぐる論争の余波もあって様々な角度から見直しが進んでいる。

元親が四国に進出した時期、日本国内はどういう情勢にあっただろうか。先にも触れたように、やはり特筆しなければならないのは天正三年（一五七五）時点で織田信長の政権が室町幕府に代わる中央政権を確立していたことである。信長は天正元年（一五七三）に足利義昭との連合政権を解消し、義昭を京都から追放した。そして本願寺や武田勝頼との対決を経て、天正三年には朝廷から将軍並の扱いを受けるようになるのである。

安定したように見えた織田政権だが、翌天正四年（一五七六）には中国地方の大大名毛利輝元の元に下向した足利義昭が、大坂の本願寺や越後の上杉謙信などを味方として信長に抵抗する姿勢を取った。義昭の狙いは京都に帰還して室町幕府を再興することであり、当然ながら織田政権の存在は認めがたいものであった。こうして天正四年から本能寺の変が起きる天正一〇年（一五八二）までの情勢は、織田信長およびそれに結びつく大名たちと、足利義昭およびそれに結びつく大名たちとの、二大派閥による抗争の様相を呈していくことになる。

そうした中で、長宗我部元親はしばらく織田政権側に従って行動していくが、最終的に両者は対立することになる。また、織田政権以外との関係も重要であり、特に伊予国守護河野家の親戚である毛利家の存在は、織田・豊臣両期を通して元親に大きな影響を与えていた。本章では、長宗我部元親の四国進出と、それを取り巻く外部勢力との関係を軸として記述していきたい。なお、元親の四国進出は阿波・讃岐・伊予の三カ国に同時に侵攻することが特徴である。それぞれの国での出来事を連携して捉えるため、本章はできるだけ時系列に沿って並列的に見ていきたい。

長宗我部―織田関係の形成

これまで本書で見てきたように、長宗我部家は土佐国守護である細川京兆家の家臣であった。元親の父国親の行動が京兆家の動向と関連していたとみられることもこれまで見てきた通りである。しかし元親の時代の京兆家当主細川昭元は勢力を失っており、足利義昭と織田信長が決裂した際には信長側についたが、もはや権力を持つこともなく、名家の当主として庇護される状態にあった。

ただ、信長は昭元（信長から一字をもらい信良《のぶよし》と改名する）を道楽で保護していたわけではなく、彼の存在に利用価値を認めていた。その一端として挙げられるのが、讃岐国の国人香川信景《かがわのぶかげ》との交渉である。細川京兆家は讃岐国の守護でもあり、香川家は讃岐国西部の守護代という関係にあったが、天正二年（一五七四）に細川昭元は香川信景に、讃岐国東部の管轄も任せる旨の書状を発給している。昭元の動きの背景には彼を庇護していた織田信長の意向があり、信長は昭元を利用して讃岐国の有力国人を取り込もうとしたのである（橋詰茂『瀬戸内海地域社会と織田権力』）。

これと同様に、長宗我部―織田関係も昭元が介在していると見る見解もある（天野忠幸「織田・羽柴氏の四国進出と三好氏」）。ただ、昭元と長宗我部元親の関係はもう少し後年にならないと史料上に出てこない。もちろん史料が無いからといって両者の関係が無いことにはならないが、それよりも史料から確認できることを重視していきたい。

長宗我部―織田関係を介する者として、史料上最もよく見られるのは明智光秀である。天正六年（一五七八）、元親が長男弥三郎の実名に信長から一字を拝領した際に、信長は光秀を取次として「信」

の字を与えているのである（後述）。

この取次としての活躍は光秀自身の努力や才能もあるだろうが、その配下に斎藤利三・石谷頼辰兄弟がいたことが大きい。先にも述べたように元親の妻は石谷家出身であり、頼辰はその義理の兄であるとともに斎藤利三の実弟であった。「元親記」は信長の上洛（永禄一一年〈一五六八〉）以前から元親が信長に連絡を取っていたとするが、その頃元親はまだ本山家と抗争をしている段階であり、いささか疑わしい。ただ、斎藤利三は当初稲葉一鉄《いってつ》に仕えており、一鉄は信長が美濃を領有した段階でその配下となっているから、元親から信長に結び付くための人脈は早くからあった。推測するに、早ければ元亀年間初頭あたり（信長が足利義昭を擁して室町幕府を再興し、元親が土佐一条家と対立した時期）に、元親側から妻の縁を通して信長（および足利義昭）に結び付く動きがあったのではないだろうか。

長宗我部家は土佐国内第一の勢力となったとはいえ地方の一領主にすぎず、他国との関係を無視して自立していくよりは、地位を保障してくれる上位の権力に結び付いた方が戦略上有効である。天正三年（一五七五）の岡豊城の瓦使用が、そうした織田政権との関係に基づいたものとも指摘されていることは前に紹介した通りである。

斎藤利三は後に稲葉一鉄の元を離れて明智光秀の家臣となったため、元親は織田家の重臣である光秀を取次とすることができた。このようにみると、元親が石谷家から妻を迎えたことは結果として長宗我部家にとって非常に有利に働いたといえる。ただそれも妻の縁を利用して織田家と結び付こうとする元親の主体的外交があってこそだろう。

阿波国南方への進出

話を政治過程に戻そう。長宗我部元親の四国進出の端緒として知られているのは、阿波国への進出である。「元親記」によれば、元親の弟島親益が伊勢参宮の帰りに阿波国海部郡宍喰の奈佐湊に滞在していたところ、同郡の海部城主（海部友光《ともみつ》あるいは宗寿とされる）に殺害されてしまった。それを恨んでいた元親が天正三年（一五七五）七月に甲浦を手に入れたことに続けて秋に海部へ攻め込み、海部城を奪取した上で由岐・日和佐（日和佐肥前守）・牟岐・浜・桑野（東條関之兵衛）・椿泊・仁宇（仁宇伊豆守）といった阿波国南方《みなみがた》（海部郡・那賀郡・勝浦郡）の七ヶ浦を降参させたという。一般にはこの復讐説が人口に膾炙している。

一方で「長元記」では親益は登場しない。海部城主が阿波国内の国人同士の争いに加勢するために出かけたところ、野根・甲浦の長宗我部勢に城を奪取されたため、そのまま浪人になってしまったとする。こちらの年代は明らかではない。

「長元記」が阿波国南方の海部・宍喰が土佐東端の野根・甲浦から一、二里の距離と記し、「昔阿波物語」が野根・甲浦を「天正二年（一五七四）までは阿波分」と記すように、土佐東端と阿波南方はかなり近く、日常的な交流は土佐の中央部よりも緊密だった。そこで注目したいのは、野根城の攻略の際に野根国長が海部・宍喰まで逃亡したとされていることである（「長元記」）。元親の阿波南方進出は、海部に滞在する敵対勢力を排除することを目的とした、土佐東端攻略と連続した軍事行動だったのではないか。親益の殺害事件も、野根国長との戦いと関係していたのかもしれない。

「元親記」は海部城の落城後次々と阿波南方の国人たちが服属したように描いているが、実際には天正三年（一五七五）からどれだけの時間がかかったかは分からない。土佐国安芸郡に続き阿波国南方の軍代も兼ねることになった香宗我部親泰が、天正五年（一五七七）一一月に日和佐肥前守に「当方への帰参は珍重です。今後も忠節に励めば進退は悪いようにはしません」と誓った起請文を発給している（「土佐国蠹簡集」四〇〇号）。この中の「帰参」という言葉によれば、肥前守は一度長宗我部側から離れてまた服属したことになる。とすれば、元親・親泰兄弟は二年間で阿波南方を手に入れたものの、国人の裏切りに遭うなど、その道のりは平坦ではなかったのだろう。

さらに言えば、阿波の国人たちは、長宗我部家に服属したというよりも、いつ敵になるか分からない、臨時の協力者といった方が近い存在であった。それゆえに元親は彼らの心を繋ぎ止めるための手立てを様々に講じた。たとえば香宗我部親泰が日和佐肥前守に起請文を提出したのは彼の進退を保証して味方に引き留めるためであり、翌天正六年（一五七八）にはさらに元親自身が「毛頭疎意は無い」とする起請文を追加している（「浜文書」『長宗我部氏と宇喜多氏』三五号）。また、東條関之兵衛には妻として養女を娶らせ（「元親記」は久武親信の妹、「土佐物語」は同娘とする）、仁宇伊豆守も親類としたという（「長元記」）。さらに、元親が国人に送る書状も、丁寧な書札礼を用いていた。元親がこうした努力を怠らなかったからこそ、長宗我部家は四国に進出できたのである。

阿波南方の軍代である香宗我部親泰には海部の戸茂《とも》（鞆）城を預け、同じく海部の吉田城には北村間斎、宍喰城には野中親孝《のなかちかたか》など、土佐から派遣した軍勢を駐留させた。阿波・讃岐を攻略するときには、元親が率いる土佐の本隊と親泰率いる阿波の別働隊が交互に方々へ働き、別方面を担当する兄弟による連携がなされていたという（「長元記」）。

三好家との戦いの始まり

阿波南方の服属を「元親記」「長元記」をなぞって記したが、実は海部・宍喰を除いた南方部分への進出は、阿波国中心部の政治情勢とも関係が深かったものと思われる。

そもそも阿波国は、室町時代から細川家の一族阿波守護家が守護を務めてきた。同家は土佐国守護の細川京兆家の支流にあたり、本家と時には協力、時には対立してきた。戦国期に細川高国と戦い京兆家当主となった細川晴元はこの阿波守護家出身であり、阿波国の守護は従兄弟の持隆《もちたか》が継いでいた。だが、本家が三好長慶によって実権を失ったのと同様に、阿波守護家も、長慶の弟三好実休《じっきゅう》（之虎《これとら》）によって細川持隆が殺害され、持隆の子真之《さねゆき》を実休が擁立するという形で実権を奪われていた。実休はその後永禄五年（一五六二）の和泉国久米田《くめだ》の戦いで討死し、阿波三好家はその子長治が継承した。

三好長治は大坂本願寺と同盟して織田信長と対立していた。そうした中、天正四年（一五七六）、阿波守護家の当主細川真之は三好家から実権を取り戻す動きを見せた。同年一〇月に真之は海部方面に出奔して支持勢力を集め、一二月に長治が敗れて自殺する（森脇崇文「細川真之と三好長治の関係破綻をめぐって」）。

こうした阿波守護家と阿波三好家の対立による政変は、長宗我部元親の阿波南方進出と同時期に起きている。そして、真之が出奔した先の海部は、長宗我部家が進出した地域である。では真之と元親の動向はどう関係していただろうか。ここで、阿波細川家の旧臣が書いたとされる阿波国側の軍記、

「昔阿波物語」を見てみよう。同書によると、阿波国一宮城主の一宮成相は細川真之側につき、土佐国の長宗我部元親や紀伊国に援軍を頼んだ。そこで元親は海部に攻め入り、さらに土佐の北方から阿波・讃岐の境界地域にある三好郡白地《はくち》に攻め込み、三好側だった白地城主の大西覚用《おおにしかくよう》を服属させたという。つまり、元親の阿波進出は細川真之に協力する形で進められたというのである。元親の海部進出の順序はともかくとして、両者の連携は事実だろう。

阿波南方の国人日和佐肥前守が、天正五年（一五七七）に香宗我部親泰の起請文を受け取っていたことは先に触れたが、実はちょうどその一年前の天正四年一一月に、彼は細川真之から知行の安堵を受けている。肥前守は、真之・元親の連合軍についた後に三好家側に鞍替えし、再度長宗我部側に帰参したのではないだろうか。

さらに、この一連の出来事には織田政権も関与しているという説もある。織田信長が香川信景に接触して阿波三好家に対抗させようとしたのと同様に、細川真之による三好長治討伐と長宗我部元親の阿波進出もまた、織田政権が三好家対策として働きかけた結果だという説である（天野忠幸「織田・羽柴氏の四国進出と三好氏」）。

この説は、天正四年の政変への織田政権の関与を示す一次史料がほとんど無いという難点がある。ただ、この二年後の天正六年（一五七八）一二月に元親が、織田政権に属する義兄の石谷頼辰に「阿州（阿波）の調略は順調ですのでご安心ください」と連絡しており、阿波侵攻を織田政権の命令のもとで行っている様子がうかがえる（「石谷家文書」一八号）。これを見ると、細川真之に協力した時点から、織田政権と連携していたとみる余地はある。天正四年の政変と織田政権が直接関係なくとも、その後ほどなく織田政権からの命令が下っていたことは確実である。阿波国にとってよそ者である元親にとって、細川真之や織田信長に協力して阿波三好家と戦うというのは、名目として大きな役割を果たしただろう。

讃岐・阿波をめぐる毛利輝元との関係

ところで、元親が天正四年（一五七六）に阿波・讃岐国境の領主大西覚用を服属させたことは先に述べた通りだが、覚用はその後すぐに離反している。その離反先は、中国の大名毛利輝元である。毛利家は同年に足利義昭を迎え入れ、織田政権と全面対決の姿勢を見せた。そこで毛利家は、讃岐・阿波方面の与同勢力を支援するとともに織田側の勢力を抑える動きをし始めるのである。

天正五年（一五七七）二月の大西家の書状によると、前年から讃岐国の三好方とともに義昭の京都復帰を支持しているという。つまり大西覚用は、天正四年から五年冒頭にかけて、毛利側・阿波三好家臣→長宗我部側→毛利側と立場を変えていたことになる。こうした覚用の離反に元親は敏感に反応し、この年（天正五年）四月には覚用を攻め、再度服属させた（中平景介「阿波大西氏に関する長宗我部元親書状について」）。大西家を服属させた元親はその領内の白地（羽久地）に新たに城を築き、家臣の谷忠澄に預けた（『元親記』）。この地域は阿波・讃岐・伊予三カ国に通じる要所であり、以後の四国進出の重要な拠点となる。

さて、大西覚用を再度服属させたのはいいが、問題は毛利家の動向である。毛利側についていた覚用を攻めたとすれば、毛利家と対立することに繋がりかねない。そもそも毛利輝元が足利義昭を迎え入れ、元親が織田政権と結んで阿波に出兵した時点で、両者の関係はかなり微妙なものになっていたはずである。元親が土佐一条家と対立していた元亀年間の段階で両家は友好関係にあったが、この段階になると直接対決に至る可能性が出てきたことになろう。だが現実にはそれとは異なる事態が展開する。

この年閏七月に、毛利勢が讃岐国で反毛利勢力（国人の長尾・羽床《はゆか》・安富《やすとみ》・香西《こうざい》・田村・三好安芸守の三千人）と戦い、撃退している（元吉《もとよし》合戦）。この毛利勢の讃岐進出は年初からみられ、毛利輝元は阿波・讃岐が思い通りにいったと満足の様子を示した。

足利義昭派の輝元が阿波の情勢に満足を示していたとすれば、織田政権側についている長宗我部と大西に対しても何らかの処置がなされたはずであろう。最も想定しやすいのは長宗我部家に対する攻撃と勝利である。ところが毛利と長宗我部の戦いがあった様子はまったく見えず、また大西家はその後も長宗我部家に服属したままである。さらに二年後には、輝元の叔父で毛利家重臣の小早川隆景が、長宗我部元親とは友好関係にあると述べていた（「金子家文書」『愛媛県史』資料編古代・中世、二〇五九号）。つまり、大西覚用の帰属と阿波・讃岐をめぐる天正五年（一五七七）の出来事の中で、長宗我部家と毛利家は敵対していなかったのである（多田真弓「戦国末期讃岐国元吉城をめぐる動向」）。その後も、織田政権期を通して両者の戦いは見られない。

長宗我部元親と毛利輝元は、どうもこの天正五年に、お互いに対決を避けるような取り決めをしていたのではないか。長宗我部側は阿波・讃岐への足がかりの確保、毛利側は織田政権との戦いのために讃岐の拠点（元吉城）を確保することが目的であり、両者の利害が一致するのであれば、信長と義昭の対立に無理に従って元亀年間以来の友好関係を断ち戦線を拡大する必要は無い。しかしお互いの上位権力（織田・足利）との関係から、表立って提携することはできず、毛利家と連携している阿波三好家のことも考えなければならない。したがってこの取り決めは内密であり、水面下で相互不干渉を約束するといったものだったと思われる（平井上総「長宗我部元親の四国侵攻と外交関係」）。

簡単に言えば、元親は織田信長派として行動しながらも、毛利輝元（足利義昭派）とも対立を避けるべく交渉していたのである。この二股外交は長宗我部家の阿波・讃岐攻略に有利に働いたが、後に伊予方面で触れるように危うい綱渡りでもあった。

四国の蓋

元親が四国進出の拠点として重視した白地には、現代でも四国八十八ヶ所霊場の一つとして知られている雲辺寺《うんぺんじ》という真言宗寺院がある。標高九二七メートルの雲辺寺山の山頂に位置しており、この地域を手に入れた元親が讃岐国進出にあたって住職と交わした会話のエピソードで知られている。「長元記」の例を示そう。

雲辺寺山に元親が陣を取ったとき、住職の法印と対面して話をしたところ、法印が「元親公は度量の大きい大将です。中国の軍書には、そうした大将は軍勢五万や七万を率いるものだと記されております。元親公が僅かな軍勢で讃岐国を攻めようとしていることはよくよく考え直すべきです。この山から讃岐をご覧ください。茶釜の蓋で茶桶の蓋をどうやって塞げましょうか。早く帰陣なさってください」と言い、元親はもっともと思った。その後もいろいろと話をした。

住職は長宗我部勢の人数の少なさから撤退を勧め、元親もまた住職の忠告に素直に納得したことになっているが、結局元親は讃岐国に進出することになる。

一方、「土佐物語」だと、住職が「あなた（元親）は天性闊達の人と聞いておりますが、土佐七郡の軍勢で讃岐一一郡を攻めるのは茶釜の蓋で水桶の蓋にしようとするものです」と言ったところ、元親は「私の茶釜の蓋は名人が鋳ったもので、わずか三千貫の知行から一二年の間に土佐一国から阿波国まで覆ってしまいました。今二・三ヶ年の間に、四国の蓋としてあなたにお目にかけましょう」と返し、これを聞いた住職が手を打って「さてさて唐土・天竺にもない蓋だ」と会話が弾んだという。こちらは元親を機知に富んだ一枚上手の人物として描こうとしており、「土佐物語」の作者が「長元記」のエピソードに物足りなさを感じて話を付け加えたものと思われる。

さらに讃岐国側の軍記「南海治乱記」は、「伊予・讃岐を攻略しようと思うがいかが」と聞く元親に対して、住職がやはり蓋の話をした上で過去に利を貪って侵略した者どもの末路を語り、人々が感心したという。後日元親が谷忠澄にこの件を話すと、忠澄は「仏道は僧に聞き、武道は武士に聞くべきで、僧が（戦争の）何を知っているでしょうか。すでに元親様は私の進言によって阿波国半国を得たのですから、伊予・讃岐も数年で手に入るでしょう」と答えたとする。

このように、雲辺寺の逸話は史料によって変化している。いずれの説が正しいかは明らかではないが、大西・白地を得たことにより讃岐進出を可能にしたことがこれらの話からうかがえるだろう。ただ、天正五年（一五七七）に白地を手に入れてすぐに讃岐国に侵攻したかは定かではない。讃岐方面に関しては前述のように毛利輝元の動向が活発であるから、元親は毛利家と交渉をするために軍事行動をしなかったのかもしれない。

一方、讃岐の西隣の伊予国の東側の地域（東予）では動きが見られる。それは、東予地域の国人領主馬立《うまたて》・石川両家に対して元親が発給した四月付の書状で、これによると両家は長宗我部家と同盟を結んでおり、元親の甥本山親茂が東予に進軍して交渉を担当していた。朝倉慶景氏はこれらの文書を天正五年に比定しており、この説にのっとるならば大西覚用の再服属と同時期に東予にも手を伸ばしていたことになろう（「石川満氏管理文書」「森木文庫」〈朝倉慶景『石川氏及び天正期東予・西讃の諸将についての研究』〉）。ただ、「元親記」に東予の領主が天正六年（一五七八）に降参したと書かれていることがいささか気になる。朝倉氏の年代比定の根拠も『土佐国編年記事略』という二次史料であるため、確定し難い。後に述べる香川信景との同盟時期とあわせると、天正五～七年あたりのいずれかの年に進出したことは確かであろう。

伊予国南部への進出

ここで視点を同時期の四国西部に向けたい。讃岐国の西隣にあたる伊予国は土佐国の北隣にもあたるが、天正五年（一五七七）二月、その伊予国の南側の地域（南予）に位置する宇和郡の領主西園寺公広《きんひろ》が、毛利家の小早川隆景に対して、「土佐からの出兵により混乱しているので助けてほしい。河野通直《みちなお》（伊予国守護）に相談したが断られたのでそちらにも口添えしてほしい」と助けを求めている（「乃美文書」『戦国遺文　瀬戸内水軍編』四九二号）。天正五年、元親・親泰兄弟が阿波国で阿波三好家の勢力と戦っているのと同時期に、南予にも長宗我部勢が攻め込んでいたのである（山本浩樹『西国の戦国合戦』、山内治朋「毛利氏と長宗我部氏の南伊予介入」）。長宗我部勢の中心となっていたのは、元親の弟であり西側の軍代である吉良親貞であろう。

さて、長宗我部家が東西二方面で戦いを同時進行していたのはなぜであろうか。このことは長宗我部元親の四国進出として語られることが普通である。ただもう少し違った事情も見ることができるのではないか。

そもそも長宗我部家が伊予国と隣接する幡多郡を完全に掌握したのは、天正三年（一五七五）九月に一条兼定を渡川の戦いで破ってからである。敗れた兼定は南予に滞在しており、失った幡多郡の領地を含む宛行状（空手形であろう）を天正四年（一五七六）に発給するなど、粘り強く幡多郡を取り戻そうとする動きを見せていた（石野弥栄「戦国期南伊予の在地領主と土佐一条氏」）。土佐一条家が前々から伊予南部に進出を繰り返していたために伊予側にもそれに与する勢力がおり、さらに土佐を統一した元親が伊予にも手を伸ばす危険があったことによって、南予の領主たちは兼定の運動を支えたのであろう。

渡川の戦いの直前に幡多郡を取り戻されかけた長宗我部家にとって、兼定が南予で土佐帰還を狙い続けていることは脅威であった。阿波・讃岐への出兵の際にも後顧の憂いとなっていたであろう。そう考えると、吉良親貞が南予に攻め込んだのは、単なる領地拡大というよりも、一条派勢力を攻撃することで幡多郡の安定を確保する狙いがあったものとみていい。その軍事行動が、伊予の他の諸勢力との対立をも招いていったのだろう。

　この南予進出で長宗我部家は、右にみた宇和郡の土佐一条家・西園寺家、守護河野家のほか、永禄年間に土佐一条家と同盟していた喜多郡の宇都宮豊綱とも対立したものとみられる。さらに豊後の大友宗麟が土佐一条家を支援する可能性もあった。一方で長宗我部側につく者もおり、「元親記」「長元記」によれば宇和郡の河後森《かごのもり》城主河原淵教忠《かわらぶちのりただ》（一条兼定の父房基の従兄弟）の家臣芝一覚、黒土郷の西ノ川政輔、魚成《うおなし》村の魚成親能《ちかよし》、甲之森《かぶとのもり》城主北之川《きたのかわ》親安《ちかやす》らが長宗我部側についたほか、喜多郡では宇都宮家臣の大津城主大野（菅田）直之、平郷の領主平出雲守、曽根城の城主曽根宣高らが結び付いた。なお、両軍記は彼らが「降参」したと記すが、阿波国の国人と同様、彼らは協力者としての色合いが強かったと思われる。

近衛前久の土佐逗留

　この天正五年（一五七七）、公家の近衛前久が土佐国を訪れている。近衛家は一条家と同格の摂関家であるが、今回の逗留は土佐一条家とは直接関係なく、九州に滞在していた前久が京都に帰るにあたって土佐を経由したものである（ただし、後に少し触れる一条内政の中将任官に前久が便宜を図った可能性はある）。

　前久は天正四年（一五七六）末に、大友宗麟に船を出してもらって土佐まで送られた。吉良親貞が支配する幡多郡に迎え入れられた前久は、土佐中央部の浦戸に逗留し、様々な馳走を受けたのち、長宗我部家の水軍を統率する池隼人の手によって二月末に兵庫の港まで送られたという。前久は土佐から兵庫までの道のりを「海上が不通になっているときに送ってくれたことは大変うれしい」と元親に宛てて記しており、他大名の水軍や海賊が支配していたであろう困難な水域を長宗我部水軍が進んでいったことがうかがわれる（津野倫明「南海路と長宗我部氏」）。

「元親記」によると、近衛前久が土佐に滞在中、夢想によって「杉むらや　花や白旗　千とせ山」という一句を思いつき、「これは長宗我部家の武運長久の印だ」と言って自筆で記して元親に与えたという。長宗我部家では毎年二月最初の卯の日に千句の連歌を行っており、元親は前久の歌を表具して千句会に飾るようになったとされる。もともと元親は、岡豊の別宮八幡宮に三十六歌仙の扁額を奉納するなど、和歌や文化への興味が深かった（『長宗我部氏と宇喜多氏』一八号）。前久の逗留をいい機会として、積極的に京都の文化や情報を得ようとしたことは想像に難くない。

九州に渡っていた前久が京都に帰ろうとしたのは、織田信長の要請によるものであった。前久と信長の関係は基本的には良好であり、三年後には信長と島津義久との仲介役を前久が務めている。数年後に前久が信長に元親のことを取りなしていることからみて、この天正五年のときにも、元親は京都に戻る前久に織田政権への口添えを頼んでいただろう。

阿波国上郡攻略の進展

天正五年（一五七七）に大西覚用を服属させ四国の中央部の拠点を手にした元親は、引き続き阿波三好家の拠点の攻略を目指した。一方三好家の側では、当主であった長治が自害させられたのち、十河存保《まさやす》が跡を継いだ。存保は長治の弟であり、叔父の十河一存《かずまさ》の家を継いでいたが、長治死後、天正六年（一五七八）になって堺から阿波へ入国、三好家の居城である勝瑞《しょうずい》城に入り阿波三好家を継承したらしい（天野忠幸「総論　阿波三好氏の系譜と動向」）。三好存保は毛利輝元の叔父小早川隆景と結んでいたようであるが、毛利家が三好家を直接支援することはなかったらしく、先述したように長宗我部家と毛利家との間の軍事衝突は見出せない。讃岐・阿波での戦いは、基本的に長宗我部対三好の構図で進むこととなった。

天正六・七年の阿波国での長宗我部勢の動向については、引き続き二次史料に頼らざるをえない。「元親記」によれば白地入手の翌年、美馬《みま》郡の重清《しげきよ》城を大西上野介（頼包《よりかね》か。覚用の弟。同書は上野守と記す）と久武内蔵介（親信）が攻め落としたという。久武親信は伊予国攻略に関わっていたと思われるため、同時期に阿波にいたとするこの記事は若干疑問だが、「昔阿波物語」も大西上野介（同書は七郎兵衛と記す）が重清城を攻略したとしているから、ひとまずは大西勢が中心となって重清城を三好家から奪ったとみておきたい。

重清城を攻略して間もなく、やはり美馬郡の岩倉城に拠る三好式部少輔が服属した（「元親記」）。「長元記」は元親が攻め落としたと記しているが、三好式部少輔はその後長宗我部家に属して活動していることが確認できるから、やはり服属したのであろう。この式部少輔は名前の通り三好一族であり、後に紹介する三好康長《やすなが》の子とされてきたが、近年の研究によると別の家であるらしい（天野忠幸「総論　阿波三好氏の系譜と動向」、桐野作人『だれが信長を殺したのか』）。これにより、阿波国の上郡《かみごおり》（三好郡・美馬郡）に長宗我部家の勢力が広がることになった。

重清城・岩倉城は大西から吉野川沿いにやや下ったところにあり、山間部からこの川を下って東へ進出していくのが、阿波国北方における元親の方針であった。一方、弟の香宗我部親泰が担当する南方でも攻略が進んでいたが、情勢が落ち着かなかったようで、先述のようにこの年九月に元親が日和佐肥前守に改めて起請文を送り同盟を強化している（「浜文書」『長宗我部氏と宇喜多氏』三五号）。

なお余談だが、阿波国には、室町幕府一四代将軍足利義栄の弟である平島《ひらじま》公方足利義助《よしすけ》がおり、長宗我部元親が守護細川真之のほかにこの足利義助をも擁立していたとみる余地もある。それを示す文書として、天正五・一〇年に元親が義助に馬を贈った書状があるのだが、書止が「〇〇申すべき也」となっており、かなり非礼な書札礼であって疑問が残る（「土佐国古文叢」七三三・七五四号）。もしこの文書が本当に書かれたものだったとしても、この非礼さから見て、平島公方を擁立する意図は無かったとみていい。

岩倉城の戦い　勢力を広げてきた長宗我部家に対し、奪取された三好郡・美馬郡を取り返すべく三好存保が軍勢を派遣した。元親が三好式部少輔に送った書状によれば、勝瑞から来た三好勢が、天正六年（一五七八）一〇月一〇日に大西を攻めたらしい（中平景介「阿波大西氏に関する長宗我部元親書状について」）。この書状には「大西覚用が下郡《しもごおり》（板野・名東・名西・麻植・阿波の五郡。三好家の勢力圏）に取り組んだ」と記されており、どうもこの戦いで大西覚用が三好家側についてしまったものとみられる。

一方で、大西一族の中でも大西左馬頭（長頼か）と上野介は引き続き長宗我部家側についており、長宗我部家側の拠点は失われずに済んだようである。「元親記」は天正五年（一五七七）の時点で覚用が長宗我部家を裏切り追放されたと記しており、この書状とその出来事が関係しているかもしれない。いずれにせよ三好家の反攻が手強いものであったことがうかがえる。

天正七年（一五七九）、後にみる讃岐国藤目《ふじめ》城の落城の報復として、三好存保は長宗我部側に属する岩倉城主三好式部少輔を攻めた。岩倉城は、北は山、南は川に挟まれた「節所第一」とされる堅固な城であり、城内の評定では三好勢を迎撃するよりも籠城すべきと決まった。そして、三好勢の半分が川を渡ったところで一斉に城内から打って出て、鉄砲を打ちかけたことで敵を総崩れにさせ、家老の森飛驒守や矢野駿河守ら数百人を討ち取ったという（「元親記」「長元記」）。

岩倉城の戦いによって戦力が低下した三好家側では、紀伊国の雑賀衆と連携するなどして盛り返しを図った。だが、重臣篠原《しのはら》氏の謀反の噂を聞き、勝瑞城を離れて讃岐へ退散した。その後、岩倉城の戦いによって一宮城に帰還していた一宮成相が勝瑞城に兵を入れたことで、一時的に阿波三好家の居城を長宗我部家側が手に入れることになった（「昔阿波物語」、中平景介「天正前期の阿波をめぐる政治情勢」）。

勝瑞城跡（徳島県板野郡藍住町勝瑞）

織田政権との関係強化と矛盾

織田信長と長宗我部元親の交渉は、天正六年（一五七八）頃から一次史料ではっきりみられるようになってくる。たとえば一〇月付で信長が元親の息子弥三郎に宛てた朱印状には、

惟任日向守（明智光秀）に対する書状を見ました。阿波方面への在陣はもっともなことです。いよいよ忠節に励むことが肝心です。字のことについては、「信」を遣わすので、「信親」と名乗るのがよろしいでしょう。なお明智光秀が申します。

とあり（「土佐国蠹簡集」三八四号）、一一月に元親が義兄石谷頼辰に宛てた書状には、

（前略）弥三郎の字のことを斎藤利三まで申したところ、ご披露なされて（信長の）朱印状をいただき、「信」の字を拝領したことはこの上ない名誉です。（中略）阿波国のことについては、攻略を油断せず進めていますので、ご安心ください。

とある（「石谷家文書」一八号）。

この二つの書状から、元親が息子弥三郎のために信長の名前から一文字をもらったこと、この交渉に元親の縁者斎藤利三とその主人明智光秀が活躍していること、そして元親が阿波国攻略について信

長に報告していることが読み取れるだろう。

　元親が長宗我部家の跡取りを信親と名乗らせようとしたのは、明らかに織田政権への接近策であった。将軍や大名、あるいは烏帽子親から名前の一文字（偏諱）をもらう行為は、この時期一般的に行われており、字を与える側が上位に立っている場合がほとんどである。信長の場合は、徳川家康の息子信康などがよく知られる事例であろう。そして今回の場合も、元親は信長の朱印状を「御朱印」、「信」の字を「御字」と述べており、明らかに長宗我部家側が低姿勢であったことがうかがわれる。

　こうした低姿勢は阿波国攻略と関係している。元親側が織田政権に示している態度は、信長の命令のもとで阿波国を攻め取るというものであった。元親は、自らを四国最大の信長派と位置づけていたといえるだろう。そうした態度は、先にも記したように、この年以前、おそらく阿波国中央部への進出当初からとっていた可能性が高い。

　織田政権派の大名として振る舞い、息子に一字を受領することでさらにその関係を強化することで、元親は阿波国への進出を強固なものにしようとした。信長と対等の立場で天下人となることを狙うのではなく、その配下に入った上で、自分の領地を着実に広げていく、というのが元親の外交方針だったのである。

　だがその一方で、先に述べたように毛利家との関係も築こうとしていた。さらに、織田政権側も長宗我部家とのみ関係を結んでいたわけではない。この点は、後にみる伊予国方面で矛盾がはっきりと出てくるのである。

香川信景との同盟

讃岐国方面では、先に記したように毛利家の存在があったことから、当初は大規模な侵攻が見られない。だが、阿波三好家を継いだ三好存保の拠点が同国にあり、それへの対処のためか、天正六年（一五七八）頃から讃岐への具体的な進出過程が見えてくる。まず、同国豊田郡の藤目城の斎藤下野守（政頼か）が大西上野介を頼って服属したが、三好勢に攻め落とされたため、元親が直接指揮をして攻撃し取り戻したという。この時の戦いは激しいものだったようで、「元親記」によると、元親は慎重に包囲するよう命令したが、小姓分（近習）たちがそれを破って夕暮れから城に攻め登り、鬨《とき》の声と鉄砲の音で天地が振動するような戦いののち、熊手で塀を崩すことに成功し明け方に城を落としたという。この小姓分はかつて藤目城に応援に派遣された部隊であり、三好勢によって追い落とされたことを遺恨に思っていたらしい。

「長元記」によるとこの小姓分は濱田善左衛門尉という人物で、彼が命令違反をして大手門に取りかかったところ城中から鉄砲で撃たれたことをきっかけに総攻撃が始まり、長宗我部家側では光富・十市ら大将分が討ち死にするほどの損害が出たとされる。藤目城を取り戻した元親は、大西から僧を呼び味方の戦死者の霊を弔うとともに、再び斎藤下野守を入城させた。続いて財田城（本篠城）も落とし、中内藤左衛門・源兵衛父子を城代としている（「長元記」「竹心遺書」）。

そして、元親は西讃岐最大の勢力を持つ天霧《あまぎり》城の香川信景と同盟を結ぶことになる。この香川信景は、天正二年（一五七四）に細川昭元を介して織田信長と結び付き、さらに天正五年（一五七七）の元吉合戦のときは毛利輝元に結び付いたと推測されている（橋詰茂「瀬戸内をめぐる地域権力の抗争」）。香川家は讃岐国内の三好勢を脅威と感じており、それに対抗するために有力勢力を渡り歩く必要があったのだろう。その信景にとって、三好勢と対立している長宗我部家は、頼るには絶好の相手であった。元親側にとってもこの同盟のメリットは大きいため、織田政権との繋がりという共通項を伝として信景に近づいたものとみられる。

両家は、長宗我部元親の次男を香川信景の婿養子とすることに同意し、同盟関係を結んだ。「元親記」によれば、天正七年（一五七九）春に信景が土佐の岡豊城を訪問した際、元親は他の領主たちよりもさらに丁重にもてなしたという。香川家側から長宗我部家の居城に赴いている以上、長宗我部家優位の関係には違いないものの、讃岐国最大の同盟相手として香川家を非常に重視していたことが分かるだろう。この年九月にはおそらく香川信景宛であろう起請文を元親が作成しており、そこでは「もしそちらに危険が及びそうになれば加勢します」と誓っている（「津野田文書」『豊前市史』文書資料、二号）。

香川信景との同盟によって西讃岐の領主たちの中に長宗我部家と結び付こうとする者が増えたとみられ、一一月までには那珂郡の長尾城主（長尾大隅守か）と和睦した上で羽床伊豆守と和睦を試みている（「木村家文書」『香川県史』資料編古代中世史料、二号）。長尾には新たな城を作り、一族の国吉甚左衛門親綱に多くの与力をつけて入城させ、讃岐攻略の惣物頭（軍代と同様か）にしたという（「元親記」「長元記」）。天正八年（一五八〇）には、三好側の讃岐国中央における有力拠点である羽床城や十河城を包囲するところまで、長宗我部家の勢力は拡大していった。

天正五年（一五七七）の伊予国南部への攻撃は、元親の弟吉良親貞が中心となっていたとみられるが、先にも述べたようにその親貞は同年のうちに病死し、軍代の役割は長宗我部家の家老久武親信が継いだ。

天正六年（一五七八）四月、伊予国宇和郡の竜沢寺《りゅうたくじ》に長宗我部勢が放火しようとしたところ、土佐側の山内俊光と津野親房がおさえたという（「土佐国蠹簡集」四一五号）。ここから、同年に久武親信が率いる長宗我部勢が伊予に出兵していたこと、その軍勢には高岡郡の国人津野家が加わっていたことが分かる。おそらく津野家は久武親信の指揮に従って動いていたのであろう。元親が平出雲守に宛てて七月付で出した、伊予国喜多郡の曽根宣高の服属に関する書状を久武親信が取り次いでおり、この天正六年の出兵でも新たに与同勢力を増やしたことが分かる（橋詰茂「長宗我部元親新出文書について」一号）。

天正七年（一五七九）三月頃には、伊予国宇和郡の三間郷に対し、大野直之の協力を得て土佐国幡多郡の屋内から進入を試みている（『愛媛県史』資料編古代・中世、二二三二号。ただし要検討文書）。そして、同郷の岡本城が長宗我部側へ通じてきたため、久武親信は、六月に岡本城を拠点とすべく軍勢を率いて向かった。ところが、その際に周囲の城の敵と合戦となり、討ち死にしてしまった（「元親記」）。「長元記」によると、この地域は山が多く、大軍で攻めることが難しい上、防戦側が地形を利用して鉄砲戦をしかけてくるため、長宗我部勢が苦戦する場面が多かったという。同書は岡本城の戦いについても、敵将土居清良による伏兵の鉄砲隊によって、岡本城に向かっていた久武親信・佐竹義秀・山内外記の三人の将が討たれたとしている。

この戦闘について、翌年三月に宇和郡の西園寺公広の家臣法華津前延が、書状の中で「庄内一味中」が土佐勢を打ち破り久武を討ったと述べている（『愛媛県史』資料編古代・中世、二二四八号）。さらに、伊予国守護の河野通直も土居清良に対して感状を発給しており、この岡本城の戦いで長宗我部家と河野家が対立していたことが読み取れる（『愛媛県史』資料編 古代・中世、二二三六～八号）。宇和郡や喜多郡は元親による土佐統一以前から河野・土佐一条両家の間で複雑な利害関係が形成されており、そこに長宗我部家が手を出したことにより、反長宗我部連合というべきものができていったのだろう。

久武親信は「武篇才覚、かたがた比類なきもの」（「元親記」）、「武辺調略諸人に勝れたり」（「長元記」）という猛将であったとされる。弟親貞に続き親信まで失ったことは、長宗我部家にとって大きな損失であった。親信の軍代の地位は、弟の久武親直が継ぐことになる。なお、「元親記」は久武親信の「内蔵介」の名乗りを、兄の跡を継いだ親直が名乗ったとしているが、実際には天正一二年（一五八四）頃まで親直は「彦七」を名乗り続けている。

外交矛盾の顕在化

岡本城の戦いに代表される南予での軍事行動は、単に長宗我部勢が侵略し、敗北したという事実にとどまらない政治史的意義を持っていた。まず、河野通直が長宗我部元親への敵対姿勢を明確化したことによって、両者と結ぶ毛利家が対応を迫られることになった。天正七年（一五七九）一一月、毛利家の小早川隆景は、東予の国人金子《かねこ》元宅《もといえ》への書状で、「伊予と土佐の関係のこと、特に宇和郡での戦いはよくありません」と述べ、双方のために和睦を実現したいと述べている(『愛媛県史』資料編 古代・中世、二〇五九号)。隆景が「元親はこちらに対して悪い感情はありません」と述べているように、事態はあくまで長宗我部家対河野家の段階にとどまっているが、河野通直から応援を要請されればむげに断るわけにもいかない。しかし、織田信長と戦う毛利家に、長宗我部家と全面対決する余裕は無かったから、長宗我部家と河野家を和睦させることで争いを回避しようとしたのである。

この小早川隆景の提案の結末を直接記す史料は無い。ただ、その後長宗我部勢が河野勢と戦った様子はしばらく見られなくなるから、実現したものと思われる。長宗我部家にとっても毛利家との関係悪化は避けるべきであり、また敗北の傷を癒やす必要もあった。このあたり、「長元記」では、「河野家の領地に手を出すことは、毛利家からの援軍が派遣されると厄介なので、避けるべきである。伊予の国人たちを滅ぼせば、河野殿も降参するだろう」と元親が語ったとされている。

南予での軍事行動が引き起こした第二の問題は、織田政権との関係に関わるものである。先に述べた天正八年(一五八〇)三月の法華津前延の書状に、「信長公の御奉行が、『西園寺公広の進退は保証する』とおっしゃいました」とあり、これによれば西園寺家は織田政権と繋がりを持っていたらしい。しかも、この文脈からみて、信長の奉行は西園寺家側を支持しているようであり、長宗我部家にとっては不利な状況であった。

つまり、南予では、長宗我部家と西園寺家という、四国内では織田派というべき大名同士が戦うという一見奇妙な現象が起き、それを信長が問題視していたのである。この現象は、阿波方面では織田政権に従う方針を示している長宗我部家が、伊予方面では信長の命令ではなく、独自の事情で戦争を行っていたことによって生じたものであった。

このように、信親への偏諱授与によって強化されたはずの長宗我部家と織田家の関係は、伊予方面で早くも綻びが生じ始めていた。数年をかけて進行していた元親の四国進出は、この天正八年から雲行きが怪しくなっていく。

2 織田政権との訣別

長宗我部元親が、織田政権や毛利家と結びながら、阿波・讃岐では三好家、伊予では河野・西園寺・宇都宮家などと戦うことで、土佐以外の四国に進出したことを前節で見てきた。その結果、天正八年（一五八〇）初頭には、阿波では南方と上郡を手に入れた上に下郡にも進出し、讃岐では西讃を手に入れ、伊予では東予と南予に一定の地歩を築いたものの膠着した状況が生まれていた。

大津御所の追放

だが、天正八年を転機として四国進出は大きく躓きを見せる。その後、織田政権との関係も悪化していき、元親にとっては人生最大の危機ともいうべき状況が生まれるが、本能寺の変によって救われるという大きな転換が起きることになる。以下、本節では、天正八〜一〇年の政治情勢を見ていくこととする。

さて、天正八年に起きる様々な事件のうち、まずは大津御所問題を挙げたい。前にも説明したように、大津御所とは、追放された一条兼定の代わりに土佐一条家の当主になった内政を、長宗我部家のお膝元というべき長岡郡大津に移住させたものである。一条内政は天正五年（一五七七）に中将に任官し（「御湯殿上日記」）、同年には古今伝授に意欲を見せるなどしていたが（「一条文書」）、土佐国内あるいは長宗我部元親の四国進出への関与は史料上に見出せない。一応土佐一条家の当主として遇されているものの、政治的な動きを制限されていたのであろう。

その一条内政は、天正八年（あるいは九年）に追放されることになる。長宗我部家への謀反を企てて殺害された波川清宗（元親の妹婿）と共謀していたというのが、追放の理由である（「元親記」）。波川清宗は幡多郡山路《やまじ》城主から解任されたことを恨んで謀反を企んだという。彼は不遇の一条内政を焚きつけて担ぐことで、大名としての土佐一条家の復活を名目として土佐国の体制を転覆させようとしたのかもしれない。次に見る阿波国の動揺と同じタイミングだった可能性もある。

伊予国宇和郡三滝《みたき》城主の北之川親安は清宗の婿だったとされている。彼も謀反への荷担を疑われ、久武親直や桑名太郎左衛門ら長宗我部勢に攻め滅ぼされた。北之川家が持つ四つの城のうち、甲ノ森城は南岡四郎兵衛、猿ヶ滝城は二階孫右衛門と長宗我部一族が定番となり、残りの城は破却されたという。

なお、長宗我部信親に「信」の字をもらう時の使者が一条家臣加久見《かぐみ》因幡守だったとされることや（「元親記」）、織田信長が元親に土佐国を補佐させたという記述が「信長公記」にあること、それに奈良興福寺の僧英俊《えいしゅん》の日記や豊臣秀吉が書かせた軍記物に「長宗我部は土佐一条家の侍である」という記述が見られることから、織田政権、さらには豊臣政権も、長宗我部家のことを土佐一条家の家臣として低く見ていたとする見解もある（秋澤繁「織豊期長宗我部氏の一側面」）。ただ、織田―長宗我部関係の外交交渉は明智光秀を通した事例が多く、元親と織田・豊臣政権の間で交わされた文書で土佐一条家が話題になることが無いことから、この見解については疑問である。

その後の土佐一条家

一条内政は伊予国に追放されたが、内政の妻（元親の娘か）と息子（系図によれば政親《まさちか》）・娘は岡豊に留めおかれた。一条政親は後に長岡郡の久礼田に移され、土佐一条家の当主となったとされている（秋澤繁「織豊期長宗我部氏の一側面」）。幡多郡が長宗我部家のものになって数年経ち、支配も浸透してきた時期だったであろうが、土佐一条家そのものを抹殺するにはまだ早いと判断したのであろう。天正九年（一五八一）五月に、土佐一条家の諸大夫二名が朝廷から叙位・任官されており、これは一条政親による新たな久礼田御所体制を立てようとした元親によるお膳立てだったと見ておきたい。

なお、元親に追放された一条内政は、船で伊予国の法華津に送られたという。法華津といえば、土佐一条家の与同勢力であり、一条兼定も頼っていた領主である。一条兼定は天正四・五年頃に長宗我部元親に買収された家臣に殺されかけたが、奇跡的に存命していた（『イエズス会日本年報』上、一一四頁）。前に、長宗我部家が南予に進入したのは一条兼定が幡多郡を狙っていたからではないかと記したが、この暗殺未遂事件も幡多郡安定策の一つであった可能性が高い。

ただ、この対立にも変化があったとみられる。イエズス会の一五八一年（天正九）度年報には、次のような記述がある（『イエズス会日本年報』上、一一四頁）。

今、暴君（長宗我部元親）は彼（一条兼定）と和を結び、家臣たちと共に暮らす上で十分な収入のある島（戸島）を彼に与えた。その条件は承諾し難いものであったが、他になす術がないのでこれを受け入れ、島の住民をすべてキリシタンとなす決心をした。

これによれば、元親と兼定は、不本意ながらも和睦を結んだというのである。元親としては岡本城での敗戦や毛利家・織田政権との関係から南予での軍事行動を控える必要があり、兼定側ももはや幡多郡を自力で取り戻すことが困難であることを自覚したのだろう。

このように、天正九年段階で元親と兼定の抗争は一応収まっていた。とすると、その前後の時期に内政が法華津家のもとへ追放されたのは、事実上、父のもとへの送還であったとも言える。久礼田御所一条政親の存続も、兼定との取引の結果だったのかもしれない。

四国東部の動揺

天正八年（一五八〇）は謀反騒動で本国土佐が揺れていたが、土佐国外でもまた深刻な状況が訪れていた。大坂の本願寺の残党が、三好家を頼って紀伊国の雑賀衆とともに阿波国に渡ってきたのである。この年織田信長と本願寺の門主顕如《けんにょ》が和睦を結んだが、新門主の教如《きょうにょ》がそれに反発して大坂本願寺に籠城する事件が起き、その教如も結局八月には屈して大坂を出ることになった。こうした動向の中で、おそらく不満を持つ教如派の一部か、あるいは大坂に籠城していた三好勢が、阿波に渡海してきたものと思われる。

　阿波国への具体的な影響は、この年一一月に元親が羽柴秀吉に送った書状に詳しい（「吉田文書」藤田達生『証言　本能寺の変』四八頁）。それによると、元親が讃岐国の十河城・羽床城を包囲している最中、大坂の浪人衆が紀伊の雑賀衆と淡路の勢力を連れて三好家の本拠阿波国勝瑞城を取り戻し、一宮成相の一宮城を包囲したという。元親は十河・羽床に押さえを置き、一宮城の救援に向かったところ、敵はすでに逃げおちていた。元親が一宮救援の様子を阿波国の国人木屋平《こやだいら》越前入道らに述べた書状が九月一〇日付なので、八月末か九月初頭の出来事であろう（「松家文書」『阿波国徴古雑抄』一二六頁）。これと同事に、阿波国南方の牛岐《うしき》城主新開道善《しんがいどうぜん》が雑賀衆と結んで背いたため、まずそちらを追討したのち、敵を勝瑞城に追い込み、包囲した。「昔阿波物語」には天正九年（一五八一）に阿波に帰還した三好存保と紀伊の鉄砲衆が一宮城を包囲したとあるが、それはこの天正八年の出来事を指すのだろう。

　阿波国で三好勢が勝瑞城を取り戻したことは、讃岐国にも波乱をもたらした。同年一二月に香宗我部親泰が記した書状によると、隣国＝讃岐はことごとく動揺しているという。香川信景が家老を証人（人質）として送ってきたが、この情勢では十河城の包囲もどうなるか、人々の心中も揃わないだろうと述べている（「土佐国蠹簡集拾遺」三二一号）。また、長宗我部家臣中島重房らが記した別の書状では、讃岐国の国人たちがこちらに敵対したが、勝瑞城が落城すればどのようにもなるだろうと述べており、讃岐国内での裏切りが大坂・雑賀勢の勝瑞入城と連動していたとの認識が示されている（「石谷家文書」二九号）。

なお、右の香宗我部親泰の書状の中では、「御屋形様」の出陣について、桑野まで親泰がお供すると記してある。ここでいう御屋形様は兄の元親を指す可能性もあるかもしれないが、中世のこの言葉は守護を意味しているから、阿波国守護の細川真之のことであろう。かつて元親が阿波国に進出する際に真之と連携していたことは以前述べたが、天正八年（一五八〇）の段階でもその連携を継続し、利用していた様子がうかがえる（中平景介「天正前期の阿波をめぐる政治情勢」）。

疑念の中の交渉

このように、織田政権と本願寺の和睦が四国情勢に思わぬ波乱をもたらしたが、元親にはある疑念が浮かんでいた。右の秀吉宛書状の中で、元親は、「紀伊の者たちは、四国についての朱印状をもらっていると称して蜂起しているので、これはどのような（信長の）ご命令があったのかと思って攻撃を遠慮しました」と述べている。つまり、長宗我部家の敵対勢力として出現した雑賀衆が、信長の命令によって出現した可能性を元親は危惧したのである。元親はすでに伊予方面で織田派同士で戦っていたから、阿波方面でも同様に織田派同士の戦いという事態が生じてもおかしくない。さらにいえば、元親には信長が同盟を一方的に切ってきたのではないかという懸念があったのだろう。

しかし、秀吉に「阿波国と讃岐国を攻略したのち、西国の戦争を手伝わせていただきます」と述べているように、信長の態度に疑念を抱いたとしても元親は織田政権に従う姿勢を崩さなかった。

なお、元親にとって紀伊の雑賀衆は相当厄介な存在に映ったようで、秀吉宛元親書状には「紀伊国を押さえてくだされば阿波・讃岐両国の征服は即時に可能でしょう」、中島重房ら書状には「淡路への出兵をなさらないのであれば、是非雑賀を押さえてくださるよう説得してください。勝瑞の過半は雑賀の者共に支配されております」と記されている。長宗我部家側が阿波・讃岐を攻略するだけではなく、織田政権側も支援のために淡路か紀伊の反対勢力を叩く、という相互の協力体制を元親は求めたのである。

こうした要請に対して、信長がどのように応えようとしていたかは定かではない。本願寺の門主顕如は、大坂を退去したのち雑賀に下向していた。雑賀は五組からなり、その中でも本願寺派と織田派に分裂していたが、顕如の下向後はどの組も織田政権への抵抗を止めたものと思われる。そうした情勢からすると、元親が雑賀衆に困っているとはいえ、信長が雑賀を攻めるメリットはあまり無い。むしろ、うかつに雑賀に出兵してしまえば、顕如への攻撃が疑われて本願寺との戦争が再燃する可能性が高かっただろう。信長はこの二年後の天正一〇年（一五八二）正月に雑賀衆の一部に攻撃を加えるが、これは雑賀衆の内部抗争が原因であり、長宗我部家の要求とは無関係であったと思われる。元親が雑賀衆に苦しんでいたこの天正八年の一二月、信長が元親に送った書状には、

大坂が思い通りになったことについて、（元親からの）祝いの書状と伊予鶉五羽が届きました。遠いところから丁寧な懇情をいただいたことは格別です。隣国との戦いについては、明智光秀から申します。

とのみ記される（「土佐国蠹簡集」四二一号）。元親の贈答品に対する返礼を目的とした書状とはいえ、雑賀攻めの話が出てこないことからすると、雑賀攻撃の要請に応えないことを遠回しに告げたものとも考えられよう。

三好康長の介入

天正九年（一五八一）六月、織田信長は元親の弟香宗我部親泰にある朱印状を送った。その朱印状の文面は以下の通りである（「香宗我部家伝証文」三三・三四号）。

三好式部少輔のことについては、こちらは別心はありません。そちら（阿波）で相談なさり、連携していることは珍重です。阿波方面の馳走に専念してください。なお三好山城守康長が連絡します。

これとほぼ同時に記された三好康長の書状も見てみよう。

（前略）阿波方面について、信長が朱印状で、今後は特別に親しくするようにとご命令なさいました。同名の三好式部少輔は若輩者です。近年の騒ぎが無事に収まりますよう、いろいろと指南してくださり、大切にしてくだされば珍重です。

両方を合わせると、信長は香宗我部親泰に三好式部少輔を支援させようとしており、それが三好康長（笑巌《しょうがん》）の希望によるものだったことになる。

三好康長は、その名の通り三好一族であり、かつては三好家の重臣だったが、織田政権に降伏して主に畿内で活動していた。だが信長は、康長を三好家の当主として位置づけることで阿波・讃岐を攻略させようとし、天正八年（一五八〇）に康長を讃岐国の安富館へ派遣した（天野忠幸「織田・羽柴氏の四国進出と三好氏」）。そこで康長は、数年前から長宗我部家に従っている同族の三好式部少輔に目を付けた。信長と康長は、式部少輔への支援を親泰に命じることで、長宗我部家の阿波攻略に介入しようとしていたのであろう。

同年一一月、信長は羽柴秀吉と池田恒興に命じて、淡路国岩屋城を降伏させた。すでに前年に野口孫五郎が秀吉に従っており、さらに安宅《あたぎ》神五郎（十河存保の弟）も織田家に従ったことにより、淡路国は織田政権が支配する国となった。淡路平定を見た信長は、三好康長に阿波・讃岐の平定を命令したのだった（藤井讓治「阿波出兵をめぐる羽柴秀吉書状の年代比定」）。

こうした三好康長の介入をみて元親は焦っただろう。四国の織田派として勢力を伸ばしてきたところに大坂・雑賀の浪人が現れて支配が崩れかけ、追い打ちをかけるように信長が三好康長に阿波・讃岐攻略を任せたのである。康長が四国に来たとしても、織田家と長宗我部家の同盟が切れたわけではなく、直接元親の生命の危機に繋がるわけではない。だが、長宗我部家が四国における織田派の中心だからこそ従ってきたという讃岐・阿波・伊予の国人領主が離反する可能性があり、そうなると土佐国外の長宗我部家の勢力圏が動揺しかねないのである。

なぜ信長は三好康長に阿波・讃岐攻略を任せたのか。「元親記」が語る理由は以下の通りである。

信長の変心

信長は元親に、四国のことは元親の手柄次第に切り取るようにと朱印状を出していた。だが、ある人が信長にそのことを注意し、「元親は西国に並びない弓取りなので、今後天下統一の障害になるでしょう。（元親が）阿波と讃岐を手に入れたならば、すぐに淡路にも手を出し始めるでしょう」と言った。そこで信長は、伊予国と讃岐国を取り上げ、阿波南郡半国と本国の土佐のみ認めると言い出した。

これによれば、何者かが信長に讒言し、それを受けて信長が長宗我部家から四国各地を取り上げようとしたという。「元親記」は長宗我部家臣が江戸時代に記したものであり、右の記述も元親を贔屓した見方になっている恐れがあるが、天正一一年（一五八三）の石谷光政（空然）宛の近衛前久書状に、この点を裏づけるような記述がみられる（「石谷家文書」一号）。関係部分だけ大意を示そう。

去々年（天正九年〈一五八一〉）冬、安土で信長に対して（長宗我部家のことを）いろいろと悪し様に語る者がいて、両家の関係が途絶えようとしたところ、私が信長に「元親には（信長を）疎んじる気持ちはありません」と弁解して一度は納得してもらえましたが、元親を悪く言う者はさらに様々に言ったのです。

前久によれば、元親のことを悪し様に告げる者が実際に存在し、弁解を試みたが結局失敗したという。残念ながらこの讒言者が誰なのかは不明だが、長宗我部家を取り次いでいる明智光秀と対抗している者か、あるいは三好康長と結び付いた者だったのだろう。明智光秀のライバル的存在として、羽柴秀吉を讒言者と見る余地もあるが、断言はできない。

ただ、讒言は冬であり、三好康長の起用よりも後の出来事である。それよりも、南予での一件によって信長が持った元親への不信感が大きかったのではないかと思われる。対する元親側も、前年以来信長への不信感を持っていたから、両者の間の不協和音が、三好康長への阿波・讃岐攻略委任へと繋がったのである。

この一一月、和泉国岸和田城に入城した織田一族の織田信張《のぶはる》が、香宗我部親泰に対して、今後の昵懇と伊予の鷂を求める書状を送っており、両家の同盟は、表面上は継続していた（平井上総「津田信張の岸和田入城と織田・長宗我部関係」）。しかし、右に説明したように、実際にはかなり冷え込んでいたとみていい。

四国攻略軍の編成

翌天正一〇年（一五八二）正月、石谷頼辰（元親の義兄）と仁首座が、明智光秀の使者として土佐に下ってきた。この時に頼辰は信長の朱印状を持ってきたらしい（「石谷家文書」三一号）。その内容は残っていないが、後に元親が斎藤利三に送った書状から見て、

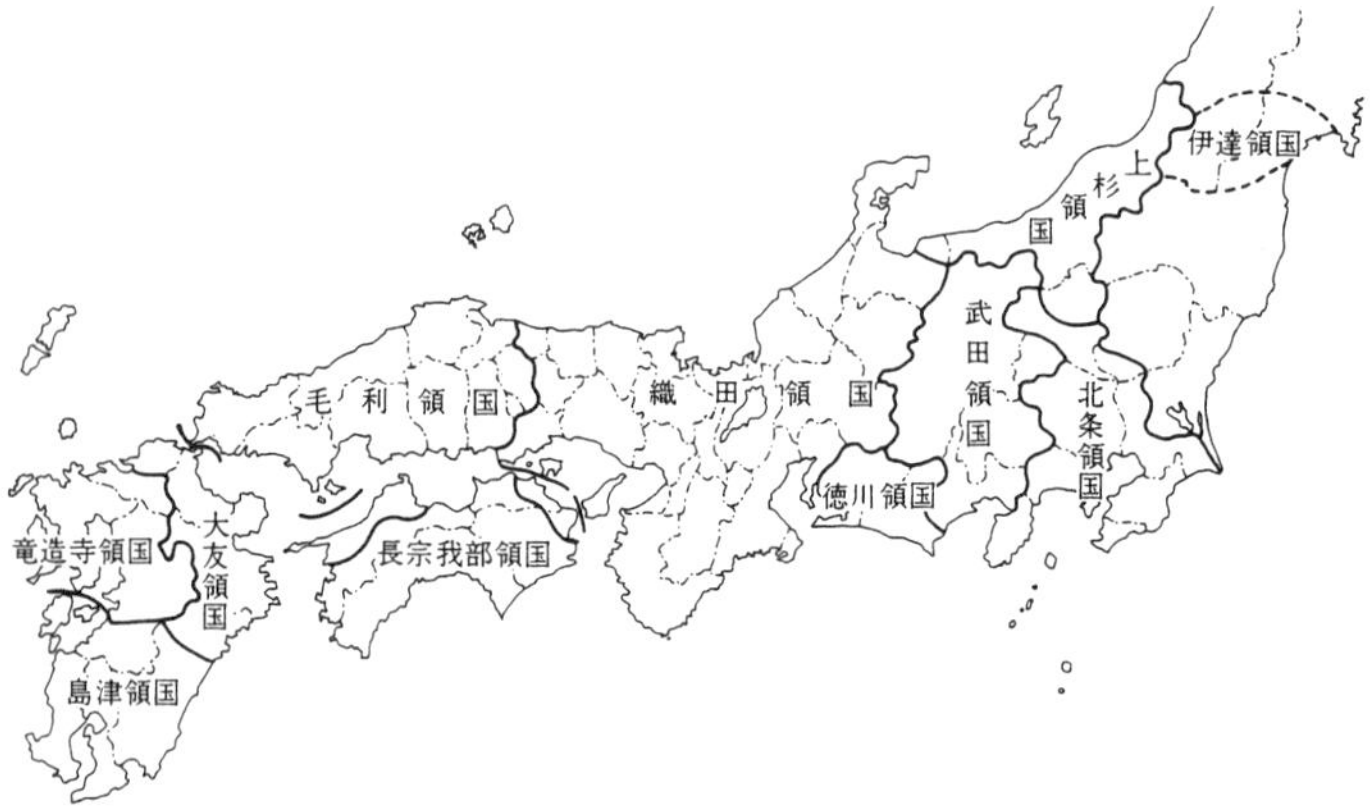

戦国の地域国家図（天正10年武田家滅亡直前）
（有光友学編『日本の時代史12　戦国の地域国家』より）

「讃岐国と阿波国を織田政権に差し出せ」というものだった可能性が高い。

これまで数年間をかけて地道に攻略してきた讃岐・阿波両国を差し出せという要求は、元親にとって簡単に受け入れられるものではなかっただろう。使者の頼辰やその兄斎藤利三、そして明智光秀も元親が反発することを心配しており、元親の義父で土佐に下っていた石谷光政（空然）に元親の説得を依頼している。しかし元親はこの要求を断った。「元親記」によると、この時に元親は「四国は私の手柄で切り取ったのです。信長様からの恩義ではありません。思ってもみないお言葉、驚きました」と言って断ったという。元親にとっては、信長への不信が積もっていた上にこの命令を受けたことから、織田政権に振り回されることに限界を感じていたのだろう。

元親が両国を差し出さないとみるや、信長は四国への出兵へと方針を決定した。三男の織田（神戸）信孝《のぶたか》を三好康長の養子として入れ、讃岐国を信孝、阿波国を三好康長、伊予・土佐は信長が淡路に到着次第決定する、という朱印状を、五月七日付で信孝に宛てて発したのである（「寺尾菊子氏所蔵文書」藤田達生『証言　本能寺の変』一一五頁）。信長は息子信孝に、「国人たちの忠否を糺し、安堵すべき国人は安堵し、追放すべき国人は追放し、政道を堅く申し付けるように。三好康長を主君や父母だと思って、手伝うように」と指示しており、この遠征をきっかけに讃岐・阿波を織田勢で征圧する目論見であった。当然、元親が抵抗するならば攻撃することが前提である。

信孝は、丹羽長秀・蜂屋頼隆《はちやよりたか》・津田信澄《つだのぶすみ》らを副将とした四国攻撃軍を五月末に大坂周辺に集結させ、六月三日の渡海を期した。一方、「元親記」によれば五月上旬に三好康長が先遣隊として阿波国に渡海し、勝瑞城に入るとともに長宗我部側の一宮城・夷山城を攻め落としたという。勝瑞城は阿波の三好勢力を統括する三好存保の城であるから、存保もこの出兵を契機として織田政権に属したのではないか。

恭順の表明

このように、織田政権の攻撃は、長宗我部元親にとって最大の危機となった。そこで元親はどのような対応を取ったのだろうか。

本能寺の変（六月二日）の直前である五月二一日付で元親が斎藤利三に宛てて書いた書状が近年見つかり、非常に注目されている（「石谷家文書」一九号）。その内容を要点のみ抜粋して現代語訳すると、

・今度のご命令を受けるのが今まで遅れてしまったのは、進物の用意が調わなかったからです。

・一宮城をはじめ、夷山城、畑山城、牛岐城、仁宇城などは、ご命令に応じて残らず明けて退城します。

・海部城と大西城については、長宗我部家に残してください。それは私が讃岐と阿波を欲しがっているからではなく、土佐国の入口を守るべき城だからです。

となる。つまり元親は、信長の命令を断ったわけではなく、手続きが遅れただけで、阿波国内の主要な城を明け渡すつもりがある、というのである。ちなみに一宮城・蛍山城については、「元親記」ではこの段階ですでに三好康長が攻略していたとされている。

文面通りに受け取れば、元親は年頭の信長の要求を受け入れ、讃岐・阿波を差し出すことに方針転換したことになる。ただ元親も信長が素直に受け入れてくれるとは思っていなかったようで、利三に「(信長への)ご披露は難しいと頼辰もおっしゃっています。長宗我部家滅亡の時期が来たのでしょうか。長年織田政権のために尽くしてきて、少しも裏切るつもりは無かったのに、不意にこのようなことになってしまったことは納得できません」との恨み節も同時に記している。

さて、このように信長の圧力に屈したかのように見える元親だが、まったく抵抗するつもりがなかったのかというとまだ一考の余地がある。というのも、この利三への書状を記す三日前、元親は讃岐国で家臣に土地を与えているのである(「土佐国蠹簡集」四三一号)。これから織田政権に渡すはずの土地を家臣に与えていることから、元親がどこまで本気であったか疑問が残る。また、本能寺の変の数日後に、淡路国の水軍菅《かん》平右衛門尉達長《みちなが》が織田側の洲本城を奪取しており、これも裏で元親が手を組んでいた可能性がある。

元親は、恭順の姿勢を示すだけではなく、交渉の甲斐なく信長が長宗我部家を滅ぼそうとしたときに備えて、渡海してきた織田信孝勢の退路を断って撃破するプランも同時に立てていたのではないか。

織田政権の四国攻撃隊の出発は、予定日の前日、本能寺の変によって織田信長が明智光秀に殺害されたことで中止となった。

本能寺の変

明智光秀は織田政権の重臣であり、家臣の斎藤利三が長宗我部家と遠縁にあたることから、織田家と長宗我部家の間を取り次いでいたことはこれまで記してきた通りである。その光秀がなぜ信長を殺害するに至ったのかについては、様々な説が出ておりいまだに決着がついていない。主要な説を次に挙げておこう（谷口克広『検証　本能寺の変』）。

・怨恨説…いくつかの出来事から、光秀が信長を恨んでいた。
・野望説…自分が天下を取るために信長を殺した。
・足利義昭黒幕（連携）説…義昭を京都に迎え入れ室町幕府を再興しようとした。
・朝廷黒幕（連携）説…信長に圧迫された朝廷と組んでいた。
・イエズス会黒幕（連携）説…信長を滅ぼそうとするイエズス会が朝廷・光秀と組んだ。
・四国政策説…対四国外交をめぐって政権での立場が危うくなり追い込まれた。

本書では本能寺の変の原因を追究することはしないが、四国外交をめぐる対立説は長宗我部元親と密接に関わるため言及しておこう。この説は、これまで取り次いできた長宗我部家が織田政権の敵とされてしまったことで、光秀の面目が失われるとともに、政権内での彼の立場が弱まり、いずれ信長に追放されてしまうのではないかという恐れを光秀が抱いたことが原因とされる。

この説に関連する記述が「元親記」にあり、そこには「斎藤利三が、四国のことを気遣ったのか、明智光秀に早く謀反を起こすよう勧めた」と記されている。むろんこれは二次史料の記述にすぎず、それゆえに参考程度に扱われてきたのだが、「石谷家文書」によって、利三と元親が本能寺の変直前に連絡を取り合ってきたことが明らかになり、再評価できる可能性が出てきた。ただ、「元親記」の記述は、あくまでも元親を救うために光秀が謀反を起こしたという、いわば長宗我部救援説であり、四国政策説とはやや色合いが異なっている。実際のところ、元親を救うために主君を殺して独立するという案は考えがたい。

斎藤利三や明智光秀が長宗我部家と織田政権の関係を気遣っていた事実の判明は、光秀が失脚を恐れたことを謀反の原因とみる四国政策説をやや有力にした。しかし光秀の直接の動機として確定できるわけではないから、光秀の思惑についてはまだまだ検討の必要があるだろう。

本能寺の変について元親がどのような感想を持ったのかは史料に乏しい。「四国軍記」に「信長公は武道では天下無双であったが、文道には暗く、無念の最期を遂げられたものよ」という慨嘆が記されているのが希少な例である。ただ、同書は肝心の信長と元親の対立に関する記述が皆無であり、信用できるものではなかろう。

3　羽柴秀吉政権との軍事・外交関係

四国に出陣しようとしていた織田信孝は、父信長の死によって出陣を中止し、中国地方に出陣していた織田家の重臣羽柴秀吉とともに明智光秀を討つことになる。元親最大の危機が消え去ったのである。本能寺の変の知らせは堺から上ノ坊という僧が伝えに来たというが、それが光秀からの連絡だったのかどうかは定かではない。結局、山崎の戦いによって明智勢は敗れ、光秀も斎藤利三も死んでしまった。

中富川の戦い

織田政権の後ろ盾を失った三好康長は阿波を脱出していった。それに対する長宗我部家側の対応について「元親記」は以下のように記している。

一宮城・蛮山城を取り戻そうと長宗我部信親が主張したが、元親は病中であり八月まで兵を休めるべしと命じた。納得できない信親は密かに小姓分を連れて阿波に出陣し、叔父の香宗我部親泰のもとを頼った。だが、元親は近沢越後守を派遣して「そのほうの言い分は、若者としてもっともなことだ。だが、八月に三好勢と決戦する前に、細かな戦いで兵を疲れさせるべきではない」と信親・親泰に伝え、ひとまず境目の城を修築するだけで済ませた。

本能寺の変直後には長宗我部家の動きが見られないのは確かである。「元親記」が記すような病気や兵の休養もあったかもしれないが、元親としては信長死後の織田政権の動向を探る期間も作りたかったのではないだろうか。

八月二八日、元親は土佐の本隊と阿波南方の香宗我部親泰の隊、それに伊予方面の久武親直らの隊を動員し、中富川《なかとみがわ》で三好存保の三好勢と大規模な戦いを行った（中富川の戦い）。先陣の親泰と元親の本隊が合流してから一挙に渡河し、久武親直とともに駆け出していった信親や、三好家の家老矢野伯耆を自ら討ち取った親泰の活躍によって三好勢を破り、勝瑞城に追い込んだ。討ち取った首の数は七六三とも九七三ともいう大勝であった。

この時、長宗我部一族の比江山掃部助が勝瑞城近くの板西《ばんざい》城を攻めていたが、元親は「三好存保を責め干せば自然と降伏するだろうから捨て置け」と命令し、実際に中富川の戦いのあとに板西城・一宮城・夷山城が降伏してきたので、みな舌を巻いたという（以上、「元親記」「長元記」）。

なお、「元親記」によれば、この戦いのあとに勝瑞城を包囲していたところ、紀伊国の雑賀勢が長宗我部家の加勢にやってきたため、親泰の与力としたという。雑賀衆といえば、天正八年（一五八〇）に元親が苦しめられた相手であるが、今回加勢に来た雑賀衆が三好側から寝返ってきた者なのか、それとは違う一派なのかは定かではない。紀伊本国の雑賀衆は本能寺の変と同時に内部抗争によって反織田派が主流となり、羽柴秀吉とも敵対していたから、後者の可能性の方が高いかもしれない。いずれにせよ、これ以後雑賀衆は長宗我部家の重要な同盟相手となっていく。

九月上旬、長宗我部勢は勝瑞城に逃げ込んだ三好存保を包囲したが、大雨による洪水が起きた。長宗我部勢は火を付けることもままならなかったが、高所に陣取っていた元親の本陣が米を炊いて筏で配ってまわったため、兵たちはありがたがったという（「元親記」）。

羽柴勢との戦いと勝瑞城攻略

洪水に手間取っている間に、元親に新たな危機の発端が訪れることになる。羽柴秀吉が派遣した軍勢が、三好勢を救うために淡路国から渡海してきたのである。

秀吉は明智光秀を討ったことで織田家の重臣の中の第一人者となり、さらに織田信孝や柴田勝家らとの政治闘争を展開していった。そうした中、八月初頭に家臣の仙石秀久《せんごくひでひさ》（なお、秀吉はしばしば「千石」と記している）を淡路国の代官とし、九月初頭には仙石秀久・生駒親正《いこまちかまさ》・黒田孝高《くろだよしたか》らに阿波国への渡海を命じた（藤井譲治「阿波出兵をめぐる羽柴秀吉書状の年代比定」）。秀吉は秀久を勝瑞城に入城させるよう命じ、「長宗我部側から何か言ってくるだろうが無視してもいい」とも述べているから、明らかに三好存保を支援する派兵だった。秀吉は讃岐・阿波を攻略しようとしていた信長の生前の方針を踏襲し、長宗我部家と対立する道を選んだのである。

阿波国木津城に入った羽柴勢は、篠原自遁《じとん》ら阿波の三好勢力から人質を取るなど活発に活動する。ただし、勝瑞城周辺の洪水が収まり長宗我部勢の包囲が本格化したため、九月二一日に三好存保は東條関之兵衛を頼って開城し、讃岐へ落ち延びた（「元親記」）。元親は勝瑞城の城破を行うとともに岩倉城を攻め落とし、比江山掃部助を城代とした。岩倉城主の三好式部少輔は、同族の三好康長が下向してきたときに長宗我部家を裏切っていたのである。元親は人質となっていた式部少輔の息子を殺すことなく三好康長のもとへ送り、式部少輔自身も追放にとどめたため、後に康長から感謝されたという（「元親記」）。

次いで元親は一〇月に讃岐国に出兵して十河城を攻めたが、落城させることはできずに引き揚げた。阿波方面での軍事行動もこのあたりで収束したらしく、一四日付で親泰が雑賀衆に帰帆を命じている（「土佐国蠹簡集」八五八号）。羽柴勢も勝瑞城落城の時点で支援に区切りをつけ、木津城や土佐泊《とさどまり》城などを阿波国の拠点として確保し撤退していった。

なお、中富川の戦いと前後して、元親は一宮成相を殺害した（「土佐国蠹簡集木屑」四七五号）。成相は長宗我部家が阿波国に進出した当初から連携していた重要な協力者であったが、三好側に内通していたため、切腹を命じたという（「長元記」）。さらに、「三好記」によれば細川真之もこの年に死去したとされており、両者の死が関連しているのではないかと推測されている（山本浩樹『西国の戦国合戦』）。織田政権による侵攻から羽柴秀吉との対立という状況の中で、成相や真之は長宗我部家の前途を危ぶんで離れようとしたのだろう。

ただ、守護である細川真之の裏切りという推測が正しかったとしても、日和佐家など引き続き長宗我部家に属する国人が多くみられるから、阿波の支配はそれほど大きくは揺らがなかったものとみられる。元親が国人たちとの友好関係を個別に築いていったことが功を奏したのではないだろうか。

ともあれ、本能寺の変の後に三好勢のほとんどを駆逐したことで、長宗我部家の勢力は木津城と土佐泊城を除く阿波全域に及ぶことになったのであった。

翌天正一一年（一五八三）三月、長宗我部元親・信親父子が連署して、一宮民部少輔なる人物に土地を宛行っている（「武州文書」『長宗我部元親・盛親の栄光と挫折』五号）。民部少輔は姓から見て一宮成相の一族であろう。

四国各地の検地

この文書の中に、「検地をした内で三百町、その他に河北で二千貫の土地を与えます」とあり、長宗我部家が阿波国で検地を進めていたことが知られている。検地分と検地未実施分で単位が違うのは、阿波国がもともと貫高制（土地の価値を銭で表す）だったところに、土佐国方式の地高制（土地の価値を面積で表す）を検地によって導入していったからである。これに注目した下村效氏は、先に述べた土佐国内のみならず、讃岐国で天正九・一〇年、阿波国で天正一一・一二年、伊予国でも天正一一・一三年と、四国各地で検地が実施されていたことを明らかにした（下村效「土佐長宗我部氏の初期検地」）。一宮民部少輔宛の宛行に検地未実施分がみられるように、これらの検地は一度に一国全体に行ったのではなく、地域ごと、あるいは村ごとに行われていた可能性が高い。

検地は、土地を正確に把握して年貢を取ること、その土地の評価額を定めて家臣たちの知行高を把握し軍役を負担させることのほかに、その村・地域の人々に長宗我部家が新たな支配者であることをアピールする効果もあった。検地というと年貢を取り立てるためのものというイメージが強いだろうが、実際には様々な役割を持つ政策なのである（平井上総「検地と知行制」）。こうした征服地に対する検地は元親だけではなく各地の戦国大名も行っていたが、その方式は大名ごとに多様であった。

なお、一宮民部少輔宛の宛行状のほか、家臣の跡目相続の保証や、国人への書状など、元親・信親父子連署の文書がこの時期からいくつか見られるようになってくる。ほかに、元親が単独で家臣に命令する書状も見られるから、信親の活動は多岐にわたっていた。これ以前から寺社の棟札に父子連名のものが見られたり、中富川の戦いなどに信親が参加していたりしたが、二頭政治体制を取ることで、政治・外交面でも本格的に後継者として活動させようとしていたのだろう（『長宗我部元親・盛親の栄光と挫折』一一三頁）。

信親はやっと二〇歳になろうかという年頃であり、元親もまだまだ引退するつもりは無かっただろうが、戦国の世であるため次期当主としての経験はどんどん積ませるべきであり、家臣や同盟者にも信親をアピールしておきたかったに違いない。信親も父の期待に応えて成長しており、この時点では長宗我部家の後継者育成は順調であった。

信親の教育

やや話は逸れるが、次期当主としての信親の話が出てきたついでに、元親の後継者教育について「元親記」をもとに見ておきたい。

元親は岡豊城下の子供達を集め、吸江庵の眞蔵主・忍蔵主を呼んで、手習いや文学を教えさせていた。これは家臣や領民クラスへの教育だが、元親が特に重視したのは、後継者である息子信親の教育である。まず文化面では、太鼓の師として似我《じが》惣左衛門・惣十郎父子（京都）、謡の師として藤田弟子宗印（未詳）、笛の師は牛尾玄笛《うしおげんてき》の弟子小野兼丞（京都）、鼓の師として勝部勘兵衛（堺）、鞠の師として飛鳥井曽衣（京都）など、上方方面から多くの人を招いて土佐に滞在してもらい、信親に学ばせた。「元親記」によると「御宥しの弟子あまた有り」ということだから、信親以外の者も彼らから学んだのだろう。また、大平捨牛斎を上京させて碁を学ばせるなど、一種の国内留学もさせていた。信親が描いたとされる白鷺図も高知県立歴史民俗資料館に収蔵されており、絵についても学ばせていたようである（『長宗我部元親・盛親の栄光と挫折』一四号）。

信親の身長は六尺一寸（約一メートル八五センチ）で、身体能力に優れていた。武芸面では、大平市郎右衛門という人物から真道流（新当流か）を学んでおり、信親の槍・長刀の師匠になった。「土佐国蠹簡集」には塚原卜伝《つかはらぼくでん》などの新当流の剣豪の名を記して信親が署名した文書が収録されており、「元親記」の記事はある程度裏づけられるように思われる（「土佐国蠹簡集」八六七号。ただしこの文書では「大平市太夫」とされている）。また、太刀は須藤流、あるいは伊藤武右衛門という精参流を相伝した者が信親を鍛えたという。さらに、重臣・側近の桑名太郎左衛門と中島与一兵衛を三年間在京させて小笠原流の弓法を学ばせたほか、春には岡豊城内に言丸という弓場を設け、近沢越後守を指南役として毎日小的を射させて弓の稽古をさせたという。

元親が息子や家臣を教育する際に、京都との繋がりを有効活用していたことは右の例から明らかであろう。こうした繋がりを持てた理由の一つには、元親の妻の実家石谷家の協力があったと考えられている。舅の石谷空然（光政）や、義兄頼辰の妹婿蜷川《にながわ》道標（親長）が京都から土佐に下向してきており、彼らは前に記した近衛前久下向の際にも活躍していた。石谷家との縁は、織田政権との繋がり以外にも大きなメリットをもたらしていたのである。

元親の子供たち

さらについでに、信親以外の元親の子供についても解説しておこう。

次男は、先述したように香川信景の養子となった五郎次郎である。五郎次郎という通称は香川家の歴代当主が名乗った名であった。元親の次男は、「土佐物語」では親和《ちかかず》という実名だったとされるが、一次史料では確認できない。香宗我部親泰の次男が親和と名乗っていたことは確実なので、それと混同された可能性もある。

三男は孫次郎親忠である。彼もまた、先述したように土佐国高岡郡の国人津野勝興の養子となって津野家を継承した。津野家は土佐国内でも有数の国人領主であり、独自の一族や家臣を多く抱えている。なお、親忠の幼少期は、津野藤蔵人佐親房という家臣が津野家を代表しているように一次史料によく出てくるが、彼がどういった人物であるかは未詳である（津野家の過去帳では親房は「津野殿家中」＝津野家臣と記されている）。

四男は千熊丸《せんくままる》、のちの右衛門太郎盛親である。系図によれば、幼少期は吉良親貞の子播磨守の養子になっていたという（「土佐国蠹簡集」一二二号）。養父の吉良播磨守はのちの戸次川《へつぎがわ》の戦いで戦死したとされるが、盛親が吉良家を継承したかどうかは不明である。この戦いをきっかけとして盛親は長宗我部家の本家を継ぐことになるから、吉良播磨守家を継がないまま養子関係が解消されたのではないか。

そのほか、系図には五男として右近太夫が掲載されている。この人物は一次史料上ではほぼ謎につつまれており、事績も関ヶ原の戦い後のこと以外は伝わっていない。

娘を見ると、一条内政、吉良親実、佐竹親直、吉松十右衛門らに嫁いだ娘がいるという。一条内政は言わずもがな、吉良・佐竹家は土佐有数の有力国人で、吉松家は土佐郡の国人であり、いずれも土佐国内の地盤固めのための政略結婚であった。さらに小宰相という娘もいたようだが、詳細は不明である。

「土佐国蠹簡集」の系図によれば右近太夫と小宰相以外は正室（石谷光政の娘）が産んだという。右近太夫と小宰相の事績が伝わっていないのは、母が側室だったゆえか、あるいは他の兄姉とは年が離れていたのかもしれない。

柴田勝家との連携

天正一〇年（一五八二）の末から天正一一年（一五八三）にかけて、織田政権内では羽柴秀吉・織田信雄（信長次男）と、柴田勝家・織田信孝（信長三男）の争いが本格化した。信長の死後、重臣たちは孫の三法師（秀信）を織田家家督と定めたが、その後の権力争いの中で、秀吉が信雄を織田家の当主として担ぎ、勝家・信孝陣営を攻撃したのである。

長宗我部家が、本能寺の変の直前に織田政権との関係が急激に悪化して攻撃を受け、信長死後も羽柴秀吉と対立したことはこれまで述べた通りである。そこで元親は、柴田勝家・織田信孝陣営と手を組み、羽柴秀吉に対抗することとした。対立状態にある秀吉が倒れて勝家が実権を握り、信孝が織田家を継げば、元親も協力者として同盟関係を復活でき、領国の安定が図れるという判断であろう。今のところ勝家側と元親側のどちらから連携を申し出たのかは分からないが、遅くとも天正一一年正月には元親が信孝に「入魂《じゅこん》」を連絡している（「土佐国蠹簡集木屑」四七〇号）。この同盟に付随して、三月には紀伊国の高野山の勢力との連携も決まった（「香宗我部家伝証文」四八号）。

この時期、天正七年（一五七九）の岡本城の戦い以後は休戦状態にあった伊予方面で、再び対立が起こっていた。天正一〇年（一五八二）末、喜多郡の長宗我部派の国人平出雲守に宛てた元親の書状には、道後＝河野通直の軍勢が大洲《おおず》周辺まで動いたが大きな事件にはならなかった、と記されている（橋詰茂「長宗我部元親新出文書について」三号）。河野家が長宗我部派勢力に圧迫をかける事態によって、両者の関係は悪化していった。

河野家は中国の毛利家の縁戚であるため、長宗我部家と毛利家の間も悪化しかねない状況にあった。そうした中で、毛利家のもとに滞在していた室町幕府の将軍足利義昭が天正一一年二〜三月に使者を派遣し、元親に「土佐と伊予の和睦を毛利輝元が願っている」「四国・中国は、柴田勝家と連携して義昭が京都に帰れるよう馳走せよ」と命令してきた（「石谷家文書」一〇・一一・一三号）。柴田勝家は、元親や高野山のみならず、足利義昭とも連携して、東西から羽柴秀吉を包囲しようとしていたのである。

義昭が連絡してきた河野家との和睦に対し、どうも当初の元親の返事は煮え切らなかったらしい。というのも、五月や七月にも義昭や小早川隆景から和睦を促す使者が来ているからである（「石谷家文書」一二五・一三三号）。詳細は不明だが、和睦の条件が合わなかったのだろう。

引田の戦い

柴田勝家と連携した元親は、讃岐国で軍事行動を開始した。天正一一年（一五八三）二月下旬には、三好家が持つ寒川《さんがわ》郡の石田《いしだ》城を攻撃している（「秋山家文書」『高瀬町史』史料編、六九・九一号）。これは三好家の拠点を分断して各個撃破を狙ったものだった（田中健二「長宗我部元親の東讃侵攻と諸勢力の消長」）。そして四月二一日に、三好勢の援軍として淡路国から渡海してきた羽柴家臣仙石秀久の軍勢と、大内郡の引田《ひけた》で戦った。

この引田の戦いは、戦後に香川信景が出した感状に「入野屋之合戦《にゅうのや》」とあり、当時はそちらの名前で呼んでいたのかもしれない（「山地家文書」『高瀬町史』史料編、編年史料六四号）。戦いの詳細は、例によって軍記物によってしか分からないから、ひとまず「元親記」の記すところを説明しよう。この時期長宗我部勢は、引田周辺の麦を薙《な》ぎ、三好家の虎丸《とらまる》城を包囲していた。麦薙ぎは戦国時代の常套戦術で、元親も好んでやったらしい。

この日、長宗我部勢が弁当を食べていたところ、仙石秀久が引田湊から上陸し、奇襲を仕掛けてきた。鉄砲の音を聞いた元親は、重臣桑名太郎左衛門と側近中島与一兵衛重房を派遣し、仙石隊と交戦していた香川信景・国吉三郎兵衛・大西上野介らを支援させた。長宗我部勢は思わぬ攻撃によって足並みが乱れていたが、太郎左衛門らが切り込んだことで形勢逆転し、仙石勢の多くの武士を討ち撤退させた。この戦いでは国吉三郎兵衛・中内勝助・同藤十郎・中島重房など長宗我部家臣も多く討たれた（「竹心遺書」）。翌日、長宗我部勢の江村太郎左衛門・吉良親実・大西上野介が引田城に攻め込み乗っ取った。

引田の戦いの直前あるいは同日、阿波では香宗我部親泰が木津城を攻略している（「香宗我部家伝証文」四九号）。これで阿波国内の三好・羽柴勢の拠点は土佐泊城のみとなり、柴田勝家と連携した侵攻作戦は成功を収めつつあるように見えた。

ところが、引田の戦いと同日に近江国で起きた賤ヶ岳の戦いで、勝家は秀吉勢に敗れてしまう。勝家は二四日、織田信孝は五月二日に切腹し、秀吉包囲作戦は失敗に終わった。また、引田の戦い・賤ヶ岳の戦いから三週間経った五月一三日、秀吉が仙石秀久に対し、淡路から備前・播磨方面に移って引き続き長宗我部家への攻撃を続行するよう命じている（「伊予国新宮田辺氏蔵古文書」『大日本史料』十一―四、五二六～五二七頁）。勝家を滅亡させた後も、秀吉は長宗我部家を明確に攻撃対象としていたのである。

同盟者を失い、秀吉の脅威も継続する状態となった元親は、足利義昭の上洛に協力するとの返事をした（「香宗我部家伝証文」三二・三三号）。義昭への協力によって毛利輝元との結び付きを強化しようとしたのであろう。ただし伊予方面で妥協するつもりはなかったらしく、七月になっても和睦交渉は停滞していた。

幻の和睦交渉

引田の戦いののち、阿波では土佐泊城、讃岐では十河城・虎丸城といった三好・羽柴側の拠点がまだ残っているが、長宗我部家側からの積極的な攻勢は見られない。九月二七日付の金刀比羅宮宝殿の棟札に元親の名が見えるから、元親は勢力圏に入った社寺の復興に取り組んでいたようである（『讃岐社寺の棟札』三、一三四三号）。一方で、一〇月一三日に讃岐国内の石田城の方面で三好勢の動きが見られ、一二月四日には三好存保と仙石秀久が協力して阿波国の名西郡河北に放火したり、板野郡の河端城に攻め込んだりしてきており、決して油断はできない状況にあ

った（「秋山家文書」『高瀬町史』史料編、九一号。『豊臣秀吉文書集』八五七・八五八号）。

長宗我部元親と羽柴秀吉の関係は、本能寺の変以後敵対する場面ばかりであった。話を先取りするようだが、翌年の小牧・長久手の戦いの際も元親は徳川家康・織田信雄派についており、反秀吉主義の観すらある。

ところが、この天正一一年（一五八三）の年末、元親と秀吉の和睦交渉の痕跡が史料上に見られる。一つは一二月に毛利家内部で交わされた書状であり、それによれば、元親は秀吉に対し、「阿波国・讃岐国を手放すので伊予国を与えてほしい」と要求し、秀吉は元親へ「伊予は毛利輝元に渡す」とはっきり返答したという（『大日本古文書　毛利家文書』八六一号）。

もう一つの事例は、この年一一月に秀吉が側近大村由己《おおむらゆうこ》に書かせた「柴田合戦記」（「柴田退治記」）であり、そこには「四国では十河・安富などが秀吉に従っている。土佐国では長宗我部元親が（許しを）願ってきているが、許さず、土佐国を奪い取って武功を立てた家臣たちへの褒美として与えるよう定めた」と記されている。

この二つの記述は、元親が秀吉へ敵対していたことを知っていると奇妙に見えるため、秀吉側による偽情報ではないかとする見解もある。だが、もとをただしてみれば、元親が秀吉と対立しなければならない根本的な理由はそれほど無い。本能寺の変の後に秀吉が三好存保（天正一一年からは三好義堅《よしかた》と名乗っている）を支援したために、変直前の織田政権との敵対状況が秀吉との間でも続いてしまっているのであり、もし元親が秀吉に敵対せず三好存保に讃岐・阿波を引き渡すという譲歩をしたのであれば、丸く収まる可能性はあった。織田政権のときに毛利家とも密かに結んでいた元親であれば、仙石秀久・三好存保と戦う一方で秀吉に交渉を持ちかけるくらいのことはしていたのではないか（平井上総「長宗我部元親の四国侵攻と外交関係」）。

毛利家内部の書状や「柴田合戦記」が記すように、秀吉は元親の和睦交渉を蹴った。このときは羽柴領と毛利領の国分交渉が難航しており、長宗我部家に伊予国を与えてしまうと毛利家との関係がさらに悪化しかねない。ライバルの柴田勝家を倒したということもあり、秀吉は無理に元親と和睦をする必要は感じなかったのだろう。

「芸土入魂」

この年の一一・一二月頃、かねてより香川信景の養子となっていた五郎次郎（元親の次男）が、信景の居城天霧城に入城した。「元親記」には香川家と長宗我部家が同盟を結んだ天正六年（一五七八）に入城したと記されているが、実際には、羽柴勢との戦いに備えて西讃岐の支配を強化するために、天正一一年（一五八三）に行われた施策であったと指摘されている（橋詰茂「戦国期地域権力の終焉」）。

この時、信景や五郎次郎が、伊予国新居《にい》郡の国人金子元宅と書状を交わしており、そこでは、毛利輝元が羽柴秀吉との領地交渉を確定させたこと、道後の河野通直の動向に注視すべきこと、長宗我部家と毛利家の関係は相変わらず親密であること（「芸土入魂」）が記されている（「金子文書」『愛媛県史』資料編古代・中世、二二二六～八号）。翌天正一二年（一五八四）正月には元親自身が金子元宅に、「秀吉が讃岐・阿波を攻めるために毛利家にも出兵を催促しているようです。（中略）毛利輝元からは内々に入魂にしておりますが、今の情勢ではどうなるか分かりません。東予方面についてはあなたを特に頼っております」と連絡している（「金子文書」『愛媛県史』資料編古代・中世、二四〇六号）。

伊予では、先述のように長宗我部家と河野家との間で関係が悪化し、足利義昭が和睦を仲介する状況にあり、毛利家側も困惑していた。そうした中で、先述したように元親は足利義昭への支援を表明することで、毛利家との関係を強化しようとしていたと思われる。だが、輝元が秀吉との和睦を成立させたため、長宗我部家の同盟勢力の間に、毛利家が秀吉派として攻撃してくるのではないかという懸念が広がり始めたのだろう。元親や信景は、毛利家との関係が順調であることをアピールする一方で、もしもの時の協力体制を確認したのである。

実際のところ、秀吉・輝元の和睦や河野家問題のほかに、元親が秀吉と交渉して伊予を欲しがっているという情報が毛利家側に入っていることからしても、この時期には毛利家との関係が崩れてもおかしくない状況になっていた。とはいえ、元親たちが強調しているように、まだこの時点では両者の提携が維持されていく。

徳川家康・織田信雄との連携

天正一二年（一五八四）、上方では羽柴秀吉と織田信雄の関係が決裂していた。信雄が東海地方の大名徳川家康を頼ったことで、尾張国で小牧・長久手の戦いが起きることになるのである。

信雄は、家康とともに決起した三月に、長宗我部家に連携を持ちかけた。香宗我部親泰のもとに届いた信雄とその重臣織田信張の書状によると、信雄は元親に淡路への出兵による後方攪乱を呼びかけ、さらに毛利輝元との仲介も依頼したのである（「香宗我部家伝証文」三五・三九号）。秀吉との和睦交渉が失敗し、輝元との関係も微妙になりつつあった元親にとって、この連携は現状を打破するチャンスであったため、同盟を承諾した。

この同盟には紀伊国の雑賀・根来寺勢力も協力しており、両勢力は早くも三月中旬には和泉国に出兵している（「貝塚御座所日記」）。元親も五月に讃岐に出兵し、二〇日頃に十河合戦で勝利したのち、讃岐の十河城を包囲した（「漆原家系譜所収文書」〈田中健二「『香川県史』刊行後の新出中世史料について（続）」、九八頁〉）。この城は天正八年（一五八〇）頃から何度も攻撃の対象としており、麦薙ぎなどによって弱体化を図ってきたものの、三好勢の守りが堅く容易には落ちなかった。だが、今回の包囲の最中に三好存保が讃岐東部の虎丸城へ脱出し、ついに六月上旬に十河城の攻略に成功した。元親は勢いに乗って引き続き軍勢を虎丸城包囲に差し向けたが、存保の抵抗は根強く、七月中旬段階でも攻略に手こずっていた（「金子文書」『愛媛県史』資料編古代・中世、二四二三号）。結局、元親は最後まで虎丸城を攻略できなかったとされている（津野倫明「小牧・長久手の戦いと長宗我部氏」）。

十河落城の報を受け、八月には徳川家康の家臣井伊直政と本多正信から淡路・摂津・播磨三カ国への出兵を依頼する書状が届き、織田信張からは香宗我部親泰に備前国を与えると約束した書状が出されている（「香宗我部家伝証文」四二・五六・五九号）。これらの書状は、六月一一日に親泰が出した書状への返信だったらしく、羽柴領国を挟んだ遠距離の同盟であるゆえに情報交換にかなりの時間差が生じていた。家康・信雄陣営もそれを気にしていたようで、親泰に一カ国を与えるという件についても、注記している。

「こちらがなかなか連絡を寄越さないとお思いかもしれませんので、信雄からの書状も送ります」と

長宗我部勢の動向は、秀吉の背後を脅かす効果があった。だが、家康と信雄が熱望していた淡路国への軍勢派遣は、淡路水軍の菅達長が一時洲本城を占拠したのみで（「豊国社祠官萩原文書」「元親記」）、結局実現しなかった。

長宗我部勢の淡路派遣が実現しなかった理由はいくつか考えられる。まず、元親は、虎丸城と、淡路渡海の拠点となるべき阿波国土佐泊城の攻略に手間取っていた（「中村市右衛門氏所蔵文書」『大日本史料』一一―九、四一三頁）。また、伊予方面についても、夏段階までは毛利輝元が秀吉の命令で軍勢を渡海させるのではないかという懸念があり、結局次に見るように秋になって毛利家との軍事衝突が始まったため、淡路派兵の余力が無くなった（「金子文書」『愛媛県史』資料編古代・中世、二四二五号）。さらに、家康・信雄との密接な連携が難しい通信状況にあったことも影響したであろう。*

＊なお、「元親記」は、大坂まで出兵しようと準備していたが信雄・家康が秀吉と和睦してしまったので元親が悔しがったと記すが、右の実際の行動から見て信じがたい。

毛利輝元との同盟破棄

小牧・長久手の戦いは右のような推移を辿っていたが、その最中に、長宗我部元親は重大な決断をしている。「芸土入魂」（＝毛利輝元との同盟）の破棄である。

喜多郡で長宗我部派の国人と河野家の争いが起きていたことは先に説明した。毛利輝元は河野通直が求めてきた喜多郡への出兵要請を受諾したが、本格的な出兵はなかなか進まなかった。これは、河

野家を支援して長宗我部派の国人を攻撃すれば、長宗我部家との関係が破綻するのではないかと毛利家側が懸念したものと見られている（山内治朋「毛利氏と長宗我部氏の南伊予介入」）。

この事態は、長宗我部側が南予攻略を本格化させたことで大きく動いた。九月一一日に長宗我部勢が宇和郡の深田城を攻略したのである（「金子文書」『愛媛県史』資料編古代・中世、二四三〇号）。「長元記」によれば二四日間包囲して降伏させたということだから、八月下旬には包囲が始まっていたのかもしれない。一〇月には西園寺家の本拠黒瀬《くろせ》城、一一月には喜多郡延尾《のぶのお》など、多数の拠点を攻略し、南予地域の長宗我部家の勢力圏は一気に広がった（「桂文書」「城戸文書」『戦国遺文　瀬戸内水軍編』九一二〜九一五号）。翌天正一三年（一五八五）四月には西園寺公広が支配下に入ったようである（「清家文書」『愛媛県史』資料編古代・中世、二四〇九号）。長宗我部勢の侵攻に対抗して毛利家側も援軍を派遣し、天正一三年二月四日には喜多郡横松方面で長宗我部勢を破った（「大野芳夫氏所蔵文書」「平賀家文書」『愛媛県史』資料編古代・中世、二四四六・二四四七号）。両家の同盟は完全に破綻したのである。

元親は、なぜ毛利輝元との断交に繋がるような軍事行動を行ったのか。直接的な要因は、やはり喜多郡の長宗我部派国人との関係にある。河野通直の圧迫を受けた長宗我部派の国人は当然元親に助けを求めたはずであり、他国の国人勢力を味方につけることで勢力を広げてきた元親としては見捨てられなかった。一方河野通直の側も長宗我部家と戦いたかったのではなく、以前から対立していた喜多郡の諸勢力を叩くための出兵であった。

つまり、河野家による国人攻撃→長宗我部家による国人支援→毛利家による河野家支援→毛利家と長宗我部家の争いへと、喜多郡の国人への対応をきっかけに両勢力の戦いが展開したのである（山内治朋「毛利氏と長宗我部氏の南伊予介入」）。天下を争う大局的な戦略ではなく、郡規模の争いに大名が巻き込まれる事態がそこでは進行していた。

もちろん、毛利輝元と秀吉の関係への疑念も背景にあったことは間違いない。この年八月に長宗我部家の外交僧滝本寺栄音《えいおん》が、新居郡の国人金子元宅に、「もし毛利勢がそちらに渡海してきたら、阿波から香宗我部親泰の援軍、土佐からも確かな人物を援軍として派遣します。毛利輝元と河野通直が秀吉と結んでいたとしても心配には及びません。仙石秀久が支援した十河城も結局は落城しました。毛利勢が来ても同じになるでしょう」と述べており、南予だけではなく東予でも毛利家の脅威が取り沙汰されていた（「金子文書」『愛媛県史』資料編古代・中世、二四二五号）。毛利家が秀吉側として伊予に大軍を派遣してくれれば、伊予の同盟勢力を失うどころか本国土佐まで危うくなる。ならば東国で戦線が膠着しているうちに、同盟勢力を支援するのみならず、先手を打って伊予も確保してしまおう、という考えが八月段階の元親にはあったのではないか。

だが、結果から見ればこの選択は失策であった。この年一一月に信雄と家康が秀吉と和睦したことで、長宗我部家は孤立状態に追い込まれてしまうのである。

四国出兵前夜の交渉

小牧・長久手の戦いの休戦という情勢の変化に対し、長宗我部元親はどのような行動を取っただろうか。伊予の攻略は継続して進めており、一見孤立したまま戦い続けることを選んだかのように見えるが、実際は外交の道を模索していた（藤田達生『日

本近世国家成立史の研究』、平井上総「長宗我部元親の四国侵攻と外交関係」)。

天正一三年(一五八五)正月、秀吉の家臣蜂須賀正勝《はちすかまさかつ》と黒田孝高が、小早川家臣井上春忠《いのうえはるただ》に、羽柴・毛利間の婚姻締結や人質の小早川元総《もとふさ》(秀包《ひでかね》)のこと、秀吉側が三月に紀伊国雑賀を攻めること、夏には四国を攻める予定であること、伊予・土佐両国を毛利家に渡すこと、それについて元親からいろいろと願ってきているが受け入れないことを伝えている(『大日本古文書 小早川家文書』四三一号)。同時期に毛利輝元も、児玉元良に「土佐との和平が切れたので土佐・伊予は毛利に渡すと秀吉が言ってきた」と伝えている(「毛利家旧蔵文書 児玉家文書」『山口県史』史料編中世2、三五号、七一八頁)。

これらの書状から、元親が秀吉に再び和睦を申し出たこと、秀吉はそれを蹴って夏の四国出兵と伊予・土佐両国の毛利家譲渡を決めたことが分かる。賤ヶ岳の戦い後と同様、元親は小牧・長久手の戦い後の事態を外交交渉によって打開しようと図っていたのである。ただし、右の書状に見られるように、秀吉は毛利家に配慮して和睦を蹴った。

秀吉は、三月に紀伊国の雑賀と根来寺を攻撃して壊滅させた。長宗我部家と同盟していたこの両勢力は、本能寺の変直後から秀吉に敵対しており、小牧・長久手の戦いの際も織田信雄・徳川家康側と結び、和泉国に侵攻して大坂城の安全を脅かしていたのである。

雑賀・根来寺を壊滅させた秀吉は、四月に「すぐに四国に出馬する」としていたが、五月上旬には「六月三日に長宗我部を成敗する」とし、さらに同下旬には「六月一六日に出馬する」と変更した。結局、六月一六日にも秀吉の出馬は実行されず、その日は四国出兵を命令するにとどまった。

四国出兵が延期され続けたのは秀吉が体調を崩していたというのが表向きの理由だが、これは仮病だったらしく、実際は元親との交渉が続いていたことが要因である。元親は秀吉に対して、阿波と讃岐を献上し、さらに実子（三男津野親忠か）を人質として出した上、息子（信親）を大坂に住まわせて秀吉に奉公させる代わりに、伊予・土佐両国を安堵されるよう申し出てきたという。

秀吉はその条件を呑もうとした。正月に蹴った和睦を秀吉が再考しようとしたのは、元親が譲歩したためだと思われる。実子の人質のほか、跡継ぎを大坂で奉公させることも事実上の人質であり、長宗我部家が秀吉に降伏すると宣言しているに等しい。これまでよりも大きな譲歩を示した元親に対し、秀吉もこのあたりで手を打とうとしたのだろう。

しかし、結局秀吉は伊予を求める毛利家に配慮し、人質を返却して四国に出兵することにした（『大日本古文書　小早川家文書』五五一号。「平岡文書」『三重県史』資料編近世一、二七七頁）。こうした事情は世間にも知られており、当時和泉国貝塚を拠点としていた本願寺でも「長宗我部が望んだ内容で交渉が成立しようとしていたところ、毛利側の望みによって和睦が破れたらしい」と正確に把握している（『貝塚御座所日記』天正一三年〈一五八五〉七月条）。毛利家との同盟破棄は、思わぬ方向から元親を苦しめることになったのである。

四国出兵の開始

羽柴秀吉は、四国出兵の先陣をつとめる弟の秀長に、六月二五日・二八日・七月一日と順番に兵を渡海させること、七月三日に自分が出馬することを伝えた。一方で毛利家にも出馬を促しており、それを受けて小早川隆景は、吉川元長《もとなが》・宍戸元孝・福原元俊ら毛利家の主力とともに伊予に渡海することを決定している（『萩藩閥閲録』百二ノ二）。さらに備前国の宇喜多秀家に黒田孝高と蜂須賀正勝・家政《いえまさ》父子、仙石秀久らを加えて、讃岐方面から渡海させることにした（「四国御発向並北国御動座事」）。長宗我部領国を三方面から同時侵攻するという大規模な作戦である。秀吉は四国出兵を幾度か延期していたから、動員されるメンバーの準備はすでに整っており、出兵命令が出てから各方面の攻撃が開始されるまで時間はかからなかった。

なお、秀吉による本格的攻撃を恐れ、讃岐や阿波の寺社が次々と秀吉や秀長、彼らの甥秀次の禁制《きんぜい》の発給を求めている。これらの寺社はもともと長宗我部家になじみが無く、つい数年前に領国内に編成されたばかりであるから、躊躇無く秀吉側の保護にあずかろうとしたものと見られる。これらの禁制は、後に阿波国主となる蜂須賀正勝・家政父子が取り次いでいた。

一方、攻撃される側の長宗我部元親はどのように対応しただろうか。この年五月一九日に元親が木屋平越前入道に送った書状によれば、上方からの侵略に備えて、一七日に大西、一八日に岩倉に入ったという（「麻殖郡木屋平村松家文書」『阿波国徴古雑抄』一二五頁）。「元親記」の記述から見て、その後は白地城に腰を据えたものと思われる。また、同時期に東予の金子元宅との間で覚書の交換を行い、万一元宅が討ち死にしたとしても子孫を引き立てると約束した（「金子文書」『愛媛県史』資料編古代・中世、二四六〇号）。司令部を前線に近いところに置く一方で、国人の家の存続を保証することで人心を収攬し、戦闘に備えたのである。これらは五月中旬の出来事であるが、この時期は秀吉に人質を提出して和睦の道を探っている最中だったはずであり、元親は交渉の失敗を見越して備えを厳重にしていたものと見られる。

金子元宅の拠点である新居郡は、毛利家が渡海した場合に総攻撃を受ける可能性が高い地域であった。そのため元宅は戦死を覚悟していたらしく、息子毘沙寿丸に置書を残している（「金子文書」『愛媛県史』資料編古代・中世、二四六二号）。その中で元宅は、いざという時には長宗我部家を頼るよう言い残しており、元親による金子家存続の保証を受けて安心して戦いに臨もうとしていたことがうかがわれる。金子元宅の事例は、元親ら大名が国人領主をどのように自派に引き付けていたかを知る一つの例として重要であろう。

阿波の戦況

四国出兵の総大将羽柴秀長は、秀吉が書かせた物語「四国御発向並北国御動座事」によれば、八万余騎・大船六百艘・小舟三百艘の大軍を率いていたという。この人数の信憑性を確かめる手段は無いが、秀長は大和・和泉・紀伊の三カ国の軍勢を率いており、甥の秀次や堀秀政・長谷川秀一らの大名の軍勢も加わっていたから、かなりの大軍であったことは間違いない。彼らは鳴門の潮流による船酔いに悩まされながらも、三好勢力の拠点となっていた土佐泊城に入城した（以下、四国出兵に関する史料は基本的に『大日本史料』一一編を参照）。

続けて秀長勢は全軍で木津城を包囲した。木津城には東條関之兵衛が籠もっており、数日持ちこたえたようだが、水を断たれたため、七月五日に開城して退いた。関之兵衛は先述の通り長宗我部家に服属した阿波南方の国人の一人で、「武道つよき者」であったため元親は目をかけていた。しかし木津籠城の際に叔父東條紀伊守を通して関之兵衛が秀長に会っていたとの噂が流れたため、元親は「一宮城や牛岐城・海部城にも籠もらず土佐まで逃げたのは二心があるためであろう」として彼を切腹させたとされている（『元親記』）。

続けて秀長勢は讃岐国から合流した宇喜多勢とともに一宮城へ向かい、秀次勢は近江衆・仙石秀久・蜂須賀正勝とともに牛岐城を攻め取ったのち脇《わき》城を包囲した。七月一九日に秀次は池田輝政に、牛岐城は東條関之兵衛の協力によって早くに開城したと伝えている。『元親記』に記された関之兵衛の内通とは、この牛岐開城への協力のことを示しているのかもしれない。

一宮・脇城の城攻めに関しても、秀吉の命令でやはり水を断つ作戦が採られた。一宮城には江村親頼と谷忠澄、脇城には長宗我部親吉《ちかよし》と、長宗我部家の一族や譜代重臣、あるいは元親の信任厚い側近が籠城しており、秀長・秀次勢の包囲に持ちこたえ続けた。一方、秀長は小早川隆景に対し、七月一九日付で「長宗我部元親が一宮・脇の後詰めとして出陣してきたら討ち取ろうと考えていたが、出てこないので残念だ」と記した書状を送っており、包囲が長期化していることを逆に利用しようと考えていたようである。だが、この書状にあるように元親は秀長の誘いに乗らなかった。

ところで、当初の予定では秀長の後から秀吉本人も出馬する予定であったが、秀長が拒否したため、結局四国には渡海しなかった。秀長が止めた理由は、秀吉が出馬するとなると、秀長の力不足によって四国攻略が手間取っていると噂されてしまうからだという。実際のところ、秀吉はこの時期に北陸方面へも出兵しようとしていたから、秀長が止めなくても渡海しなかった可能性もあるが、ひとまず秀吉は秀長の顔を立てる形で遠方からの指示を継続することになった。

讃岐の戦況

讃岐攻めを担当する宇喜多秀家たちの動向に関しては、良質な史料に乏しい。ひとまず二次史料の記すところに従って説明しておきたい。

「元親記」から長宗我部側の動向を記そう。元親は讃岐の植田城に戸波親武を入れていたが、そこに細川源左衛門らも追加して防備を強化した。これは、植田城が南は山、追手口は谷という地理にあるため、羽柴勢が攻めてきたら山伝いに敵を包囲し、夜討ちをしようという作戦に基づく配置であった。しかし羽柴勢は深入りせずに阿波の木津へ向かってしまったため、作戦は空振りに終わり、元親は悔しがったという。

「黒田家譜」によると、宇喜多らはまず屋島に到着し、やがて高松に移動して喜岡《きおか》城を攻め落とした。黒田孝高が山田郷の住人に尋ねたところ、長宗我部家の拠点は国吉親綱の長尾城と戸波親武の植田城であるとのことだったので、植田を攻めようと軍勢を派遣したところ、道中の城が次々に降伏してきた。孝高は植田郷を偵察して早々に戻り、「讃岐の敵に主だった者はいないようだ。長宗我部元親は阿波にいるようなので、まず阿波にいって羽柴秀長とともに元親を討てば、自然と讃岐の敵も散るであろう」と主張して全軍を阿波に向けた。後に元親は黒田孝高が植田の偵察に赴いたと知り、「宇喜多や仙石を欺いて大勝を得ようとしたのに、孝高という古兵に見破られて残念だ」と嘆いたという。なお、阿波藩関係の「森古伝記」だと、蜂須賀正勝が元親の作戦を見抜き、孝高がそれを感心したことになっている。

他にも同様の話を載せている二次史料があるが、「元親記」が元になっていろいろな書物に転載されていったのではないかとも思われる。いずれにせよ、宇喜多らが讃岐攻めよりも阿波攻めを優先して転身したという説明が長宗我部側・羽柴側両方の立場の二次史料に記されていることから見て、讃岐ではあまり大きな戦いは起こらなかったのだろう。

伊予の戦況

伊予国には毛利家の軍勢が渡海した。毛利勢を率いる小早川隆景・吉川元長は、東予の新居郡・宇摩郡へと向かった。幾度か述べたようにこの地には長宗我部家の同盟勢力である金子元宅がおり、それを鎮圧することが目的である。

吉川元長の七月二七日付書状によれば、一四日に新居郡の高尾・丸山両城を包囲し、丸山城はその日のうちに落城した。高尾城もそのまま落とそうとしたところ、救援に来る長宗我部勢と戦ってからにしようと隆景が提案したためいったん攻撃を止め、結局一七日に落として金子元宅をはじめ六百余人を討ち取った。八月に出された毛利輝元や隆景の感状によると、金子元宅を討ち取ったのは赤木忠房だったようである。こうした戦況を毛利勢は羽柴秀吉に逐一報告したらしく、二一日付の秀吉書状では「後ろ巻のため長宗我部勢が出てきたところ、一戦に及んで切り崩し、多数を討ち果したことはまことにお手柄である」と記されている。元長は明確に記してはいなかったが、この秀吉書状から見るに、長宗我部勢を撃退するために高尾城攻撃を一度停止するという隆景の作戦は成功したようである。

引き続き二七日付の元長書状を見ていくと、毛利勢はさらに高峠や金子など主だった城も手に入れたため、残る讃岐・阿波との国境に近い宇摩郡の仏殿《ぶつでん》城（川之江城）を攻めたのち、讃岐に入って天霧城を攻めるつもりであるという。ただ、その日は風雨が強い状態で、福原元俊の体調も優れないためいったん休んでおり、毛利勢の目立った動きはこの時点で止まったまま終戦を迎えたものと思われる。

なお、この四国出兵の際に伊予国で話題になった地域を見ると、野間《のま》郡・桑村《くわむら》郡・新居郡・宇摩《うま》郡と東予方面が中心であり、長宗我部家が入手していたはずの南予に触れた史料が見られない。どうも毛利勢は南予に対しては軍勢を派遣しなかったのではないかと思われる。

元親の降伏

以上に見てきた通り、阿波・伊予で長宗我部勢は全面的に押されており、敗色が濃厚であった。伊予の高尾城が落城したという情報は二一日までには長宗我部元親のもとに入っていたようで、息子が籠城していたという桑瀬平一郎に対して安否を気遣う書状を出している（「土佐国蠹簡集」八三九号）。

こうした情勢を受け、元親は降伏を決断した。「元親記」によれば、秀長側からの提案とされる。以下に概要を記そう。

一宮城を包囲して二〇日ほど経ったころ、羽柴秀長が城を守る谷忠澄を呼び出し、「一宮城と岩倉城（脇城か）の両城を滅ぼした後に、南方の牛岐・海部に攻め込み、元親をおびき出して対決する予定である。その段階になって降伏してきたならば、元親にとって不利になるだろう。今のうちに降伏しておけば、秀吉も満足するのではないか」と述べ、降伏を勧めた。

忠澄が白地城の元親に伝えたところ、元親は「籠城した者が負けた場合は切腹するのが武士の習いであるのに、大納言殿（秀長）に丸め込まれて元親に意見するとはどういうことか。伊予の金子元宅は譜代でもないのに毛利殿に攻められ腹を切った。たとえ一宮・岩倉が落とされたとしても、国元の兵一万八千を率いて海部で決戦に及ぶつもりである。西国の弓矢取りとして名を知られた元親が一戦もせずに降伏などできようか」と激怒した。

しかし忠澄は諦めず、家老・重臣たちを説得したところ、彼らは「殿のお怒りはもっともであるが、大納言殿の言うとおり本国近くまで攻められて降伏するのはよろしくない。両城が持ちこたえているうちに話に乗っておこう」と賛同し、元親を三日かけて説得した。それによって元親も秀長の提案を受け入れることにした。

一宮城主が元親のもとに説得に向かったことは事実であり、「元親記」の記述も大きな流れは正確であると思われる（「水野文書」『大日本史料』一一―一七、一頁）。秀長は江村親頼と谷忠澄に書状を送り、長宗我部元親に土佐一国が与えられるよう努力すること、交渉のため五日間戦争を停止（矢留）することを約束した。この書状が作成された二五日は木津城の落城から二〇日後であり、「元親記」の記述に符合するようだが、矢留については一宮城側の要望を受け入れたと記しているので、実際はこの少し前から交渉は始まっていたのだろう。

秀長は、早くから秀吉へ報告していたようで、二七日付で秀吉が秀長に宛てて出した書状が残っている。その中で秀吉は、一宮・脇両城が降伏してきたようだが油断しないようにと告げ、長宗我部に土佐を与えるならば、実子一人を人質としてもう一人の実子を大坂に奉公させ、家老の人質も取ること、もし長宗我部を許さないと秀長が決めたならば一宮・脇両城の者を皆殺しにし、秀吉自ら出陣して元親の首を刎ねるだろうと述べている。元親の処遇を秀長に一任したのである。これによって、讃岐・阿波・伊予の没収、人質の提出、そして土佐一国の安堵、という条件で元親が降伏することが決定した。

四国出兵の意義

このように、羽柴政権が四国出兵を開始して約一カ月で長宗我部元親は降伏することになった。この戦いが、両者にとってどのような意味があったのか見てみたい。

まず注目しておきたいのは、先に触れた「元親記」の記述の中で、羽柴秀長・長宗我部元親・長宗我部家臣の三者の話題が、もっぱら降伏のタイミングについてだったことである。元親が最後まで戦うとは敵も味方も考えていなかったのであり、この戦いは元親が降伏することが前提となっていたとすら言える。ただこれは二次史料の記述だから、一次史料から裏づけていこう。

四国出兵直前の六月二〇日、羽柴秀吉は秀長に、「土佐・伊予を長宗我部に与えようとしたが、小早川隆景が伊予を欲しがっているので与えることにした。長宗我部が土佐一国でもいいから許して欲しいと願うならば受け入れるように」と命じていた。四国出兵の発令時点で、秀吉が元親の降伏を念頭に置いていたことに注目すべきであろう。同じ書状の中で「渡海して木津城でもなんでも包囲するように」と言っているのも、城を力攻めで落とすよりも包囲することで長宗我部側に圧力をかけようという意図があったように感じられる。その後も、秀吉は「木津だけではなく一宮城も包囲するように」（六日付書状）、「一宮城は干し殺しにするように」（一八日付書状）と、やはり圧力をかける作戦を命じている。

最後の降伏も、伊予を差し出すという点を除けば、実子の人質化と大坂での奉公という点で、開戦前に元親が示した降伏条件と一致する。そもそも、元親は降伏するつもりだったのに、秀吉が人質を返却して攻撃したというのが今回の発端であった。そして、降伏が取り消された背景には、伊予国を求める毛利家側の主張がある。四国出兵は、降伏したい元親と、元親が降伏してくることを確信している秀吉の戦いだったのであり、その結果、本来の降伏条件に、毛利側が求める伊予国没収を追加させる効果だけをもたらしたのである。

言わば、秀吉にとって四国出兵は、毛利輝元に自力で伊予国を奪い取らせ満足させるための戦争であった（藤木久志『豊臣平和令と戦国社会』、藤田達生『日本近世国家成立史の研究』）。戦争は外交の延長という言葉を地で行く戦いであったと言えよう。元親もこうした秀吉の思惑を理解し、降伏すればある程度保証されることは分かっていたのであろう。元親が一戦も遂げずに降伏はできないと言ったのは、土佐一国に逆戻りすることを敗北という形で家臣に納得させるためでもあったとみられる。

なお、長宗我部家の敗因として、兵農分離した羽柴勢に兵農未分離の長宗我部勢が負けた、といった説明がよくなされている。しかし、羽柴勢単体に対しても兵数で劣っているのに、宇喜多・毛利も加わった大軍に三方から同時に攻められた時点で勝ち目はほとんどなかったと言ってよく、敗北の原因は兵質の問題ではない。結果から言えば、天正一二年（一五八四）に毛利家との同盟を切り、その後も伊予の領有を狙い続けたことが、外交による決着の道を閉ざし、この戦争と敗北をもたらしたのである。

四国国分

さて、元親の降伏を受けて、八月四日付で秀吉は改めて四国に関する方針を示した。

土佐一国のみ安堵した長宗我部元親に関しては、長男信親を大坂に住まわせ、次男香川五郎次郎、それに家老も人質として出すよう命じており、このあたりは降伏条件と同様である。人質は和泉国岸和田城に入れるという。

土佐以外は次の通りである。

阿波国：蜂須賀家政に与え、居城を渭山城《いのやま》（徳島城）とする。大西城などの要所には家政の代官を入れることとし、良い城は維持して、悪い城は破壊して付近に新たに築城させる。
淡路国：脇坂安治《わきざかやすはる》と加藤嘉明《かとうよしあき》を領主とする。また、野口孫五郎に加増して家政の与力とする。
讃岐国：仙石秀久に与え、安富有忠と三好存保を与力とする。
伊予国：蜂須賀正勝・黒田孝高が城を接収したのち、小早川隆景に与える。

元親の人質は八月一九日に秀長が受け取り、阿波・讃岐・伊予もやがてそれぞれの新たな領主に服属していった。なお、秀吉は元親の次男を人質とするよう命じていたが、次男五郎次郎が病弱だったためか、実際には三男の津野親忠が人質となっている。家老の人質は、江村親頼と戸波親武がつとめたようである（一次史料では前者しか確認できない）。

翌閏八月、元親は、蜂須賀正勝に、「今回秀吉様にお許しいただけたのはあなたのおかげだと思っております。人質を進上したので、ずっと従っていく覚悟です。今後はあなたにご指南をいただきたく思います」と記した書状を出した。後半で「指南」とあるように、元親は隣国の国主となった蜂須賀正勝・家政父子を頼り、その指導を受けて秀吉配下の大名として生き残っていこうとしたのである。ただ、蜂須賀父子が長宗我部家を指南・取次する様子はこれ以後の史料上にはあまり見えない。

なお、元親が秀吉に降伏した頃、一条兼定が病死している。ルイス・フロイスによれば、不服ながらも元親と和睦していた兼定は、秀吉の四国攻めを好機として土佐を取り戻そうとしたが、熱病によって死亡した（『十六・七世紀イエズス会日本報告集』Ⅲ―七、四七頁）。元親の降伏と同じタイミングで死亡したことになり、いささか勘ぐりたくなる。ただ、かつての暗殺未遂の件をはっきり書いていたイエズス会が、今回は「神は彼がよいキリシタンだったので天国に住まわせることにした」と記すにとどまっているから、本当に病死だったのだろう。

四国統一への疑問

本章の最後に、長宗我部元親の四国統合がどこまで進んでいたかについて、近年の研究成果を紹介しておきたい。

一部の軍記物では、四国を統一したかのような記述が見られる。すなわち、「元親記」では、阿波国は岩倉城の落城、讃岐国では十河城の落城をもって、それぞれの国が「残すところなく済んだ」とする。また、「土佐物語」は、伊予国の国人たちが降伏したのを見て河野通直も降伏したとし、南予の領主も降伏したことで、「当国一統」に収まったとするのである。こうした諸書の記述をもとに、長宗我部元親は四国を統一したもののまもなく羽柴秀吉と戦うことになって結局元の土佐一国に戻った、という説明がずっとなされてきた。

だが、一九九〇年代から、こうした通説に疑問を唱える研究が次々と現れた。まず、伊予国での河野通直の降伏については「土佐物語」にしか見えず、一次史料によれば通直が抵抗を続けていたとみるべきであることを、藤田達生氏や山内譲氏が指摘した（藤田達生『日本近世国家成立史の研究』、山内譲「長宗我部元親のいわゆる四国統一について」）。

これに対して、考古学側から、河野家の居城湯築城で長宗我部家が使用した瓦と同型の瓦が出土することや、「土州様」と書かれた杯も出ていることから、やはり湯築城は長宗我部家の支配下に置かれていたのではないかとする反論もなされた（中野良一「湯築城跡出土の瓦について」）。こうした反論に対しては、河野家と長宗我部家が和睦していた時期に瓦がもたらされたのではないかとする桑名洋一氏の説や、秀吉の四国攻め段階で河野通直が反長宗我部方として動いていたことを示す中平景介氏の説が出ている（桑名洋一「『長宗我部氏の四国統一』についての一考察」、中平景介「伊予河野氏と四国国分について」）。筆者としては、河野通直は降伏していなかったと見る見解の方に分があるように思われる。

伊予だけではなく、讃岐国の虎丸城、阿波国の土佐泊城に関しても、一次史料上で落城が確認できないこと、「長元記」に三好存保が降伏せず元親は虎丸城を落とさなかったと記載されていることから、三好存保も四国にとどまり讃岐・阿波に勢力を残していたと津野倫明氏によって指摘されている（津野倫明「小牧・長久手の戦いと長宗我部氏」）。

こうした点から見て、長宗我部元親は「四国を統一したがすぐ降伏した」のではなく、「四国を統一する直前だったが降伏した」のだと言えよう。だからといって元親の評価が下がるわけではなく、土佐の国人領主から一代で四国統一目前まで勢力を広げたという事実は特筆すべきである。

第四章　豊臣政権下の元親と盛親

1　豊臣政権下の一大名として

前章で述べたように、天正一三年（一五八五）七月に土佐一国安堵を条件として羽柴秀吉に降伏した長宗我部元親は、その配下の大名として生きていくことになる。なお秀吉はこの年九月に朝廷から「豊臣」姓を下賜された。その後も羽柴苗字を捨てたわけではないとされているが、一般に秀吉の政権は「豊臣政権」と呼ばれているため、本書でも以後は豊臣政権と呼称する。

元親の上洛

さて、九月末あるいは一〇月初頭、元親は秀吉に会うために土佐国を出発した。一〇月三日夕方に紀伊国の加太《かだ》に着岸し、和歌山城に使者を送ったが留守だったということで、翌日に豊臣秀長の家臣藤堂高虎《とうどうたかとら》に書状で連絡を取っている（「高山公実録」上、五〇頁）。この書状には、「出頭のことについてはすべてあなたのご指南を頼むほかありません」「孫次郎（三男津野親忠）のことはよろしくお願いします」とあって、秀吉との会見については藤堂高虎が指南・取次として面倒を見ることになっていたことが分かる。実は元親が蜂須賀正勝に指南を依頼したのと同月に、重臣江村親頼が高虎に長宗我部家臣の人質について秀長の意図を問い合わせており、両家の関係は元親の上洛以前から存在していた（「高山公実録」上、五〇頁）。

その後元親は京都へ上り秀吉と面会しているが、詳しい様子は一次史料からは分からないため、「元親記」の記事を紹介しておきたい。同記によると、元親は京都で堺の豪商今井宗久の屋敷に宿泊し、豊臣秀長に付き添われて秀吉に面会した。元親は国行の太刀一腰、馬代として金子一〇枚、糸五百斤、沈のほた（榾。沈香の切端）二つ、熊の皮一〇枚を献上した。熊の皮のような粗末なものはどうかとも思われたが、山国の習いであるとして献上したという。秀吉は元親やその家臣に座敷能を見せて歓待し、「今回は元親に格別に馳走しようと思ったが、近江の八幡山城の縄張りで忙しかったのでできなかった。次回上洛したときに馳走しよう」と言った。その言葉を聞いた元親は秀吉にいとまを申し出て、その際に金子百枚を下賜されたという。

この面会は元親の服属儀礼としての意味を持ったものと思われる。すでに元親は降伏済みであったが、彼が秀吉に会いに行ったことで、恭順がより明確になったのである。この点、本来の降伏条件には元親への上洛命令が見えないから、元親が自発的に上洛した可能性もある。先に触れた閏八月の江村親頼の問い合わせは、「元親が上洛するからには家臣の人質は不要ではないか」という内容であり、ここから、元親の上洛が秀吉の要求外であったとみることも可能であろう。

秀吉との面会を終えた元親は、一〇月一五日に今井宗久とともに堺に下った。元親は当時和泉国貝塚にいた本願寺顕如に挨拶をしようとしたが、病気のため家臣を使者として遣わしたという（「貝塚御座所日記」）。その後二〇日に改めて顕如に会ってから土佐に下り、元親の初めての上洛は無事に終わった。

政権からの要求

さて、土佐に帰った元親だが、二カ月後の天正一四年（一五八六）正月、再度上方へ向かった。大坂で秀吉に年頭の御礼をするためである。「元親記」によれば、この時は食事・酒・乱舞による振舞があり、秀吉自ら元親の手を引いて天守の案内をした上、筒服・刀・脇差などを下賜された。前年一〇月の上洛の際の約束が、早くも果たされたことになろう。もちろんこれは長宗我部家のみを特別視した待遇ではなく、この時期に豊臣政権に提出された人質や初めて上洛してきた戦国大名は秀吉の厚遇を受けることが多い。秀吉流の人心収攬術であり、豊臣政権がまだ盤石とは言いがたい状態だったことによるものと思われる。年頭の御礼を済ませた元親は、八日に本願寺顕如に挨拶し、翌日土佐へと下っていった。

さて、豊臣政権の配下になった以上、長宗我部家は秀吉に挨拶をするだけでは済まされず、政権の命令があれば従わなければならない立場となった。その最初期の命令として、材木の供出がある。「多聞院日記」天正一四年四月一一日条によれば、春日大社の遷宮に際して、大鳥居の材木を提出するよう長宗我部家に命じるため、奉行の蜂須賀家政が必要な材木のリストを作りに奈良に来たという。

土佐は木材の産地として、これ以後もたびたび政権から提出を求められることになっていく。同日記の六月一四日条に、秀吉が京都で作り始めた聚楽第《じゅらくてい》に用いる材木が四国・東国から大量に上ってきたとあるが、その中には元親が提出したものもあっただろう。

この年はもう一つ、長宗我部家に過酷な結末をもたらす命令が下されている。それは、九州への出兵である。九州では島津義久が勢力を拡大しており、それに押され気味であった大友宗麟が、豊臣政権に助けを求めた。そこで秀吉は天正一三年（一五八五）一〇月に天皇命令と称して停戦を命じ、続けて天正一四年に九州各国を割り振る国分案を提示した。だが、島津家側がこの国分案を受け入れなかったため、秀吉は島津家を攻撃することを決定したのである。

七月一二日、秀吉は大友義統《よしむね》（宗麟の子）に対し、長宗我部父子と四国勢を先手として九州に出陣させること、二〇日には出船の予定であることを連絡し、四国勢が到着したら仙石秀久と相談して行動するよう命令した（『大分県史料三二　大友家文書録三』、二〇九八号）。ここでいう長宗我部父子のうち、父はもちろん元親であり、子は長男の信親である。信親は大坂で秀吉に奉公するという降伏条件だったはずだが、天正一三年一〇月に元親が本願寺顕如に会ったときに父子で訪れたとされていることからすると、この時一緒に帰っていたのかもしれない（ただし「土佐物語」はこの時の子を次男香川五郎次郎とする）。天正一四年五月に元親・信親父子が連署して文書を発給しているから、少なくともこの時点ですでに信親は土佐にいたものと見られる。

このように、七月半ばの段階で、長宗我部元親は九州に出兵し島津家と戦うことを命じられていた。ところが不思議なことに、元親は、八月半ばに島津義久に大船を進上している（「上井覚兼日記」）。もともと島津家とは交流があるから、大船の進上自体はそれほど奇異なことではないが、自分が島津家と戦うと分かっているタイミングで進上したのはどういった事情があったのだろうか。豊臣政権に従いながらも密かに島津家を応援していた可能性もあるが、何らかの策略かもしれず、あるいは出兵とは無関係に以前から進上の約束があったのかもしれない。

九州上陸

さて、秀吉が大友義統に送った朱印状の通りに出陣したのであれば、元親・信親父子は七月二〇日に出船し、同月末頃には豊後国に到着していたはずである。ところが、八月一四日付の立花宗茂《たちばなむねしげ》宛秀吉書状、八月二五日付の大友義統宛秀吉朱印状では、「四国・中国勢は追って着岸するだろう」と繰り返しており、どうも四国勢の到着が遅れていたようである。ただ、遅くとも九月下旬までには他の四国勢とともに豊後国の沖浜に到着した（『大分県史料三三　大友家文書録三』、二二〇八号）。

ルイス・フロイスによると、秀吉は「自分が九州に出陣するまで敵との交戦を控えよ」と命じていたらしく、四国勢は二千名の兵しか連れていなかったという（フロイス『日本史』八、一七〇頁）。実際、一〇月三日付で秀吉が安国寺恵瓊《あんこくじえけい》・黒田孝高ら中国勢に送った書状にも「来年春になって疲弊してきたところに秀吉の本隊が出馬すれば敵を一人残さず殺せるだろう」とあり、長期戦を狙う意図が記されている（『大分県史料三三　大友家文書録三』、二二〇六号）。四国勢の渡海が遅れ気味だったのも、こうした命令が影響していたのかもしれない。

長宗我部勢は沖浜に上陸し、府内で大友勢と合流した。一〇月一三日頃には仙石・長宗我部勢は大友義統とともに豊前国東四郡へ赴いており、さっそく軍事行動を開始したようである（「北里文書」『熊本県史料』中世編第一、二一号）。島津家の上井覚兼《うわいかくけん》は一〇月八日付の日記で「仙石秀久は兵二百ほどで高崎周辺におり、長宗我部元親も兵二百ほどで丹生島におり、武装せず商人のような様子である」と記しているが、右の豊前方面での戦闘を考えると、これらは別働隊だったのではないだろうか。なお、府内にはイエズス会の施設が多く建っていた。フロイスによると、その学院を訪れた元親は「要請があれば司祭や教会を援助する用意がある」と述べ、息子信親は修道院で説教を聴いてキリシタンになりたいと希望した。だが、戸次川の戦いによってそれは叶わなかった。

鶴賀城救援

大友勢・四国勢が豊前・筑前・筑後といった九州北部を転戦している間、大友家の本国豊後では異変が起きていた。主力が留守にしていることを好機として、大友家中から島津家へ裏切る者が出てきたのである。そしてその機会を逃さず、島津義久の弟家久が軍勢を率いて豊後国に乱入してきた。

仙石秀久から報告を受けた秀吉は、一一月一三日付の書状で、仙石・長宗我部勢を豊後国府内に戻すことを命じるとともに、淡路・阿波の軍勢を援軍として派遣することを伝えた（「百瀬文書」）。さらに二〇日付書状では、兵糧と弾薬を送ることを告げ、来春秀吉が出陣するので籠城して持ちこたえるよう伝えた（『大分県史料二三　大友家文書録三』、二一一二号）。一方、毛利・黒田ら中国勢に与えた一二月二日付書状では、豊後国で仙石・長宗我部勢および援軍の阿波・淡路勢と合流して守りを固めておけば島津勢は敗北するだろうとし、それでも勝てなければ秀吉が自分で島津の首を刎ねるだろうと述べている（「黒田家文書」七二号）。長期戦で島津勢を疲弊させてから自身が出馬して一蹴するのが秀吉の狙いだったが、派遣した援軍が九州北部に動いて島津勢の侵攻を許したことは彼の想定外であり、派遣軍の全兵力で現状を維持することを指示せざるをえなくなったのである。

一二月八日、大友家臣利光宗魚《としみつそうぎょ》が籠る鶴賀《つるが》城を島津家久の軍勢が包囲した。その様子を見て、府内に滞在していた大友・仙石・長宗我部勢は軍議を開き、一二月一二日に鶴賀城の後詰（包囲軍への攻撃）のため出陣することを決めた。実は、後詰が出発するとき、鶴賀城はすでに落城しており、彼らはその情報をつかめないまま出陣していた（フロイス『日本史』八、二一三頁）。この情報収拾の遅れが大敗を招くことになっていく。この後詰によって島津家久勢との間で起きたのが、戸次川の戦いである。

ところで、この鶴賀城への後詰は、守りを固めて援軍を待てという秀吉の命令に反する行動である。この点については、長宗我部元親は「こちらが兵数で劣っているから加勢を待つべき」として反対したが、仙石秀久が「自分一人でも出陣する」と言って出て行ったため、やむなく元親も出陣した、という「元親記」の記述がよく知られている。秀吉が戸次川の戦いの直後に発した元親や大友家臣佐伯《さえき》惟定《これさだ》、肥前の龍造寺政家《りゅうぞうじまさいえ》らへの書状・朱印状を見ると、やはり仙石秀久のみを敗戦の責任者として挙げて処罰しているから、後詰の決行に秀久が大きな影響を与えていたのは事実だったのだろう（『大分県史料三二　大友家文書録三』、二二一五〜二二一七号、「豊臣秀吉朱印状」東京大学史料編纂所蔵）。

なお、フロイスは仙石秀久について、島津勢は豊後まで来ないと発言して大友家の油断を招いたり、兵に好き勝手なことをやらせて豊後に被害を出したりと、さんざんな描き方をしている（『十六・七世紀イエズス会日本報告集』Ⅲ―七、一六七頁）。こちらの記述に関しては、キリシタンであった黒田孝高を絶賛するために秀久を悪役として描いているようであり、割り引いて考えておくべきだろう。

戸次川の戦い

戸次川の戦いに関しては、フロイス『日本史』に詳しいので、まずはその記述を紹介しよう。島津勢は後詰がやってくることを早くから掴んでおり、一部の兵のみ表に出して残りは伏兵としておいた。大友・仙石・長宗我部勢は、川の対岸の島津勢が少数であることを見て即座に川を渡ったが、渡河し終えたところで伏兵から一斉攻撃を受けてしまう。大友側は長宗我部勢の鉄砲隊の威力に期待していたが、島津勢が鉄砲を恐れずに突撃してきたため、撃つ暇がなかったらしい。あっという間に形成は逆転し、川の知識があった大友勢は素早く逃げられたが、仙石・長宗我部勢は多くが溺死し、最終的に二千三百名以上が討ち死にしたという。かなりの大敗である。戦死者の中には、長宗我部信親や石谷頼辰、それに三好存保も含まれていた。

信親の戦死について、「元親記」の記述を紹介しておく。信親は家老桑名太郎左衛門に退却を促されたが引かず、四尺三寸（約一・六メートル）の大長刀を振るい、八人を斬り伏せた。敵が近くに寄ってくると長刀を捨て、今度は太刀で六人を斬り伏せた。しかし刀も傷み、さらに大勢が押し寄せてきたため、腹を切ろうとしたところに、敵が押し寄せて討たれたという。この様子を見た元親は自分も討ち死にしようと乗馬の内記黒《ないきぐろ》から降りたところ、十市新右衛門尉が元親を内記黒に無理矢理乗せ、上原城（府内）に退却させた。

さらに「元親記」から紹介すると、信親は数え年で当時二二歳、普段は三尺五寸の兼光の刀を差していたが、この日はかつて織田信長からもらった左文字の刀を持っていた。後年、元親が上洛した際に島津家の者がこの刀を形見として持ってきたが、元親は一目も見ずに返し、その目には涙が浮かんでいたという。元親の命令で恵日寺《えにちじ》の僧と谷忠澄に命じて信親の遺体を探しに行かせ、両者は遺体を火葬して骨を持ち帰った。島津側からも弔問の使者が訪れたとされる。

戸次川古戦場（大分市教育委員会提供）

元親は府内からさらに沖浜経由で日振島《ひぶりしま》まで逃れ、正月一三日に豊後国内（府内か）に再び渡海した（『大分県史料三三　大友家文書録三』、二一三五号）。再渡海後に元親が出した書状が二通残っており、小笠原又六（石谷頼辰の子か）と斎藤利宗（利三の子）に宛てて、信親と石谷頼辰の戦死を伝えている（「石谷家文書」二〇・二一号）。その中で元親は「私は波濤を越えて居陣していて、国許から遠いので、思うようにいきません」と、跡取り息子や義兄のほか多くの家臣を失って意気消沈した様子を見せている。

九州国分

天正一五年（一五八七）三月、九州へ豊臣秀吉の本隊がやってきた。それと同時に長宗我部勢は豊後国妙見岳城《みょうけんだけ》への陣替を命じられている（「龍野文庫所蔵文書」『脇坂家文書集成』四三号）。秀吉の到着によって形勢は豊臣側の優勢になり、五月になって島津義久が降伏した。

さて、島津家を降伏させた秀吉は、九州の国分を実施した。その中で長宗我部家が一時話題にあがっている。五月一三日に秀吉は弟の秀長に、

去年、仙石秀久が置目を破って不届きの働きをし、負けたとき、長宗我部は息子信親を戦死させて忠節を尽くしましたので、褒美として大隅国を元親に加増します。長宗我部の居城として良い城を普請し、その他必要な城を三つほど選んで整備して、長宗我部に渡してください。

と、従来の土佐国に加えて九州南部の大隅国を元親に与えるプランを示している（『大分県史料三三大友家文書録三』、二二四九号）。このことは島津側にも知られていたようで、一六日付で島津義久が一族の北郷時久《ほんごうときひさ》に対して「大隅のことは国分によって長宗我部に遣わすと（秀吉が）堅くおっしゃられました」と連絡している。大隅国は薩摩・日向と並んで島津家が守護を務めてきた本領というべき国であり、義久は「なおも（島津家に残すことを）秀吉に願うつもりですが、とても実現できそうにありません」とも述べている（「旧記雑録」後編二、二二九〇号）。

ただ、結局大隅国の加増は実際されずに終わった。五月二五日付で秀吉は大隅国を島津義弘《よしひろ》に与え

るという朱印状を出しているのである（『大日本古文書　島津家文書』三七八号）。

この十日あまりの間に方針が変わった事情については、元親側が断ったという軍記の記述が通説となっている。断った理由について、「南海通記」では「戦功も無いのに国をいただくことはできません」、「土佐物語」では「年も取って国の支配も十分にできていませんので他国の望みはありません」と言ったことになっている。例によって信頼性に疑問は残るが、本国土佐から離れた国を統治することのリスクを考えると、元親側から断ったというのもありえない話ではない。

一方、秀吉自身が発給した島津義弘宛の朱印状では、「大隅国に物主を任命しようとしたが、島津義久・義弘両人と伊集院忠棟《いじゅういんただむね》が豊臣政権に従う姿勢を見せているので、義弘に遣わすことにした」と述べられている（『大日本古文書　島津家文書』三七九号）。これによれば、島津家の態度を見て大隅国没収を撤回したため、自動的に長宗我部家への大隅国加増が取り消されたということになる。一応秀吉自身が記した理由ではあるものの、島津に恩を着せようとしているようにも見える。

この秀吉の言葉を深読みして、もう一つ大隅国加増取消の事情を推測してみたい。秀吉は、義弘に大隅国を与えたのと同じ頃、先述の北郷時久が日向国で抵抗の様子を見せていたため、毛利・宇喜多・大友や元親に出陣を命じている。この一件は大きな事態とならずに終わったが、そもそも時久が抵抗した理由の一端には、大隅にある北郷家の本領を失うことへの懸念があったのである。この点から見れば、秀吉は時久のような島津家配下の領主たちの反乱を防ぐために、妥協して大隅国を島津家に残す判断をしたとも考えられるのではないだろうか。

聚楽第行幸と元親

北郷時久の件が片付いたのち、六～七月頃に長宗我部勢は土佐国に帰ったと思われる。九月からは豊臣秀吉の命令で検地を実施し始め、その作業は天正一五～一八年の四年にわたる期間を費やすことになるが、この点についてはまた章を改めて解説する。

明けて天正一六年（一五八八）四月、秀吉の企画した聚楽第行幸のため、長宗我部元親は再び上洛することになる。聚楽第行幸は、秀吉の京都屋敷である聚楽第の完成を記念して後陽成天皇の行幸を仰ぐという名目で開催された。もちろん単に天皇をもてなすだけのイベントだったのではなく、秀吉が天皇を利用して支配を強固にしていくという目的があった。

御所から聚楽第までの道は、朝廷の公家、天皇、公卿、関白秀吉、大名たちが参加した長大な行列が進んだ。この行列の特徴は、天皇を中心とする部分よりも秀吉を中心とする部分の方が大きくなっていることであり、それは秀吉の権力を見せつける演出であったとされている（池享「聚楽第行幸における行列の意味」）。この行列には元親も参加しており、位置としては前田利家や織田信包《のぶかね》、大友義統ら公家成大名の一人として秀吉の後方についていく形となっていた。

行幸の二日目に、秀吉は大名たちに起請文を書かせている。誓約内容は、

（1）今度の聚楽第行幸をまことにありがたく思います。

（2）天皇や公家の領地や年貢を妨げることは子々孫々までいたしません。

（3）関白殿（秀吉）の命令に少しも背きません。

といったもので、明らかに三つ目の秀吉への服従宣言が主眼である。元親はこちらにも参加しており、織田信包や大友義統らとともに起請文に署名している（以上、「聚楽第行幸記」）。行幸はさらに続いており、元親は三日目・五日目の和歌会にも参加して、他の大名とともに天皇の世を言祝ぐ歌を詠んでいる。

元親は聚楽第行幸にどのような感想を持ったであろうか。これまで無位無官であったのが昇殿を許されるようになり（後述）、天皇を間近に見られたということで、四国で戦っていた頃には思いもよらない栄誉を得られたと思ったかもしれない。だが、それ以上に、自分が豊臣政権の支配下の大名であることをより強く自覚させられたのではないか。九州出兵の際にも痛いほど味わったであろうが、今回多くの大名とともに行列に参加させられたことで、自分が権力者秀吉に従う一員として組み込まれてしまっていることをさらに意識せざるをえなかったに違いない。秀吉が大名達を行幸に参加させたのは、単なる自分のアピールだけではなく、右の自覚を彼らに持たせる意図もあったのだろう。

羽柴土佐侍従元親

聚楽第行幸に先立ち、正月二〇日に、元親は伝奏《てんそう》の公家勧修寺晴豊《かじゅうじはれとよ》・中山親綱《なかやまちかつな》を申次《もうしつぎ》として、朝廷から諸大夫成《しょたいぶなり》を許されている（「御湯殿上日記」）。諸大夫とは、関白である秀吉に家司として仕える貴族（任官した大名も含む）のことを指し、貴族となるからには朝廷からもらう官位を持たねばならない。秀吉は配下の大名たちを朝廷の位階・官職に叙任させ、大名層を豊臣氏の家司として編成していた（武家官位制）。諸大夫成もまたその一環であった。

下村效氏は、この時元親が得たのは、従五位下の位階と、宮内少輔の官職だったと見ている（下村效「豊臣氏官位制度の成立と発展」)。元親は前々から通称として宮内少輔を名乗っていたが、それは朝廷から正式に任官されたものではなく、元親が勝手に使っていたにすぎない。秀吉の諸大夫になることを機会に、改めて正式に任官した可能性は確かにあるだろう。ただ、同年四月の聚楽第行幸で元親は新たに公家成して昇殿を勅許されており、以後はその時に任官された侍従を名乗ることになるので、正式に任官した後の宮内少輔の名乗りはほとんど用いられることはなかった。

官職の話のついでに、苗字・姓について解説しておこう。秀吉は自分の苗字である羽柴を、天正一〇年(一五八二)一〇月に堀秀政に与えたのをはじめ、多くの大名に授与した。長宗我部元親もその例外ではなく、おそらく聚楽第行幸を契機として羽柴苗字を授与される。「羽柴」という苗字、領国の「土佐」、官職の「侍従」を合わせ、「羽柴土佐侍従」というのが豊臣政権側からの元親の公称となっていくのである。

一方の姓については、秀吉は朝廷から与えられた豊臣姓を早くから各大名に与えており、その傾向は特に聚楽第行幸を契機として広がっていく。ただし長宗我部元親の場合、他の大名とは異なって聚楽第行幸の起請文では秦姓を名乗っており、以後も豊臣姓を名乗った史料を発見できない。それどころか、土佐国内の棟札などを見ると、秦姓を名乗り続けているのである。行幸時の起請文提出以後、いずれかの時点で豊臣姓を与えられていた可能性はあるが、領内の棟札で豊臣姓を用いなかった理由は、今のところ明らかにできない。秦姓への思い入れが強かったとも考えられよう。

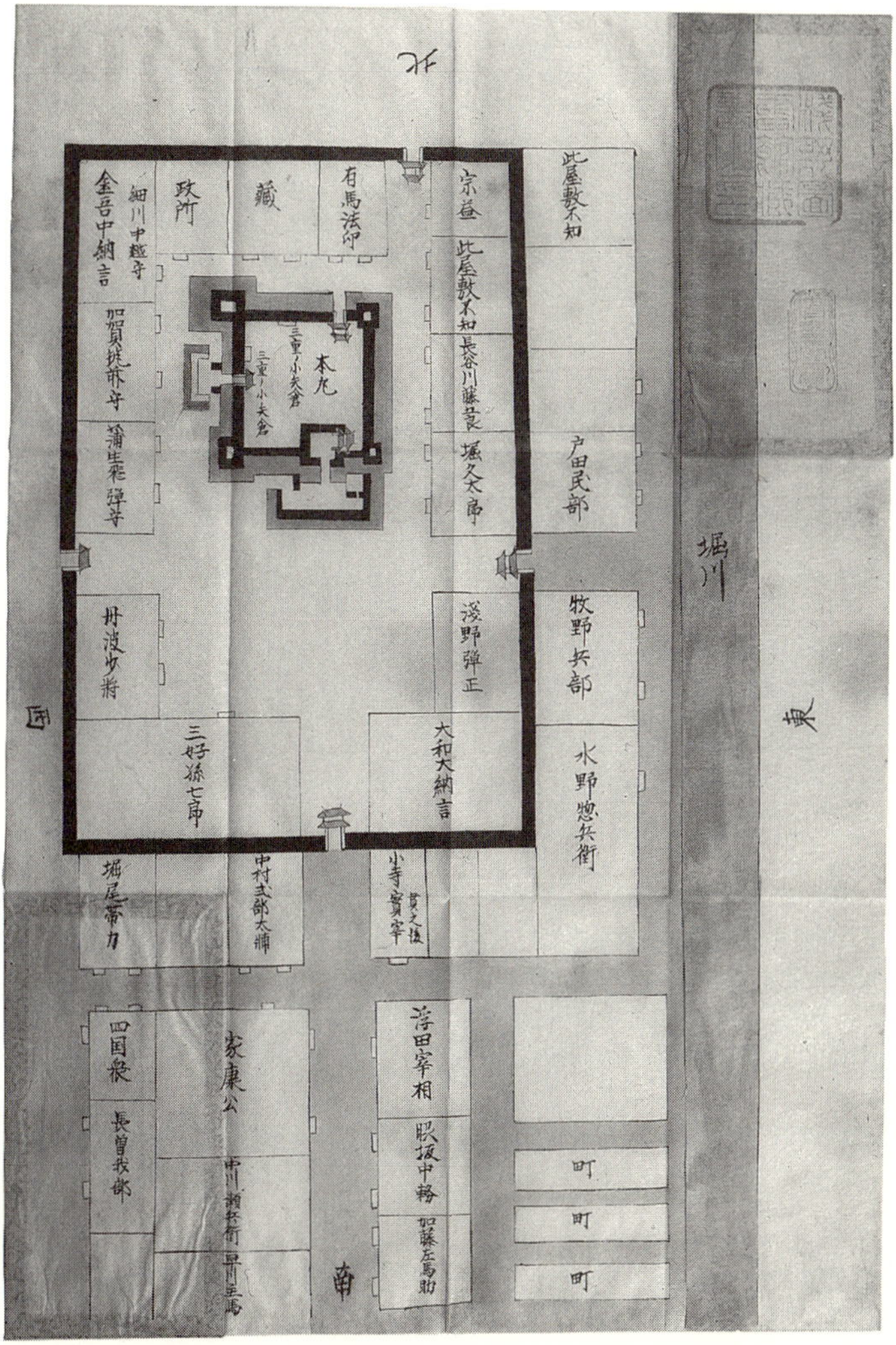

「浅野文庫諸国古城之図　聚楽第」（広島市立中央図書館蔵）

翌天正一七年（一五八九）八月末、豊臣秀吉は諸国の大名に、妻を連れて聚楽第に在京するよう命じた（「多聞院日記」同年九月朔日条）。これは一時的なものではなく、屋敷を作ってそこに妻を居住させるということであり、大名自身の恒常的在京を視野に入れた命令であった（横田冬彦「豊臣政権と京都」）。以後、自分の領地よりも上方（京都・伏見・大坂）を活動の中心とする大名が増えていくことになる。当然、元親も聚楽第周辺に屋敷を作ったようで、聚楽第の南西に長宗我部屋敷を描く絵図が複数見られる。

そうしたさなか、関東の戦国大名北条氏直《うじなお》が、秀吉の国分を破って真田昌幸領を攻撃したため、北条家を総攻撃することが一一月下旬に決まった。元親もこれに動員され、今回は水軍として二千五百名を率いることとなった（「久留島家文書」一九号）。元親にとって、関東に行くのは初めての経験である。豊臣政権からの軍事動員によって、元親に限らず多くの大名たちが、自分とは縁もゆかりも無い地域に軍を率いて遠征することに慣らされていくのである。

小田原攻めの配置を描いた「小田原陣仕寄陣取図」が毛利家に二点伝わっており、長宗我部勢は加藤嘉明・菅達長・九鬼嘉隆《くきよしたか》・脇坂安治ら淡路・伊勢の大名たちとともに水軍として描かれている（『小田原市史』別編城郭、二三・二四号）。また、小田原城の東方の河口部分に本隊が上陸していたようであり、陸上と海上に分かれて活動していた可能性もある。

「元親記」によると、長宗我部勢は大黒丸という三八端帆の大船を用いており、水軍大将は池六右衛門が務めていた。加藤嘉明とともに小田原の佐川口を受け持ち、銅鑼《どら》を鳴らして法螺《ほら》貝を吹き、足

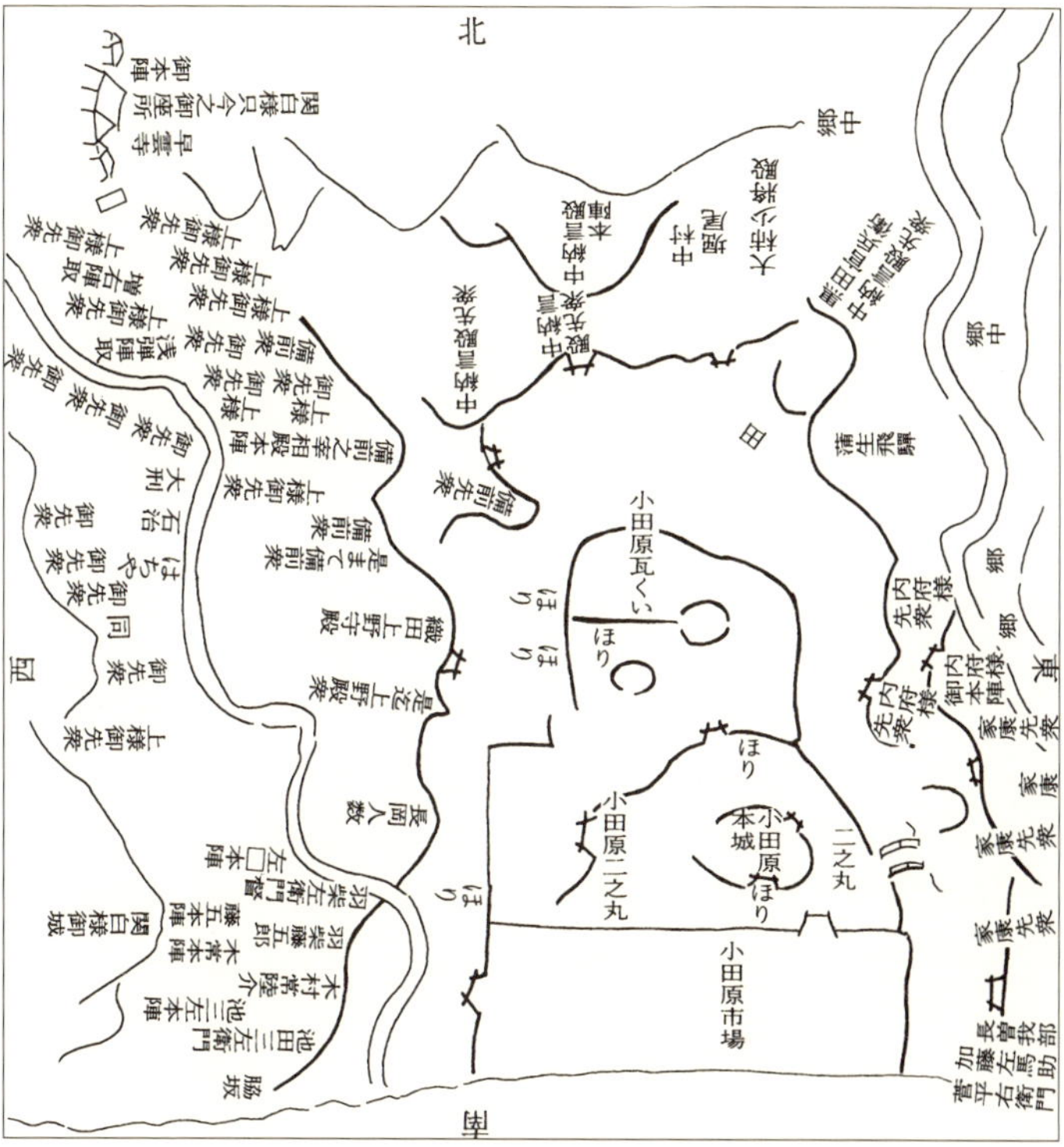

小田原陣仕寄陣取図
（山口県文書館所蔵毛利家文書／『小田原市史　史料編』原始古代中世Ⅰ，より）

で板を踏みならしながら小田原城の南側から攻め込み、石火矢で櫓を二つ打ち破ったところで諸陣一斉に鬨の声をあげたところ、敵は肝を消して地に伏してしまったという。これによって秀吉は元親に「今度の大船の手柄は日本一である」と褒美を遣わした。池六右衛門は毎日暮れに押しかけて矢を射るなどして活躍したため、秀吉は彼に筒服一つと小袖二つを与えたとされる。

「脇坂記」は、長宗我部勢は伊豆国下田城攻めに参加したとする。同書によれば、一緒に舟手の大将として下田を攻めていた脇坂安治・九鬼嘉隆・加藤嘉明らは秀吉の命令で四月から小田原攻めにまわり、長宗我部勢のみ下田の押さえとして残されたという。長宗我部勢は、小田原城攻めから下田城攻めに転戦し、その後は下田に留まったのかもしれない。

北条氏直が降伏し関東情勢が一段落したのち、秀吉は東北地方の仕置きのため宇都宮経由で会津まで移動した。ただ元親をはじめとする四国勢は関東にとどまり、七月末の段階では京都の東山大仏の建立のための材木を富士山の麓で伐採する作業に従事している（「武徳編年集成」『新青森市史』資料編二古代・中世、三〇二号）。その後の元親の動向ははっきりしないが、この年一〇月半ばに家臣の地替を承認していることから、その時までには土佐に戻っていたものと思われる（「土佐国蠹簡集」五一五号）。

2　元親・盛親父子と朝鮮侵略

跡継ぎ問題

天正一四年（一五八六）の戸次川の戦いで、元親が跡継ぎであった長男信親を失ったことは前節で解説したが、それによって長宗我部家は新たな跡継ぎを決める必要が出てきた。この後継者選びをめぐって、長宗我部家中に波乱が起きることになる。この件については二次史料にしか記されていないため、それらの記述から紹介しておこう。

通常であれば、長男が死ねば次男が継ぐのが順当だろう。豊臣秀吉も、戸次川の戦い直後に元親の生死が不明だったため、元親の次男の香川五郎次郎に「万一のことがあったら土佐国は五郎次郎に与える」と朱印状を下していたと言われる。ところが元親はいつまで経っても跡継ぎを定めず、五郎次郎とその養父香川信景にわずかな領地を与えるのみだったため、期待が外れた五郎次郎は落ち込んで病気になってしまった。五郎次郎の家臣吉良五郎兵衛が「実の子にこのような仕打ちをするとは情けなや」と元親に抗議すると、元親は「五郎次郎はなんと奥ゆかしいことか。今まで私は朱印状拝領の話は聞いていない」と言って病床の五郎次郎に国を譲ろうと伝えたが、もはや手遅れで彼は死んでしまったという。その後元親は、三男親忠は津野家に養子入りして当主となっていることを理由に除外し、四男の千熊丸（盛親。当時一六歳）を長宗我部家の後継者とした（以上、「元親記」）。

このように次期当主は盛親に決まったというが、彼を選ぶときには大きな騒動が起きていた。その事情を引き続き「元親記」から見てみよう。

話は継嗣決定の少し前に遡る。家老の久武親直と元親の甥吉良親実（親貞の子）が、豊臣政権の命令で材木を伐採している最中に一悶着を起こした。理由は、久武親直が吉良親実の前で笠をかぶり続けたことが無礼であるというものであり、その場では親直が「人が多かったのでいらっしゃったことに気付きませんでした」と謝ることで事なきを得たが、親直は親実を恨むようになった。

その後、継嗣問題で元親が盛親を推した際、重臣たちは三男津野親忠をさしおいて四男を後継者とすることに反対したが、久武親直が元親に「吉良親実が津野殿を取り立てるよう重臣たちを説得したようです。ご存じのように親実の振舞はよくなく、お家のためによろしくない人物です」と告げ口したことで、元親は親実に切腹を命じた。それによって他の重臣は恐れて何も言わなくなり、盛親が跡継ぎに決まったという。

なお、長宗我部家の系図では、元親が信親の娘を盛親の妻にしようとしたところ、吉良親実と比江山掃部助が「姪を娶らせるのはよくありません」と反対したため、元親は怒って二人に死を命じたとしている（「土佐国蠹簡集」二二二号）。

類似の説として、「土佐軍記」では、信親の娘を盛親の妻とすることに重臣たちは何も言わなかったが、吉良親実と比江山掃部助が反対し、激怒した元親が両人を切腹させようとしたが桑名・久武・中内の三家老が押しとどめたことになっている。その後、盛親派の讒訴によって親実・掃部助は結局切腹となり、親実と親しかった一宮飛驒守や、親実の兄の僧真西堂《しんせいどう》も殺害・切腹させられたという。

この説では、久武親直をはじめとする家老たちが、親実の切腹を止めようとしたとされていることが注目される。

さらに、「土佐物語」は、久武親直が「吉良親実と親しい香川五郎次郎・津野親忠が当主になるのは好ましくない。幼少の盛親なら自分の思い通りにできるだろう」と考えて元親に親実の讒言を繰り返し、それを信じた元親が親実らを殺す様を描いている。これらの軍記の記述が、子を失い暴走する元親と、それを促進する佞臣久武親直、という見方を決定づけることになった。

継嗣決定の背景

このように諸書で描き方に違いがある跡継ぎ問題だが、残念ながらこの問題に直接言及する一次史料は無い。二次史料の記述を側面から検証していく必要があろう。

まず、「元親記」には名前が挙がっていない比江山掃部助だが、その後の一次史料に姿が見えないから、やはり「土佐軍記」などの記すように吉良親実とともに切腹させられた可能性は十分にある。ただしそのことによって「土佐軍記」「土佐物語」の記述全般が正しいと見るべきではない。両書は親実切腹を天正一六年（一五八八）九・一〇月の出来事とするが、天正一八年（一五九〇）の検地で吉良親実の元から「蓮池衆」が派遣されているから、同年以後の出来事であることが確実である。おそらく天正一八年後半、元親が関東から戻ってきてからの出来事だろう。なお、高野山成福院の過去帳によると、香川五郎次郎の死は天正一七年（一五八九）八月六日である（朝倉慶景「高野山成福院にみる土州長宗我部殿過去帳からの考察」）。

吉良親実を殺害した理由について、継嗣問題が関わっていることはおそらく正しいだろう。ただ、それを耄碌した元親の暴走と決めつけるのは早計である。このとき吉良家は取りつぶされ、残された家臣の多くと直轄領は長宗我部家が吸収することになったが、取りつぶし前の同家の領地は約千三百町であり、石高だと一万三千石に相当する。同じく津野家の領地は約一千町で、吉良・津野両家をあわせれば二万石以上の大きな勢力になるのである。単純に比較できるものではないが、これは長宗我部家の蔵入地（直轄領）に匹敵する数値である。息子が継いでいるとはいえ、津野家は本来長宗我部家と同格の国人家であり、その家臣はほぼ代々津野家に仕えてきた者たちである。元親が三男親忠をあえて外したのは、津野家の勢力が長宗我部本家に入り込むことで運営が困難になることへの警戒があっただろう。

そして、当主元親の方針に反対する一族にして大名級の大領主である吉良親実は、これからの長宗我部家の運営の障害になりうる存在であった。親実の殺害は、単なる跡継ぎ問題というよりは、権力構造変革のための強硬策だったとみるべきである。

こうした、流血も伴うような権力構造の変容は長宗我部家に限った話ではない。戦国大名というと当主の権力が絶対であるかのように見られることもあるが、実際は有力な一族や家臣が意思決定に介入したり当主の命令に抵抗したりすることが多かった。豊臣秀吉はそうした状況を問題視し、大名当主がリーダーシップを取っていく権力構造の実現を大名たちに求めたのである。家臣たちを統制できない大名に対しては、政策を直接指導したり、場合によっては減封・改易したりといった処分も検討していた。

こうして見れば、甥や従兄弟の殺害という非情な手段を行使してでも、大身の家臣の介入を排除することで秀吉が求める構造を作り出し、生き残っていこうという元親の狙いが理解できるだろう。江戸時代の軍記物の著者は、いずれも長宗我部家の本流が途絶えることを知っている。そのため、元親の暴走や久武親直の策謀を強調することで、長宗我部家滅亡の原因を説明しようとしたのであろう。しかし実際の長宗我部家は、この騒動によって衰退するのではなく、むしろ当主権力を強化して豊臣政権の求める権力構造を実現していくのである。

文禄の役への従軍

長宗我部家の後継者となった盛親は、右衛門太郎《えもんたろう》を名乗るようになる。「土佐物語」によれば、「右衛門太郎」を名乗ったのは、豊臣政権の奉行増田長盛《ましたながもり》（「右衛門尉」）が烏帽子親になったことが理由だという。のちのサン・フェリペ号事件で長宗我部家と増田長盛の取次関係がうかがえるので、これは事実だったのだろう。

さて、後継者が決まった長宗我部家には、豊臣政権から次の命令が下ってきている。それは、朝鮮への出兵である。豊臣秀吉は日本を統一する以前から、明（中国）までも支配下に収めたいという願望を口走っていたが、天正一五年（一五八七）に九州を手に入れるとともにそれを実現すべく行動を始め、手始めに朝鮮王朝に日本への服属と中国への出兵を迫った。しかし朝鮮が要求を蹴ったため、秀吉は朝鮮を武力征圧したのち明へ侵略することを決めたのである。

本格的な出陣命令は天正二〇年（文禄元）正月から出始め、三月には西日本の諸大名の約一六万人

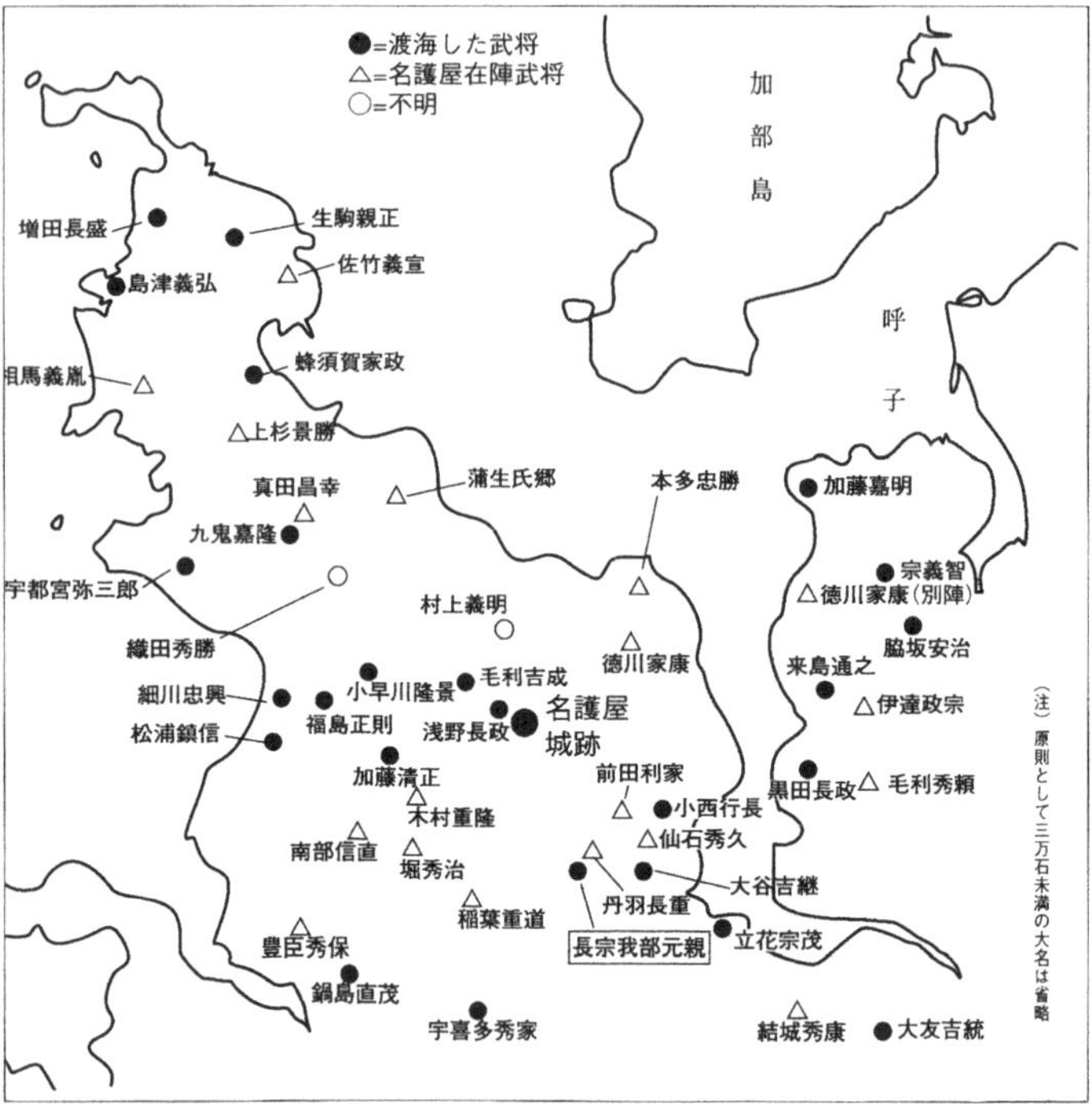

名護屋城布陣図
(高知県立歴史民俗資料館編集・発行『長宗我部元親・盛親の栄光と挫折』より)

の軍勢を九つの軍に分ける陣立てが出されている。長宗我部元親は兵三千を率いて五番隊に属することになっており、同隊は福島正則・戸《と》田《だ》勝隆《かつたか》・来島兄弟（伊予）、蜂須賀家政（阿波）、生駒親正（讃岐）と、四国の大名たちで編成されていた（『大日本古文書　毛利家文書』八八五号）。

小田原の陣に続いて、朝鮮侵略でも長宗我部勢は水軍として期待されていた。「元親記」は、朝鮮への渡海の際、毛利水軍の日本丸、九鬼水軍の大安宅船、長宗我部水軍の大黒丸が色とりどりの旗や馬印を林立させて進んでいったので、海上に花の山が浮かんでいるかのように見えたと記している。

名護屋城跡から長宗我部家陣跡方面を望む
（佐賀県唐津市鎮西町名護屋）

二度にわたる朝鮮侵略のうち一度目は、開始された天正二〇年が改元して文禄元年となったため、文禄の役と呼ばれている。長宗我部勢は京畿道の支配を担当したほか、豊臣秀吉が渡海したときに備えて御座所を普請・守備したり、水軍の一部を壱岐に残して対馬との間の輸送船としていたりと、各地で軍役を果たしていた（朝鮮渡海中の動向については中野等『秀吉の軍令と大陸侵攻』を参照）。

日本勢は緒戦で首都を落としたが、明からの援軍や李舜臣《りしゅんしん》率いる朝鮮水軍への敗北、義兵の決起などにより、徐々に不利になっていった。そこで、日本と明の間で講和交渉が行われたが、交渉が始まっていた文禄二年（一五九三）三月、長宗我部勢は晋州《しんしゅう》城の包囲を命じられた（『大日本古文書　浅野家文書』二六三号）。豊臣秀吉は明との講和によって朝鮮南部を日本領にするつもりであったため、その要衝である晋州城を押さえておく必要があったのである。

ただ、五月二〇日付の朱印状になると配置が変わったようで、長宗我部勢は四国衆として巨済島《きょさいとう》に築城を命じられている（『大日本古文書　島津家文書』九五五号）。こちらもやはり講和後の朝鮮支配を睨んだもので、日本側では「御仕置きの城々」、現代の朝鮮では「倭城」と呼ばれている。巨済島に作られた二つの城のうち一つは島津勢、一つは四国衆が受け持ったようだが、二年後に両方とも破棄されることになる。

長宗我部家にとっての文禄の役

文禄の役の緒戦は日本側の有利に進んでいたため、気をよくした豊臣秀吉は、天正二〇年（一五九二）五月に今後の中国・朝鮮・日本の統治プランを策定した。豊臣政権の奉行山中長俊は、このプランについて次のような話を伝えている（「組屋文書」『小浜市史』史料編諸家文書編一、六号）。

毛利輝元、長宗我部元親、島津義弘、大友義統は、日本での本領が替わることを迷惑だと言って、いつまでもそのままにしてほしいと望んでいます。他の大名には領地を一〇倍・二〇倍遣わしますが、同じように毛利輝元にも一〇倍の領地を与えたならば国の支配も難しくなるでしょう。彼らが本領を惜しんだことを、秀吉様は満足なさっております。

これによれば、大名たちに中国や朝鮮に領地を与えようと秀吉が言ったところ、元親たち西国の旧戦国大名は断ったらしい。彼らの処世術と見ることもできるが、本領を失って海外に移住することを本心から嫌がっていた可能性も高い。結局この案は、文禄の役の失敗によって実行されずに終わった。長宗我部家がこの朝鮮侵略をどう考えていたかは、元親・盛親父子の渡海中に土佐国内で作られた棟札からうかがえる。そこでは、「高麗からの帰国」「元親父子の陣中の安全と帰国」などが祈願されていた（「土佐国蠹簡集」五四四・五四五号）。朝鮮への渡海を、領地一〇倍のチャンスなどではなく、ただの迷惑な戦争と捉える土佐国内の空気がこの棟札から伝わってくる。おそらく元親本人も同様の考えであり、それゆえに秀吉のプランを断ったのだろう。

とはいえ、豊臣政権からの命令である以上、戦場での働きをボイコットしたりはしなかっただろう。豊後の大友義統は朝鮮での働きが悪かったため改易されたし、中川秀政が討ち死にしたときも「今回は弟秀成の相続を許すが、今後一軍の将としての覚悟無く討ち死にした場合は改易する」という秀吉の命令が出ており、戦果を上げねば家が取りつぶされるという構造になっていたのであった。

元親・盛親父子の朝鮮からの帰国については、筆者はこれまで七月中旬であろうと考えてきた。七月二一日に元親が大坂から発した書状を同年のものと見てきたからだが、どうもこの書状は文禄五年（一五九六）のものと考えた方がよさそうである（「土佐国蠹簡集」五五二・五五三号）。九月二〇日付で元親が四国衆の生駒親正・戸田勝隆とともに巨済島の掟を定めているから、その後に帰国したのであろう（「旧記雑録」後編二、一一〇五号）。翌月である閏九月二日に、長宗我部家の新たな居城浦戸城（後述）で盛親が書状を出しているから、遅くともこの日までに盛親が帰国していたことは確かである（「土佐国蠹簡集」五五五号）。

長宗我部元親・盛親父子は、巨済島に築いた城（長門浦城）の防備にはつかずに帰国した。ただ、長宗我部家自体は、朝鮮に在番のための軍勢を置くよう命じられていたようである。

長宗我部勢の在番

まず、香宗我部親泰の動向を見てみよう。以前紹介したように、親泰は元親の弟であり、阿波国の軍代として働いていた。豊臣政権への降伏後は安芸城の城代の任からも外れ、元の香美郡の領主に戻ったが、長宗我部一族の重鎮として家中でも重きを置かれていた。

たとえば、文禄の役の際、親泰自身は従軍せずに長男の親氏《ちかうじ》に香宗我部勢を率いさせているが、土佐に残った親泰は当主不在の長宗我部家をまとめる役目を果たしていたようで、豊臣秀吉も大船建造用の材木や船大工の供出を彼に命じている（「香宗我部家伝証文」五〇・五一号）。そのほか、当時豊臣政権の後継者となっていた関白豊臣秀次からも、伏見城普請の材木を命じられている（「土佐国蠹簡集拾遺」三三三号）。

このように親泰は元親の右腕と言うべき存在であった。だが、その親泰は、元親・盛親父子の帰国直後、閏九月半ばに土佐を出航し、三カ月後の文禄二年（一五九三）一二月二一日、朝鮮で死去している（「土佐国蠹簡集木屑」四八二号。平井上総「史料紹介　高野山金剛三昧院所蔵『土佐香宗我部氏過去帳』㈠」）。彼は元親父子の代わりに巨済島に渡海して在番したものの、現地で病死してしまったのである。

なお、香宗我部家では、親泰の長男親氏が前年一一月に朝鮮で病死しており、一年ちょっとの間に新旧当主を失ってしまった。残された次男親和（貞親《さだちか》）はまだ幼く、父親泰や兄親氏のような働きを期待することは難しい。香宗我部家は、元親・盛親に反発していた吉良親実や、盛親のライバルである津野親忠に比べて、元親に万一のことがあれば盛親を補佐してくれるであろう、頼りになる一族であった。彼らの死は、長宗我部家にとって大きな痛手だったと言える。

親泰死後の在番は、津野親忠あるいはその家臣たちが担ったようである（「土佐国蠹簡集」五六六・五九七・六〇四号）。在番を示す文言を記す文書の終見が文禄三年（一五九四）一一月であり、既述のように翌文禄四年（一五九五）に巨済島の城が破壊されているから、この文禄四年に長宗我部勢は全軍引き揚げたのではないかと思われる。

盛親との二頭政治

朝鮮から帰国した長宗我部元親・盛親父子は、慶長二年（一五九七）までの四年間は日本で過ごすことになる。その間にも様々なことが起きているが、まずは長宗我部家の運営に関する問題を見ていこう（以下、平井上総「豊臣期長宗我部氏の二頭政治」）。

元親が盛親を後継者とした経緯は前に記した。その後、文禄の役から帰国した頃から、盛親単独の文書発給や、元親・盛親父子が連署した文書の発給が見られるようになっていく。これは盛親が新たな当主として活動を始めたことを意味しており、家臣たちからは元親は「大殿様」、盛親は「若殿様」と呼ばれていた。

もう少し具体的に見てみよう。長宗我部家の家臣に対して土地を与えるときに用いる坪付状は、盛親が単独で発給するようになっている。ここから、主従制の根幹となっている知行宛行権は盛親に完全に移行していると言える。一方、その他の文書を見ると、庄屋の任命や家臣への指示などは、盛親単独だったり、元親・盛親連署だったりとまちまちである。これは父子がどちらも長宗我部家の当主として文書を発給できる状況と言え、いわば当主権限の共有状態である。

こうした権限の共有がなぜ行われたのかは、盛親が単独で文書を発給した時の状況を見ると分かる。文禄四年（一五九五）三〜五月にかけて、盛親は単独署名によって浦戸城下町に奉行人を移住させる政策を実施している（詳しくは後述）。ではこの時に父親の元親はどうしていたかと言うと、京都に滞在していたのである。遠く離れた京都にいる以上、政策に関与したくてもできない状況であった。

たとえば文禄三年（一五九四）一〇月に豊臣秀吉が上杉景勝の屋敷に御成《おなり》した際に元親も参列しているように、元親は長宗我部家の当主として、京都や大坂・伏見などで行事に参加しなければならないことが多かった。その間、元親は領国経営について遠隔地から指示を下すしかできなくなる。そこで元親が採ったのが、新当主盛親との間での権限共有であったのではないか。これによって、土佐国内に残った盛親が当主として家臣たちを直接指揮する体制が継続できたのである。

なお、盛親は文禄三年にやっと二〇歳（数え年）になったばかりであり、まだまだ当主としての経験を積まねばならない立場にある（生年は系図による。「土佐国蠹簡集」二二一号）。そこで元親は、岡豊城近くの滝本寺の住職であった非有を補佐役としてつけた。非有は谷忠澄の兄とされており、僧形のまま活躍したので、毛利家の安国寺恵瓊と並び「一対坊主」と呼ばれていたという（「土佐古城伝承記」）。

非有については津野倫明「長宗我部権力における非有斎の存在意義」を参照）。非有の補佐のもと、盛親は文禄・慶長年間の土佐国内の内政の多くを仕切っていったのだった。

ただし、実際には盛親自身も土佐を離れることが多かった。そのため、後に国内統治のための留守居制を作って対応していくことになる（後述）。

伏見屋敷への秀吉御成

ところで、長宗我部元親が上方に滞在する機会が多かったと書いたが、いったいいくつの屋敷を持っていたのであろうか。まず京都の聚楽第付近に屋敷を作らされていたことは先述した。ただ、それ以前、天正一三年（一五八五）に元親が降伏した時の条件として信親の大坂滞在があったことを考えると、大坂屋敷も早くからあったとみていい。文禄年間には、この大坂屋敷に「大坂土佐奉行」という家臣たちを常駐させていた（「土佐国蠹簡集」八二三号）。さらに長宗我部家の屋敷は伏見城下にも存在する。伏見城は豊臣秀吉が隠居城のつもりで天正二〇年（一五九二）から作りはじめたものだが、秀吉は大名たちに伏見にも屋敷地を与えていたのである（横田冬彦「豊臣政権と首都」）。

このように長宗我部家は上方に三つの屋敷を持っていた。ただ、聚楽第屋敷については、文禄四年（一五九五）七月に豊臣秀次が粛清され、聚楽第が破却されたことで、伏見へと一本化された。これによって長宗我部家の上方屋敷は伏見・大坂の両屋敷の体制となり、文禄五年（一五九六）二月には伏見屋敷に元親、大坂屋敷に盛親が滞在するなど、両屋敷を行き来しながら活用していた（「村島家文書」五・六号）。

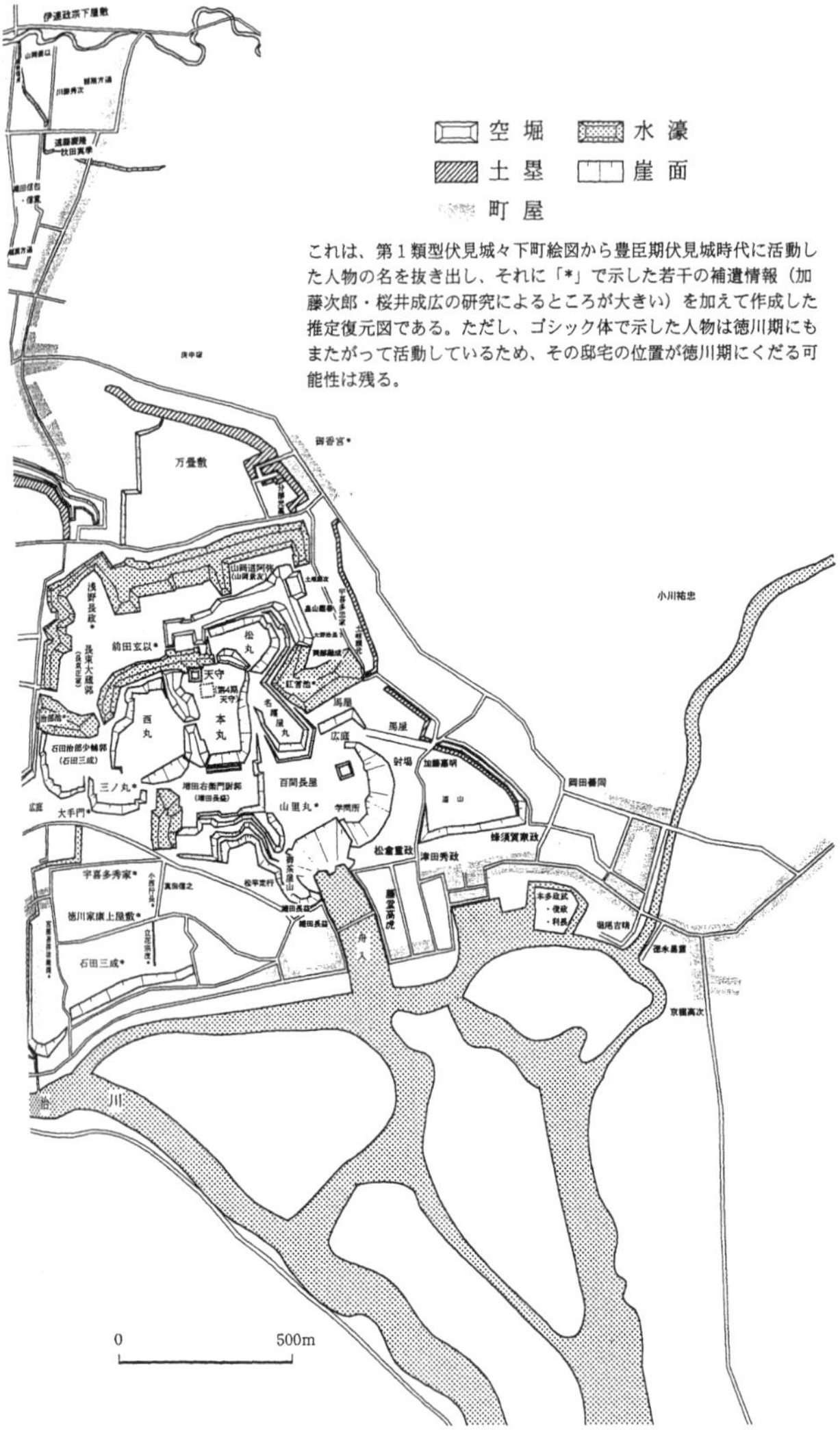

その城下町の復元」日本史研究会編『豊臣秀吉と京都』より）

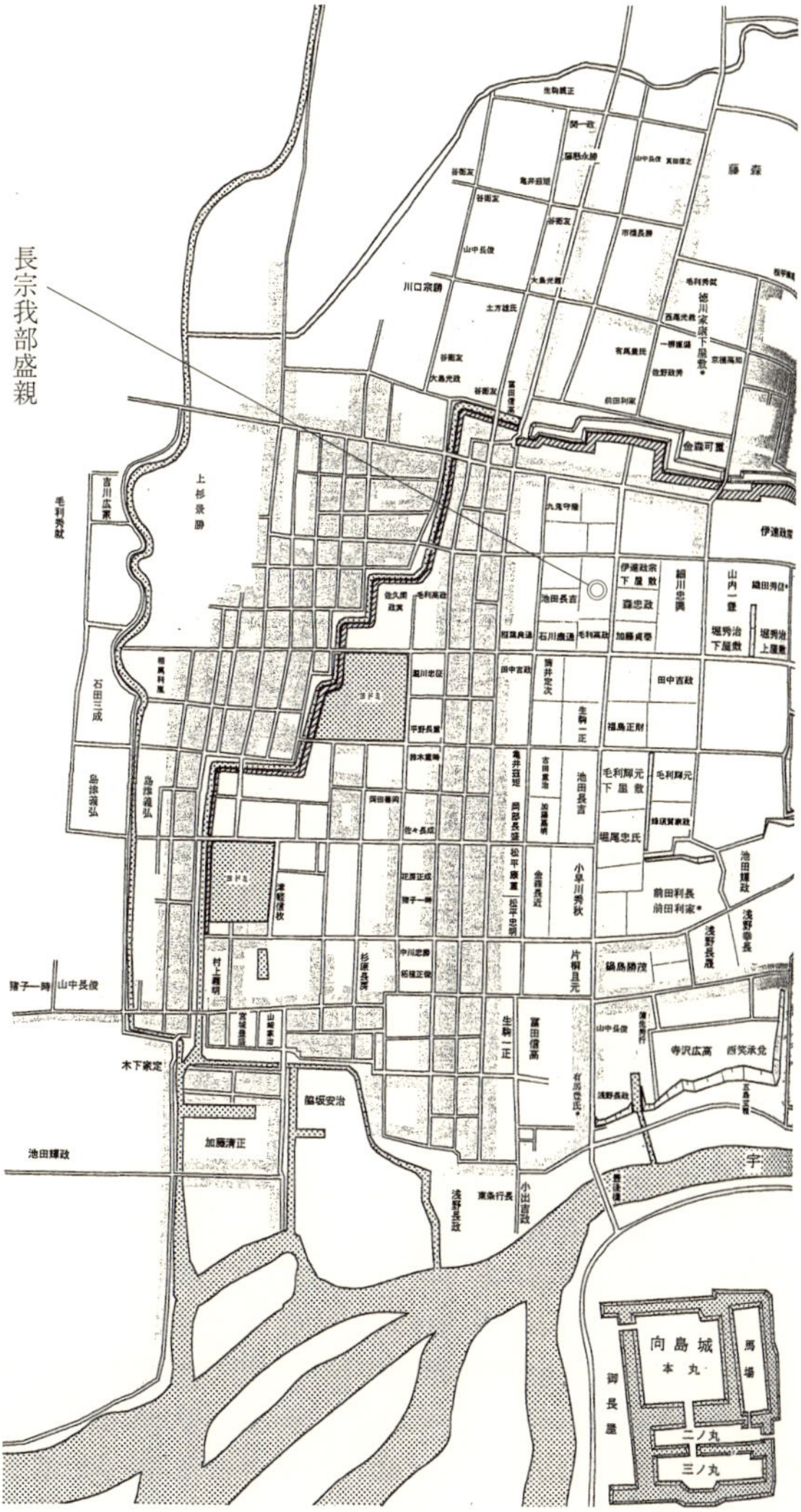

伏見城城下町推定復元図（山田邦和「伏見城と

文禄五年四月二七日、この伏見屋敷に、秀吉が訪問することになる。これは御成という儀式であり、秀吉は有力大名の屋敷をしきりと訪れて主従関係を確認していた。元親が清水寺に送った四月五日付の書状によると、この御成は元親から申請したものであるという（『長宗我部盛親』五八号）。この書状内で元親は秀吉が機嫌よくすごしてくれるよう祈禱を依頼しており、秀次の粛清以後の緊張状態の中、秀吉との関係を良好に保つことを目的とした御成申請であったと思われる。

この御成については、「元親記」のほか、「秀吉公元親亭御成記」という史料にも詳細が記されているので、これらから様子を紹介しよう。

御成には、秀吉のほか、公家衆として久我敦通ら六名、公家成以上の武家衆として徳川家康・小早川隆景・上杉景勝ら一五名（「秀吉公元親亭御成記」では一七名）が参加した。書院で膳の供応が行われ、秀吉は元親に「借銀で困っていると言っていただろう。これで払え」と言って米一万石を下賜した。* さらに元親側からも秀吉・秀頼に刀・馬・小袖などを進上している。このときには盛親も太刀を進上していることから、これを機に跡継ぎを秀吉に覚えてもらおうという意図も御成にはあったものと思われる。

*この一万石下賜に関しては、秀吉が立花宗茂に兵糧（一万石のうち約千五百石）を元親に渡すよう命じているので、事実であろう（「立花家文書」三五〇号）。

二日目は能を行い、終日諸大名に振舞を行った。この能は門を開いて町人にも見学させたという。

三日目には家臣たちや町人にも振舞を行い、大酒盛をしたところ、参加した者は歌い踊りながら帰るという状態だった。

サン・フェリペ号事件

御成の四カ月後である文禄五年（一五九六）八月二八日、メキシコに向かっていたスペイン船サン・フェリペ号が、嵐に遭って土佐国の浦戸に漂着した（以下、松田毅一「サン・フェリーペ号事件の再検討」）。元親は船を浦戸に入港させて船員を保護するとともに、豊臣政権にこの事実を報告した。そして、九月六日に盛親が「南蛮船の荷物を下ろさせるので野村新兵衛の船を浦戸へ来させるように。滞在は五日間である」と命令しているように、船の積荷を陸に揚げさせて倉庫に保管した。積荷は緞子《どんす》や糸、壺などの交易品であった。

この報を受け、豊臣秀吉は奉行の増田長盛を土佐に派遣した。長盛が派遣されたのは、長宗我部家の取次・指南の役割を果たしていたからだと思われる。長盛が伝えた秀吉の命令は積荷の没収であり、サン・フェリペ号の持ってきた交易品は豊臣政権の物になった。長盛は阿波・淡路・紀伊・和泉・摂津などの浦々に、南蛮船の荷物を載せた船に協力するよう命令し、帰京している。「元親記」によれば、このとき元親は長盛と一緒に上洛し、褒美として銀子五千枚をもらったという。ただ、一〇月一八日付の書状で元親は長盛に「さっそくご帰京なさったそうでめでたいです」と述べており、土佐に残っているようなので、この説は信じがたい（「土佐国蠹簡集」六三三号）。

その後、サン・フェリペ号は修復されてマニラに戻った。マニラ政庁が積荷を返還するよう秀吉に求めたが、秀吉は「最初は返還しようと思っていたが、違法行為（キリスト教の布教）があったので没収することにした」と断った。南蛮船の来航を奨励していたはずの豊臣政権が、この事件で積荷を没収した背景については、朝鮮への再派兵を決めた直後であったため、戦費に宛てようとしたのではないかともみられている。

なお、このサン・フェリペ号事件は、船員が長盛に「スペインでは宣教師を派遣して民衆を手なずけた後に軍隊によってその国を占領する」と伝えたことで、秀吉によるフランシスコ会士の処刑（二十六聖人殉教事件）に繋がったことで有名である。この点については様々な議論があり、本書では詳細を記すことはできない。ただ、天正一五年（一五八七）のバテレン追放令以後大きな弾圧を行わなかった豊臣政権が、会士の処刑という弾圧に踏み切った一つのきっかけとして、サン・フェリペ号事件が重要な役割を果たしたことは確かであろう。

慶長の役

文禄五年（一五九六）九月、明との講和交渉が決裂し、豊臣秀吉は朝鮮への再出兵を決定した。慶長二年（一五九七）二月の陣立書で長宗我部元親は、三千人を率いて伊予の諸大名（豊後・淡路も含む）とともに六番隊を構成することとなった（以下、津野倫明「慶長の役における長宗我部元親の動向」、同「慶長の役における『四国衆』」）。元親・盛親父子は六月二四日に豊後国に到着し、さらに名護屋・対馬経由で渡海して七月七日に釜山に到着した。

慶長の役で長宗我部勢は慶尚道→全羅道と進軍し、一〇月には慶尚道の泗川《しせん》城の普請に参加した。その後、長宗我部勢は帰国する予定であったが、一二月に加藤清正らが拠る蔚山城が明・朝鮮軍に包囲されたため、水軍を率いて救援に向かった。翌慶長三年（一五九八）正月、明・朝鮮軍が蔚山城から撤退したのち、秀吉は長宗我部勢を含む中国・四国勢に城の普請をしてから帰国するよう改めて命じた。長宗我部勢は二月末の段階で城普請（どこの城かは不明）の途中だったらしく（『大日本古文書　浅野家文書』二五七号）、秀吉の命令後もなかなか帰国できない状況だった。三月には西生浦の毛利吉成への加勢が命じられ、さらなる城普請も命じられたため再度帰国は長引くこととなり、五月中旬頃に帰国の途についた（『大日本古文書　島津家文書』一七七一号）。

慶長の役について、「元親記」に記されたエピソードに触れておく。ある時、小西行長の順天城《じゅんてん》を破棄して戦線を縮小するかどうか、大名たちの間で会議が持たれた。この意見に反対する元親は仮病を使って盛親を代理として派遣し、秀吉に戦線縮小を申し出る連判状には署名しなかった。秀吉は大名たちが戦線縮小論を言上したことに怒ったが、元親が連判に加わっていなかったことを「武略の功を積んだ者はこうあるべき」と褒めたという。

元親が会議に非協力的だったことで、軍目付の垣見《かきみ》一直《かずなお》との関係が悪化した。泗川城普請の際、一直が塀の狭間を上に切ろうとしたので、元親は「胸ではなく腰のあたりに狭間を切るべきです」と指摘した。一直が「下に狭間を切ったら敵が覗くのでは」と反論すると、元親は「覗かれるような状況ではすでに城は持たないでしょう」と笑い、「上に切って敵の頭の上を撃つつもりですか。実戦のことに関しては私の言うとおりにすべきです」と荒々しく言った。元親は普段から律儀第一の人であって、上使や目付に対しては頭を地につける丁寧さで接してきたので、この時の様子は珍しいものだったという。

右に一連のエピソードを紹介したが、これはどうも作り話の可能性が高いようだ（津野倫明「軍目付垣見一直と長宗我部元親」)。津野氏によれば、元親は実際には縮小論に同意しており、垣見一直は縮小否定派であった。「元親記」のエピソードは、元親と一直の志向を逆転して記していたのである。文禄の役で記したように元親は朝鮮出兵に消極的だったと見られるから、このときも戦線縮小に賛成したのであろう。

さらに、元親は慶長の役直前に盛親を秀吉にお目見えさせるため上洛させており、垣見一直に秀吉の様子を丁寧に尋ねていた。元親から見れば、軍目付である一直は良好な関係を保たなければならない相手だったのである。こうしたことから、狭間をめぐる両者の言い争いという出来事も、実際には起きていなかったとされている。

第五章　豊臣期の領国支配

1　豊臣期の検地

豊臣政権が、大名たちに権力構造の変革を求めていたことはすでに説明した。元親・盛親父子も、豊臣政権の求めであったり、自発的であったりと、きっかけは様々だが、豊臣期に多くの政策を実施している。

長宗我部地検帳

豊臣期に長宗我部家が実施した政策のうち、代表的なものとして検地が挙げられる。まずはいくつかの検地を解説することで、豊臣期の変化と実態を見ていきたい（以下、横川末吉『長宗我部地検帳の研究』、平井上総『長宗我部氏の検地と権力構造』参照）。

豊臣期に長宗我部家が実施した検地に関しては、「長宗我部地検帳」と呼ばれる検地帳が残っている。この「長宗我部地検帳」（以下、地検帳と記す）は、長宗我部時代に作られたものを、江戸時代に土佐藩が修復したり写本を作ったりしつつ保管してきたものであり、国の重要文化財にも指定されている。土佐藩が保管してきたのは三六八冊で、中には名寄帳や所務帳など検地帳以外も含まれているが、豊臣期の検地帳で一国分がほぼすべて残っているのは大変貴重である。

地検帳のうち、名寄帳・所務帳を除いた、いわゆる一般に言う検地帳の数は、天正年間のものが三〇九冊と、文禄四年（一五九五）のもの一冊、それに慶長年間のもの四四冊となる。西暦で表すと一五八七年から一五九八年までであり、こう記すとかなり長期間検地をやっていたかのように見えるが、実際には天正・文禄・慶長それぞれが別個の検地であって、目的も異なっていた。

ところで、豊臣政権に降伏する前から元親が検地を実施していたことも以前説明した。こうした初期検地についても地検帳が存在していた可能性が高く、現存する地検帳の注記には「古帳」などの存在がしばしば記されているのである。だが、残念ながら古帳は現存していない。

地検帳の記載について説明しておこう。

某所　　某村　　〇〇〇〇作

一、△反△代　出▲代 上　　□□□□給

右の場合、上段の「某所」はこの田畠のある場所の地字、下段の「某村」は田畠のある村の名となる。上段の「△反△代」は田畠の面積で、「出▲代」は今回の検地で新たに検出した面積、「上」は田畠の等級である。下段にある「□□□□給」は、長宗我部家臣である□□□□が持つ知行地であることを示しており、その横の「○○○○作」はその田畠を○○○○が耕していることを示している。一般に太閤検地とも呼ばれる豊臣政権の検地の検地帳と比べると、分米という年貢賦課基準高が記されないこと、下段の記載が複雑になっていること（普通の検地帳は百姓の名を一名記すのみの場合が多い）などが特徴である。この特徴は慶長年間の地検帳にも継続しており、長宗我部家は豊臣政権に従いながらも地検帳の記載方式に関しては独自方式を貫いていたのだった。

天正総検地

豊臣期の検地のうち、まずは天正総検地を見てみよう。この検地は、天正一五年（一五八七）から四年間かけて行われたもので、土佐国全体を対象としたものであった（ごく一部に未実施地域もあり）。

天正総検地は、豊臣秀吉の命令によって実施されたと考えられている。秀吉の命令自体は見つからないが、検地の測量基準が豊臣政権のものに準じているのである。具体的に言うと、⑴測量に使う間竿が六尺三寸、⑵面積の基準が三百歩一反、といった点となる。⑴に関しては、天正総検地のごく初期のものに「ここから六尺三寸の杖を使う」と書いてあって、これまでとは違う方式に変化したことをうかがうことができる。⑵に関しては、そもそも「歩」という単位を土佐では用いてこなかったので、明らかに豊臣政権の影響であった（下村效「歩制よりみた長宗我部天正検地帳の諸問題」）。

天正一五年九月下旬に土佐郡から始まった検地は、複数の検地グループによって土佐全体の調査を並行して行い、翌天正一六年（一五八八）四月にいったん休止する。そして同年八月から再開して翌天正一七年（一五八九）四月で止まり、さらに同年一〇月に再開して翌天正一八年（一五九〇）五月まで実施、同年一一月からの分で土佐国全体の検地を終えることになる。四年間の間に何度か休止が挟まっているのは、何か問題が起きたから中断したというわけではなく、農繁期を避けることで農民に配慮したためであった。

このように、元親は土佐一国の検地に四年間もかけており、非常に大規模な調査であったと言える。中国の毛利輝元も同時期に同程度の期間をかけて指出・検地を実施しているが、領国規模で言えば数倍の差がある。徳川家康が東海地方の大名だった頃に実施した五ヶ国総検地が一年ほどで終わっていることと比較すれば、土佐の検地期間の長さが理解できるだろう。

このように長期間にわたった理由は、この検地が詳細な測量を実施したことにある。他の大名家や豊臣政権の検地では、家臣からの指出をもって検地の代替手段としたり、簡単な測量で済ませたり、一部の測量のみ行って残りを机上の計算で処理したりすることが多かったと見られるが、元親の場合は一つの村に何日もかけて念入りに測量しているのである。

今回新たに導入した「歩」（一歩＝約三・三平方メートル）という面積の単位は、豊臣期以前に実施した初期検地よりも格段に詳細になっている。さらには「歩」よりも細かい「勺」「才」（歩の二分の一・四分の一）という単位もまれに見られ、これは当時の他の地域の検地帳ではほぼ見られない詳細な単位であった。豊臣政権からの命令を背景に、当時最高水準の詳細な測量を行うことで、元親は土佐国内の田畠の情報を一挙に把握してしまおうとしたのである。

検地役人

この検地には多数の人員を要したと思われる。なかでも役割が分かりやすいのが地検帳に名前の見られる検地役人たちである。

長宗我部検地の場合は検地帳ごとに八名前後の署名が見られることが多く、いくつかの検地帳ではそれぞれの役職も記されている。その役職を見ると、「筆者」は筆記係、「算用」は計算係、「目付」は監視役、「杖打」は測量係である。

筆者・算用・目付は、長宗我部家の家臣のうちでも上級から下級まで様々な階層の者が務めている。そのメンバーを見ると、たとえば一族の国分平兵衛親賀や南岡四郎兵衛親秀、家老の桑名弥次兵衛吉成といった、重臣クラスの人物も含まれていた。上級の家臣による検地対象地域への威圧効果により、検地が円滑に実施されることを狙ったものと見られる。ただし吉良親実などの有力国人領への検地は、なおも妥協的結果を残したのではないかと思われる。

なお、これら重臣クラスの検地役人の中で、桑名吉成はどちらかと言うと戦場での働きで知られているため、彼を名ばかりの検地役人ではないかと見る向きもあるだろう。ただ、重臣クラスでも筆者や算用などの役職名がついているものが見られることから、実際に検地役人の仕事に従事していたものと思われる。

この三種の検地役人を担当した家臣たちのうち、重臣以外の中級・下級の者を見ると、後に奉行人などの役職に就いている者が見られる。彼らは実務処理能力を評価されて検地役人に起用されたものと見られ、逆に検地役人としての仕事が評価されてその後も奉行人として起用された者もいただろう。

杖打は、他の検地役人に比べて低い身分の家臣がなっており、人数面では検地役人全体の半数近くを占めていた。この杖打の中には、長宗我部家の直臣だけではなく、津野・香宗我部・吉良・片岡などの有力国人層や戸波・久武などの一族・重臣層、それに最御崎寺や津照寺などの有力寺社が派遣した者も多くいる。直臣以外を杖打に起用したのは、杖打派遣主体への統制力強化や、彼らを検地に巻き込むことで長宗我部家への不満を拡散させようとするなどの狙いがあったものと見られる。

なお、特に杖打に顕著なのだが、検地役人たちは自分の領地がある地域の担当からは基本的に外れるように調整されている。これは、現地と役人が癒着して検地の手を緩めることを防ぐための策であった。

再検地・新田検地

天正総検地では土佐のほぼ全体の検地を終えることができた。ただ、その後も様々な理由で部分的検地が行われている。

まず再検地があり、天正一八年（一五九〇）・一九年・文禄五年（慶長元、一五九六）〜慶長二年のものが知られる。それぞれ、訴訟を契機としたものや、旧吉良親実領を対象としたものなど、様々な理由によって実行されていた。特に旧吉良領については、吉良家を改易したことで、天正総検地では不十分な点が残っていた調査を改めて徹底したものと見られる。

長宗我部家の再検地は、仕直しの必要がある村のみに行うものとなっており、全面的に一国の検地を仕直すといった政策ではない。全体から言えば、天正総検地以後に検地が行われなかった村の方が多いのである。とはいえ、再検地は総検地の不備を補ったり、情勢の変化に対応したりするためのも

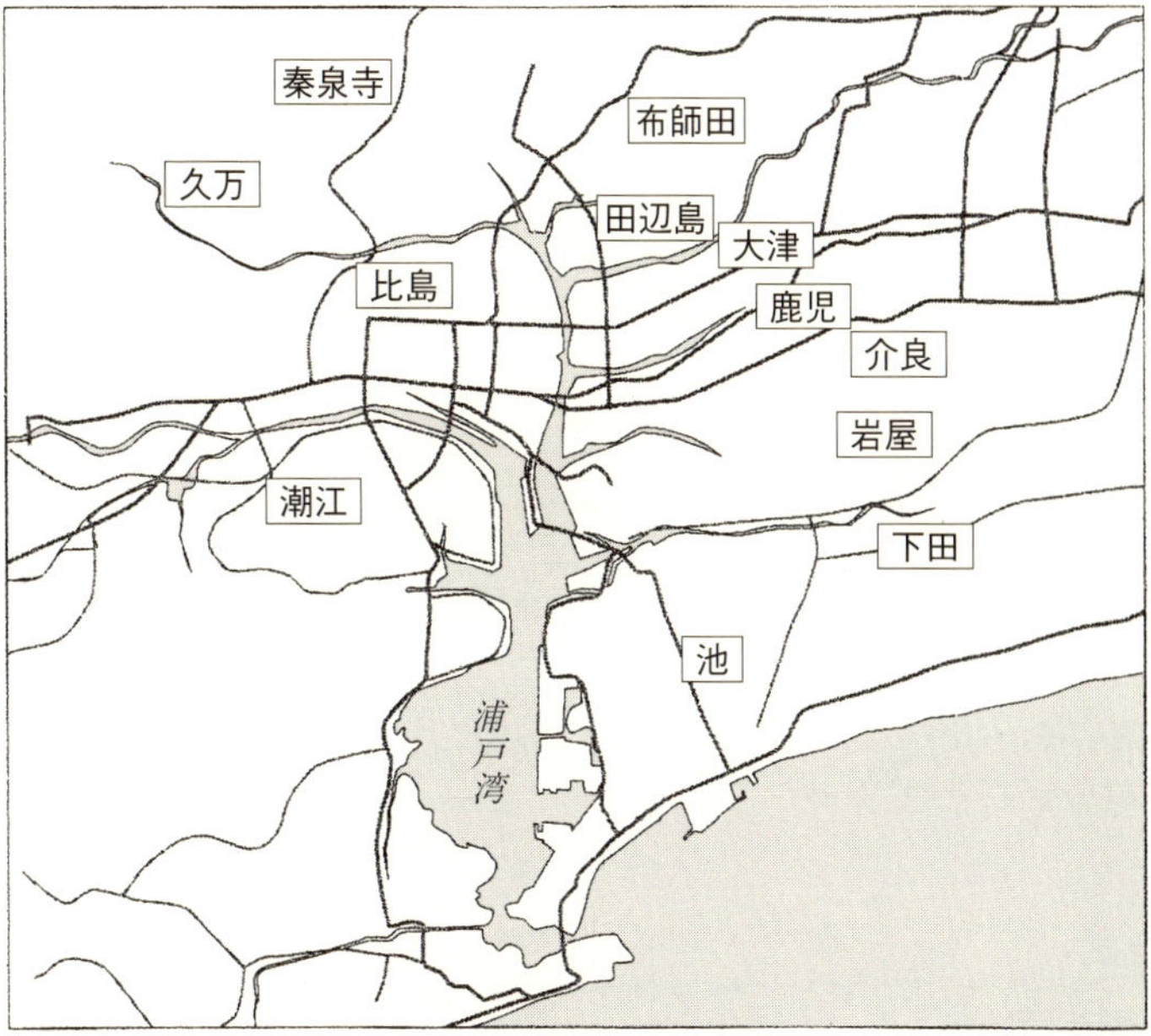

元親・盛親の干拓した地域
（高知県立歴史民俗資料館編集・発行『長宗我部元親・盛親の栄光と挫折』より）

のであるから、結果として領国支配強化に繋がっていたことは間違いない。

　次に新田検地は、文禄四年（一五九五）・慶長二年（一五九七）・三年に実施された。検地の対象地は長岡郡と土佐郡であり、長宗我部家の居城であった岡豊や大高坂に近い地域で新田開発が盛んに行われていたことが知られる。この時の新田検地で新田は「古塩田」「新塩田」と呼ばれており、浦戸湾の干拓によって作られた新田であった。特に後者の新塩田は、文禄年間に入ってから長宗我部家が直接計画したものとされている（島田〈松本〉豊寿「内湾干拓新田の歴史地理学研究」)。長宗我部家では新田開発を許可制としており、許可を得ずに開拓することは禁じられていた(「長宗我部氏掟書」第四八条)。なお、新田検地帳の記載を見ると、干拓から作付けまでは二~三年の期間を要していたようである。

新田の開発は天正総検地の段階から確認できるが、特に文禄以後の開発に関しては、豊臣政権の求める直轄領増加を実現するための手法であると同時に、遠征による財政難への対処でもあったのだろう。ただ、干拓新田の造成・維持は容易ではなかった。慶長二年には一万八千人もの人数を動員して潮江の堤普請が行われており、続けて堤防の修理についても定めている(「土佐国古文叢」一〇七八号。「土佐国蠹簡集」六六五号)。これらは大規模な堤防の維持が干拓新田には必須であったことを示しており、長宗我部家は莫大な投資を強いられたことだろう。

長宗我部家と石高

豊臣政権が検地を全国に命じた目的の一つに、大名たちの石高を確定することがあった。それによって、各大名に石高に対応した軍役を負担させるのである(以下、秋澤繁「豊臣政権下の大名石高について」参照)。

長宗我部家の領地は、たびたび述べてきたように土佐一国である。そしてその石高は、九万八千石であった。これは、長宗我部家改易の一四年後に土佐藩主山内忠義《ただよし》が、

長宗我部家が土佐国で拝領したのは九万八千石でした。山内家も九万八千石をもらっておりましたが、その後調査したところ、二十万二千六百石となりました。

と述べていることからほぼ確実である。

ところが、長宗我部家のこの石高は、検地の結果とは無関係に決められた可能性が高い。では何を基準として決められたかというと、秋澤繁氏は軍役人数三千人から導き出されたのではないかと指摘している。長宗我部家は朝鮮侵略の際に三千人の軍役を負担させられているが、そもそも豊臣政権に降伏した直後からすでに「三千人の軍役で奉公するらしい」という噂が流れていた（「多聞院日記」天正一三年〈一五八五〉八月二三日条）。つまり、先に軍役三千人が決められていて、それに合わせて石高九万八千石が算出されたのである。

豊臣政権では百石あたり〇人役という基準で軍役を賦課しているから、長宗我部家が百石あたり三人役ということで十万石に近い石高とされたとも考えられる。あるいは、他の四国大名の軍役から見て、百石あたり四人役で七万五千石、それに軍役賦課対象外である無役分（毛利家・小早川家などに与えられている）を追加して九万八千石であった可能性もある。いずれにせよ、秋澤氏が強調するように、きわめて政治的に決められた石高であったことは間違いないだろう。

なお、長宗我部家は豊臣政権に九万八千石という石高制で把握されていたが、領内では石高を用いていない。以前に紹介した地高制を、検地のあとも継続して使用しているのである。検地関係史料を見ても石高制に転換しようとした形跡も無いことから、地高制を使い続ける方針は検地以前から堅かったものと考えられる（ただし「長宗我部氏掟書」第八五条ではなぜか石高が出てくる）。この地高制はのちの土佐藩にも影響を与えることになり、同藩では表記は石高ながら実態は地高という変則的な知行制を用いることになるのである（関田英里「土佐の『石高』について」）。

2　城と城下町

大高坂城への移転

長宗我部元親の居城は、最初は父祖が使用していた岡豊城であったが、その後二回ほど移転している。一度目は大高坂城《おおたかさか》、二度目は浦戸城である。

まず大高坂城への居城移転について説明しよう。大高坂城は、本山家との戦いで勢力圏に入った土佐郡の平野部にある、大高坂山に存在していた城である。現在の高知城と同じ場所にあったと言った方が分かりやすいかもしれない。関ヶ原の戦い後に入国した山内家は、最初は接収した浦戸城を居城とし、後に大高坂城の跡に高知城を築城するといったように、長宗我部家と同様の地を拠点にしていったのである。

大高坂城への移転時期ははっきりとしていない。長年長宗我部家が拠点としていた岡豊城から離れることになるのだから、かなりの決断だったはずである。「土佐物語」では、元親の意図は不明としながら、天正一二年（一五八四）頃から大高坂への移転を思い立ち、天正一五年（一五八七）から築城・城下町造成を開始、翌天正一六年（一五八八）冬に移住というスケジュールを記している。

天正一五年一二月から一六年正月にかけて作成された大高坂郷の地検帳を見ると、天守閣や弓場がすでに存在しているほか、城下町に吉良親実や津野親忠ら重臣の屋敷ができている。したがって、天正一五年には大高坂城およびその城下の整備がかなり進んでいたことは間違いない。

この点について、伊勢の御師《おし》が土佐国内の旦那について争った時の史料に、「天正一三年（一五八五）の春から次の年の正月まで争論し、元親様の御前で国沢で対決した」とあることが注目されている（「来田文書」）。国沢村は大高坂村とともに大高坂城下町の一角に当たるからである。ここから市村高男氏は、天正一一～一二年頃からすでに移転の動きが始まっていたと推測している（市村高男「戦国の群雄と土佐国」）。

「土佐物語」や市村氏の説のように、豊臣政権への降伏以前から大高坂移転が決まっていた可能性は否定できないが、御師相論の史料からは、国沢での対決が豊臣政権への降伏後に行われたと見ることも可能である。後者の場合は、豊臣秀吉からの移転命令があった可能性もあろう。蜂須賀家の徳島城のように、大名家の中には秀吉によって居城を指定された者すらいるのである。このように移転の契機については定めがたいが、いずれにせよ、岡豊よりも大高坂の方が浦戸湾の水運を利用しやすいことが移転の理由だったと見られる（松本豊寿「豊臣大名城下町としての大高坂城下町」）。

織豊系城郭としての大高坂城

大高坂城に天守閣があったことは右に紹介した。城に天守閣を設けることは織田・豊臣政権期に日本全国に広がったものとされており、このほか瓦や石垣の使用などといった特徴を持つ城が織豊系城郭と呼ばれている。これらの特徴は、防御面での効果だけではなく、見る者を威圧する見せる城としての効果を期待されていたものとされている。

高知城の発掘調査によって、大高坂城で桐紋の瓦が使用されていたことが分かっている（高知県文

現在の高知城（高知市丸ノ内）

長宗我部時代の石垣（大高坂城跡）

化財団埋蔵文化財センター編『高知城三ノ丸跡』）。城に瓦を使用すること自体が右に見た織豊系城郭の特徴を備えたものとして注目されるが、さらにそこに桐紋がついていることが重要である。桐紋・菊紋は天皇家の紋であり、室町幕府、織田政権、豊臣政権が天皇から許可されて使用していた。さらにこれらの政権は守護や大名に桐紋・菊紋の使用を許可する姿勢を取ったため、地方大名でもこれらの紋を使用する例が出てくるのである。大高坂城で桐紋瓦が使用されているのも、豊臣政権の許可を得たからであると見られている。天皇→豊臣政権→長宗我部家と、権威が又借りされていく構造になっていると言えよう。ちなみに元親は「長宗我部氏掟書」第四条で「菊紋・桐紋は使用してはいけない」と規定しており、これらの紋を家臣に許可する権限は政権から与えられていなかった。

発掘調査では、長宗我部時代の石垣も発見された。これは山内家時代の石垣の裏側から発見されたもので、同時に出土する遺物が中世のものばかりであるため長宗我部期のものと判断できるという（桐紋瓦もここから発見された）。これによって、大高坂城に石垣が存在していたことが確定された。岡豊城にも若干の石積みが検出されているが石垣と見るには未熟なものであり、それに対して大高坂城の石垣は織豊系城郭の技術が導入されていた（中井均「織豊系城郭の地域的伝播と近世城郭の成立」、松田直則「長宗我部氏の城郭」）。

このように、大高坂城の作りは当時の織豊系城郭の特徴を備えたものであった。こうした作りは豊臣政権からの指示・指導によるものだっただろうが、元親としても、最新の技術に基づく城を作ることは長宗我部家の勢威を示すことに繋がっただろう。一方で、岡豊城を離れた上に豊臣政権の影響の強い城を作ることに違和感を覚える人々もいたはずである。これは想像でしかないが、継嗣問題における吉良親実の態度の背景には、大高坂城移転をはじめとする豊臣政権への服従に対する抵抗感もあったのかもしれない。

大高坂の城下町

ついで、大高坂城とともに造成された城下町を見てみよう（以下、松本豊寿「豊臣大名城下町としての大高坂城下町」、目良裕昭「戦国末〜豊臣期土佐国における城下町の形成と展開」）。

大高坂にはもともと大高坂家や国沢家といった家臣の給地が存在していた。そのため元親は大高坂城を居城とするにあたって彼らに替地を与えたものと見られる。たとえば国沢越中守助康の給地が検地当時に津野親忠の土居となっており、助康は代わりに幡多郡川登や貝之川で土地を得ている。さらに、地検帳には「市ノ替」として別な場所に土地を与えられた者の姿も見え、城下町建設にあたり多くの知行替・土地没収が行われていたことが推定できる。

大高坂の城下域は、地検帳の表紙の記載では「大高坂之御城廻」と表記されており、東は浦戸湾、西は新市、北は江ノ口川、南は鏡川といった範囲であったとされる。地検帳の大高坂城周辺の様子を見てみると、まず東門の付近には吉良親実の屋敷があり、そこから北を指すと思われる北浦には久武親直の屋敷がある。北大門周辺には桑名藤太や戸波親武、吉良親実らの屋敷があり、具体的な場所は特定しがたいが元親の居館と推測されている「御土居」と「御弓場」も存在する。西大門の方にも国沢家の土居があり、これら城の東・北・西方面にはここで挙げた以外にも多数の家臣の屋敷が登録されている。特に右に名前を挙げた者は有力な一族・国人・重臣層であり、彼らは城の周辺に元親から屋敷地を与えられたものと見られる。

城下には家臣の屋敷だけではなく市町も存在しており、地検帳では城下西端に六町七反余の広さの新市が登録されている。この新市の周辺には「市になった残りの分」という表記のある土地がいくつか存在しており、新市が既存の田畠・屋敷を移動・排除する形で新たに整備されたものであることが明らかである。残念ながら新市は一括登録されてしまっているため、具体的な居住者の様子は分からない。

この新市がある鹿穴は近世高知城下における廓中の西端にあたるとされており、大高坂城下自体は高知城下よりも狭い範囲となる。ただ、城下の西隣の観音堂村に面積八町四反余という大規模な朝倉市が形成されており、地検帳で大高坂城下とされている地域よりもやや広い地域が城下圏を形成していたと思われる。この朝倉市は、かつて本山家が拠点としていた朝倉地域に存在していた市を移転してきたものであって、大高坂の新市とともに、新城下建設に伴って大規模な市町整備が行われたことを象徴する市となっている。

浦戸城への移転

元親が大高坂城とその城下の整備にかなり力を入れていたことは右に明らかであるが、その後ほどなくして浦戸城へと居城を移してしまう。移転時期を確定することは難しいが、天正一九年（一五九一）一〇月上旬時点で元親が大高坂を拠点としていることと（「土佐国蠹簡集」五二二号）、文禄の役からの帰還直後の文禄二年（一五九三）閏九月に盛親が浦戸にいることから（「土佐国蠹簡集」五五五号）、文禄の役と連動して移転したことが推測できる。

移転の理由については、大高坂城下では江ノ川・鏡川などの氾濫が絶えなかったために浦戸城へと移転した、とする「土佐物語」の説がかつては通説となっていた。ただ、これはあくまで二次史料による説であり、後に山内家が高知城下の治水に苦労した上で克服したことを受けて作られた話である可能性もある。最近では、右にみたように文禄の役と移転時期が一致していることから、より浦戸湾を利用しやすい場所へと豊臣政権からの命令によって移転したとみる見解が有力となっている（吉永豊資「長宗我部氏の海事政策」、市村高男「戦国の群雄と土佐国」）

元親・盛親の居城になる前の浦戸城は、天正一六年（一五八八）の検地の段階では重臣の横山九郎兵衛が城代となっていた。居城とするにあたってはそれを改修したものと思われるが、具体的な様相

桂浜から桂浜荘を望む

浦戸城跡（高知市浦戸城山）

を示す文献史料は残っていない。浦戸城を山内家に引き渡す時の目録から、天守閣があったことと、未申櫓が存在していたことが分かる程度である（「土佐国蠹簡集」七五五号。市村高男「戦国の群雄と土佐国」）。

山内家が高知城を作る際に浦戸城の部材を再利用したことと、近代以後に開発が進められたことから、残っている遺構も少ない。ただ、国民宿舎桂浜荘の改修にともなう発掘調査によって、石垣が発見され、遺物として瓦や鯱片も出土している（『浦戸城跡』）。大高坂城と同様に、浦戸城も織豊系城郭の特徴を備えた城であったと言える。

なお、描かれた年代は不明なものの、「吾川郡浦戸古城蹟図」という絵図があり、これの記述を信じるならばある程度の推測が可能である（『高知市史』絵図地図編、六四号）。これによると、現在国民宿舎桂浜荘と坂本龍馬記念館のある部分が本丸（御詰ノ段）であり、この点は右に見た発掘調査によって裏づけられている。また、半島の丘陵部の各所に二～四の曲輪があったと記されており、丘陵部全体が城域となっているが、こちらは大きな遺構は見つかっていない。城の北側にある稲荷社の麓、現在では浦戸大橋が通っている部分には「御屋敷」があり、絵図では「今は（土佐藩の）分一役所である」と記した上で、「秦氏の御殿床である」と注記している。

浦戸の城下町

浦戸の城下町についても見ていこう。

浦戸の検地は居城移転前に行われたものであるため、地検帳から移転後の様相を見ることはできない。ひとまず移転前の様子を見ると、城下北部の屋敷群には池六右衛門尉が居住するほか、池慶乗・池孫四郎ら、池一族の名が多く見られる。池六右衛門尉は小田原攻めで長宗我部水軍の大将を務めたとされた人物であり、後に浦戸の水運を司る浦戸政所に任じられている（「土佐国蠧簡集」六五九号）。六右衛門尉をはじめとする池一族は、長宗我部水軍の中核をなしていたのだろう（近衛前久を土佐から兵庫まで送り届けた池隼人も同族と見られる）。ここから、浦戸がもともと水軍の拠点として重視されていたことが明らかである。池一族は守護代細川家の庶流の池家と同族と考えられており、そちらの池家には元親の妹が嫁いでいる（秋澤繁・荻慎一郎編『土佐と南海道』）。

水軍以外の居住者を見ると、ヒツヤ宗四・シホヤ源左衛門尉などの商人の名前が目立つ。ヒツヤは櫃屋で、紀伊国からやってきて五台山櫃ヶ谷に給地を与えられたためこの名を名乗ったという（山本大『高知県の歴史』一三六頁）。シホヤは塩屋と見られ、このほか辛子屋・米屋・樽屋といった商品名を冠した商人が浦戸に屋敷を持っていた。さらに、摂津国尼崎の商人と見られるアマカ崎与左衛門や、堺商人の千家の一族と見られる千四郎左衛門尉の屋敷もあった。こうした商人屋敷の存在から見て、岡豊や大高坂、その他の土佐国内各所に対する物流の中継点として、居城移転以前から浦戸は一定の発展を遂げていたと考えられる。

長宗我部家の居城となってからは、家臣はもちろんのこと、その他の町人も多く移住してきたものと見られる。一次史料からはっきり確認できるのは鍛冶職人の事例であり、長宗我部盛親が「在津（浦戸居住）しようとする鍛冶がいれば優遇すること」と掟を定めている（「土佐国古文叢」一一三三号）。この掟には造船に関する規定があるから、鍛冶の移住を奨励しようとしているのも直接的には造船の人手を集める目的である。ただ、後述する家臣の移住策などから見ると、町人の移住は鍛冶に限らず奨励されていたと見ていいのではないだろうか。慶長二年（一五九七）には播磨国飾万津の商人播磨屋与十郎に在国の見返りとして徳政免除を認めているが、この播磨屋も浦戸に屋敷を設けていたのではないかと思われる（「土佐国蠹簡集」六六七号）。

元親・盛親父子は、自身が浦戸城に移住するだけではなく、家臣にも移住を命じていた。この点で若干の議論があるため、やや詳しく見ておきたい（以下、平井上総「豊臣期長宗我部氏の給人統制」）。

家臣の浦戸居住

家臣の移住について、よく知られているのが文禄四年（一五九五）に盛親が出した一連の書状である。同年三月二四日には複数の家臣に対して、

城下に人がいないと急な仕事に対応できませんので、あまり収入のないところ申し訳ありませんが城下に移住してください。そうしたら大いに加増します。まずは自分の屋敷を作るのが肝心です。追伸・あなたのことは国中から選んで召し出しましたので、異議を言わないように。

と、加増を条件として浦戸城下町に移住するよう命じていた（「土佐国蠧簡集」五七五号）。その後これらの家臣に領地を加増しており、優遇を条件に家臣を移住させる施策が進められていった。だが、なかなか盛親の思うようにはいかなかったようである。五月一六日、これもまた複数の家臣に送った文書を見てみよう（「土佐国蠧簡集」五七九号）。

以前屋敷を受け取った人々が、今朝見たところいまだに普請に取りかかっておらず、油断した様子はどうしようもありません。今回屋敷地を受け取った者には木引役も免除したのに、怠ったことは

大変な曲事です。今月二六日までに材木を揃え、すぐに屋敷を作らなければ、即時に成敗しますので、それを心得て急ぎ普請に取りかかるように。

移住命令を承諾して屋敷地を受け取ったのに屋敷を普請していない者がいたため、普請しないと成敗すると脅している。丁寧語で現代語訳したためあまり伝わらないかもしれないが、原文には「油断の体是非におよばず」「はなはだもって曲事」「即時成敗すべく」などの文言が並んでおり、命令を破った家臣に対し彼が相当激怒していたことがよく分かる。

この一連の移住命令について、かつての研究では兵農分離の失敗と捉えてきた。長宗我部家臣の多くが村に居住していたことはすでに見た通りであり、盛親はそれを払拭して城下町に家臣が集住する状態を作り出そうとしたが、家臣を村から引き剝がすことはできなかった、という評価が与えられてきたのである。

ところが、盛親は三月時点で移住命令に「国中から選んだ」と言っている。つまり全家臣ではなく限られた家臣のみが移住の対象だったのであり、政策の目的は家臣全員を村から引き剝がすことではない。選ばれた家臣の行動を見ると、彼らは移住以前あるいは以後に、奉行人として活動していることが確認できる。したがって、この移住命令は、元親・盛親父子のもとで奉行人として働くに足る能力を持つ者を登用して身近に置くために、城下町に移住させようとしたものなのである。なお、移住を怠って盛親を怒らせた奉行人たちは、その後の活動から見て、最終的には移住に従ったのだろう。

盛親の狙いは、城下に居住して奉行人として働くタイプの家臣と、村に居住して材木役や軍役に奉仕するタイプの家臣を分けることであった。後者は土佐藩で言えば郷士に近い存在ということになる。これは、官僚型の仕事の担い手を必要とする一方で、朝鮮侵略などに参加しなければならないという、豊臣期の新たな動向に対応するための家臣団統制策だったと位置づけることができよう。

大高坂と浦戸の関係

ところで、居城となってから数年で当主父子が浦戸に移住してしまった大高坂は、その後どうなったのだろうか。

元親・盛親父子が完全に浦戸を拠点にしていることは、文禄の役以後盛親が浦戸から多くの文書を発給している一方で大高坂に滞在している様子が無いこと、元親・盛親父子が「両殿様」として一体となって政治を行っていることから明らかである。他にも、検地時点で大高坂に屋敷を持っていた津野親忠が、浦戸移転後は浦戸の屋敷と自領とを往復していたから、大高坂に屋敷を持っていた一族・重臣たちが今度は浦戸に新たな屋敷を与えられていたことが確かめられる（「土佐国蠧簡集」五七四号）。ただ、浦戸城下は大高坂城下よりも明らかに狭い。後に土佐国主となった山内家の場合は、家臣が浦戸城下に住みきれずに近隣の村に住むほどであった（「秋霜随筆」『山内家史料　一豊公記』四八二頁）。大高坂の機能が浦戸にすべて移転できたのか疑問が生じるのである。

そこで居城移転後の大高坂の様子を見ると、蓮池町・山田市など、他地域から移転してきた新市が文禄年間に整備されていた（「土佐国蠧簡集」八七三号）。そして山田市・新市・朝倉市・蓮池市という大高坂城下の新市には、慶長の役直前の段階で久武親直や豊永藤五郎など三家老・三奉行クラスの重臣が代官・目代に任じられていたのである（「土佐国蠧簡集」六五九号）。つまり、浦戸城下町の整備と並行して、大高坂城下でも市の整備が進んでいたと見なければならない。

この事実を重視した市村高男氏は、長宗我部家は朝鮮侵略が終わった後に浦戸城から大高坂城へ戻るつもりだったのではないかと指摘した（市村高男「戦国の群雄と土佐国」）。さらに目良裕昭氏は、「土佐物語」の洪水記事や潮江新田の堤防工事と関連して、大高坂新市・朝倉市もともに大高坂城下の東寄りの地域（国沢）に移転する大規模な整備を行っていたのではないかと指摘している（目良裕昭「戦国末～豊臣期土佐国における城下町の形成と展開」）。

元親・盛親が直接意図を述べた史料は存在しないものの、右の研究が指摘するように、大高坂城とその城下が浦戸と並ぶ重要な拠点とされていたことは確かだろう。ただし、慶長の役が終わったのちも居城が大高坂に戻ることはなかった。元親の死など様々な要因が考えられるが、今は不明とせざるをえない。構想としてはともかく、実態として長宗我部家の居城は浦戸城であり続けたのである。

3　分国法と統治機構

「長宗我部氏掟書」

戦国大名は、自分の領内の法全体の基礎として分国法を制定した（ただし実際には制定していない大名の方が多い）。長宗我部元親・盛親父子もまた、慶長の役直前に「長宗我部氏掟書」あるいは「長宗我部元親百箇条」と呼ばれる分国法を制定していた。この法は、地検帳と並ぶ重要な史料であり、その内容から判明することは数多い。

「長宗我部氏掟書」の制定年は伝本によって異なっており、文禄四年（一五九五）二月・文禄五年（一五九六）一一月・慶長二年（一五九七）三月の三種類がある。文禄四年説は疑問があり排除するとして、残りの二つの日付に関しては、文禄五年に九九箇条で制定したのち、一箇条を追加して慶長二年に完成したのではないかと見られている（百瀬今朝雄「解題」『中世法制史料集　第三巻　武家家法一』）。

先述のように、文禄五年にしろ慶長二年にしろ、慶長の役で朝鮮に渡海することが決まった段階での制定である。したがってこの法の制定は朝鮮侵略が大きな契機となったと見なければならない。たとえば第三三～三六条で、夫が留守の際に妻が男性の芸能者や僧を家に入れたり物詣に行ったりすることを禁じているのは、男たちが朝鮮に出陣することを想定した条文であった（菅原正子「戦国大名の密懐法と夫婦」）。文禄の役の際に、留守中のトラブルが多く起きていたのかもしれない。

ただし、すべての条文が朝鮮侵略を前提としているわけではない。たとえば第二五条は我慢せずに喧嘩に及んだ場合に両者を成敗すると決めた、いわゆる喧嘩両成敗法であるが、この内容は他の分国法にもよく見られるものである。第一五条で訴訟を女房衆が取り次ぐことを禁じているのも、当主が在国している場合を想定したものであろう。

「長宗我部氏掟書」の第一・二条は、神社の祭礼を絶やさぬように、寺院の勤めを果たすように、といった内容である。これは、鎌倉幕府が制定した「御成敗式目」の第一・二条が神社・寺院関連になっていることを模倣したものであり、長宗我部家以外にも多くの大名が分国法の冒頭に類似の条文を配していた。さらに元親・盛親父子は、法の最後に「右の条々は、国中で今後の模範となるものとして定めたので、身分の高低にかかわらず守ること」と述べており、長宗我部家の領国支配の基軸となっていく法として位置づけていたことは明らかである。

したがって、長く使い続けるつもりで作った分国法だが、慶長の役への出陣が制定の契機となっていたため、内容にその当時の課題が色濃く反映されるものとなった、というのがこの法の評価となろう。

「長宗我部氏掟書」の特徴

「長宗我部氏掟書」の条文はバラエティに富んでおり、一つひとつを紹介していると紙幅がいくらあっても足りない。そこで分国法としての特徴に焦点を当てて見ていこうと思う。

まず、豊臣政権下の大名としての特徴が表れた条文を見てみよう。第三条には、「公儀のことについては命令し次第に勤めること」という規定がある。この公儀とは豊臣政権の命令を指す可能性が高い。寺社規定の次という、この法の実質的始まりの部分にあたる位置にこの規定を持ってきたことは、長宗我部家が豊臣政権を意識していたことを如実に示すと言えよう。また、第四条には菊・桐紋の使用を禁止する条文が見え、これも豊臣政権との関係による規定である。さらに第五条では「政権からの上使が下ってきた時の馳走には精魂を尽くすように」、第九三条では「下馬の礼は上下によらず停止する」としながらも「ただし政権からの上使・下代がお通りの時は下馬せよ」と規定しており、豊臣政権への従属の姿勢がかなり強い。

次に軍役に関係するものを見ておこう。第七条では家臣たちに決められた軍役に従って武具の備えを怠らないことを規定するとともに、他の家臣より抜きん出ている者には加増するとしている。同様に、三町以上の知行高を持つ家臣は馬の鞍皆具《くらかいぐ》（鞍橋《くらぼね》、鐙《あぶみ》、轡《くつわ》、手綱《たづな》、鞦《しりがい》、腹帯《はるび》など）を持つことを規定し、それ以下の知行でも用意すれば褒美を加えるとする（第二四条）。ちなみに文禄三年（一五九四）の段階では五町以上の家臣に馬・馬具の用意を命じているから、二年の間に基準が厳しくなっていたようだ（「土佐国蠹簡集」五九一号）。

家臣が知行高に応じて軍役を負担するのはすべての大名に共通した構造である。長宗我部家臣の中には「知行地が荒れ地になってしまったから負担を下げてほしい」と申請する家臣もいたのだろう、第四九条では「検地のあとに荒れ地になったと言ってきても認めない」と決めている。そして軍役以外の給役（知行役）、材木伐採や普請（工事）については、「遅れた場合は倍の負担とする」と規定し、家臣にしっかりと負担させようとしていた（第一七条）。

ただし一方で、第一九〜二二条は、給役（知行役・軍役）を勤められない家臣に対して、給役を減免するための規定となっている。こうした減免規定が盛り込まれているのは、実際に軍役などを果たせずに困窮する家臣が多かったからであろう。その原因は豊臣政権下での国外遠征にある。長宗我部家が独立した大名だった時よりも戦争が長期化したことによって、家臣の疲弊が深刻になっていたのである。家臣の台所事情に配慮して救済しながらも、戦争に動員する人数はしっかり確保しなければならないという苦労が滲み出た条文と言える。「長宗我部氏掟書」の時期の戦争といえばやはり朝鮮侵略であり、給役減免規定が充実していること自体、朝鮮侵略の影響を受けたこの分国法の特徴と言える。

「長宗我部氏掟書」と家臣統制

続けて、軍役以外で家臣に関わる条文を見ていこう。

「長宗我部氏掟書」では、家臣の動きを制限する項目が多く見られる。たとえば「家督を譲る際にはたとえ実子であっても大名に申請して許可を得るように」(第八二条)、「武士の縁談は大名に申請せずにしてはいけない」(第八五条)、「勝手に花押を変更してはいけない」(第九六条)、「苗字・通称・実名を変えてはいけない」(第九七条)などである。逆に言えばこうしたことが元親・盛親の知らないうちに起きてしまう状況が従来はあったということだが、それを改め、家臣をしっかり管理・統制していこうという志向が豊臣政権期に強くなっていたことが読み取れる。

第八条の付則では、奉公の間に、学問・芸能を心がけるよう命じている。長男信親の教育のときにも触れたように、元親は家臣に対しても教育を奨励していた。武士は腕っぷしだけではなく、教養を身につけていなければならないと考えていたのだろう。

また、これは長宗我部家に限らないが、喧嘩に神経を尖らせていたことは先に触れた喧嘩両成敗法に明らかである。この他に、「いかなる理由があっても同僚を傷つけることがあれば成敗する」(第二七条)、「理由もなく人を殺害すれば死罪とし、罪は怪我の軽重によって判断する。親類を成敗した場合は事情を尋ねて判断する」(第二八条)、「人を斬って逃げた者は磔とする」(第二九条)、「狩山や普請の場で意味も無く人を討てば即座に成敗する」(第三〇条)など、家臣や領民の間の暴力沙汰にかかわる規定が多く見られる。戦国時代の荒々しい気風がなかなか払拭されていなかった様子がうかがえるのではないだろうか。

ところで、長宗我部家と法と言えば、元親が禁酒令を出しておきながらひそかに酒を飲んでいたので、家臣の福留隼人が樽をたたき割って諫言し、反省した元親が禁酒令を乱酒禁止へと緩和した、という「土佐物語」のエピソードが知られている。これに関して、「長宗我部氏掟書」第三二条では「上の者も下の者も大酒を禁止する。酔った上での罪は、軽い者は罰金三貫、重い者は成敗とし、人を傷つけた者は斬首とする」という規定がある。この第三二条は飲酒禁止から乱酒禁止への移行という「土佐物語」の説を裏づけるような条文ではあるものの、肝心の飲酒禁止を裏づける一次史料は存在しない。仕事中ならともかく、私生活での禁酒まで元親が強制できたかというとやや疑問が残るため、「土佐物語」のこのエピソードを事実として捉えるには留保が必要である。ただ、今でも高知県は日本一お酒に対する出費が大きい県であり（総務省統計局調べ）、元親やその家臣たちの土佐人らしさをうかがわせる話ではあろう。

奉行人機構の整備

元親・盛親は、「長宗我部氏掟書」第一一条で、「土佐国内の七郡は三人奉行の命令に従うように」と規定した。この規定からすると三人奉行は長宗我部家の奉行人機構のトップに立つ人物たちということになる。かつては久武・桑名・中内の三家老がこれに該当するとされてきたが、そうではなく豊永藤五郎・久万次郎兵衛・山内三郎右衛門の三人であることが津野倫明氏によって明らかにされている（津野倫明「豊臣期における長宗我部氏の領国支配」、平井上総「豊臣期長宗我部氏における権力構造の変容」）。

この三人奉行のメンバーは豊臣期以前の史料にはあまり見られないから、豊臣期になってから奉行人としての能力を見込んで抜擢されたものと見られる。彼らは長宗我部元親・盛親父子の側近として取次を務め、国内の奉行人たちから上申を受けたり命令をしたりするほか、訴訟の裁許にも関わる立場にあった。三人奉行制の成立は、彼らの文書発給の様子から見て、「長宗我部氏掟書」の制定の直前頃だろう。

長宗我部家の奉行人は三人奉行だけではない。地検帳などを管理する御地帳幷諸帳奉行（三人奉行が兼任）のほか、金銀銭奉行や素麵奉行など様々な者がおり、やはり慶長の役直前に作成されたのではないかと見られる「秦氏政事記」という史料に多く登録されている（「土佐国蠧簡集」六五九号）。その中には、先述した文禄四年（一五九五）の浦戸城下移住を命じられた家臣もいるから、文禄年間に奉行人機構が大きく整備されていったと言えるだろう。これは、実務能力に重きを置き、当主を中心とした体制を作っていこうとする、元親・盛親父子の構造改革が進んでいたことを物語っている。

以上の奉行人の中には、土佐国の中央の五郡（香美・長岡・土佐・吾川・高岡）のみを担当する者も多い。では、土佐の七つの郡のうち東端と西端に位置する安芸郡と幡多郡はどうなっていたのか。この両郡は大高坂や浦戸から見てかなり遠方であり、特に幡多はかつて土佐一条家領だったという政治的事情もあって、統治が中央の五郡に比べて難しくなることが予想された。そこで元親は、安芸郡には岩神泰貞、幡多郡には谷忠澄を担当の奉行（「番頭」とも）として任命し、彼らのもとで働く各種奉行も中央五郡とは別に任命した。これによって、両郡に密着した統治を行わせようとしたのである。

なお、幡多郡の最重要拠点である中村城の城代は家老の桑名吉成であるが、同郡の奉行への吉成の関与は見出せない。中村城代の職掌と担当奉行の職掌を分割することで、中央の奉行との連携を円滑にしようとしたものと思われる。

ただし、この安芸郡・幡多郡の奉行の職掌のうち、坪付状の発給に関しては、慶長三年（一五九八）一〇月から中央の三人奉行のもとに移管されている。これも三人奉行のもとに権限を集めようとする施策であった。

久武親直と留守居制

豊臣政権期の長宗我部家臣といえば、三家老の一人である久武親直が有名である。それは、長宗我部元親や盛親にしきりに讒言する佞臣として軍記物に描かれているからである。だが、そこには彼に長宗我部家改易の責任を押しつけようとする後世の視点が加わっている。そこで、一次史料から親直の働きを見てみよう（以下、平井上総「豊臣期長宗我部氏における権力構造の変容」）。

久武親直は伊予国軍代の任を兄から引き継いでいたが、豊臣政権に降伏した後は軍事面ではなく、主に内政面での働きが見られる。すなわち、滝本寺非有や、豊永藤五郎と連署して、国政に関わる文書を多く発給しているのである。同じく三家老であった中村城代の桑名吉成がこうした文書の発給に携わっていないことからすると、たしかに親直は政権の中枢に近い位置にいたと言える。

ところで、長宗我部領国の奉行人は三人奉行が統制したと先に記したが、久武親直らはこれとどう関わっていたのだろうか。そこで参考となるのが、親直らが文書を発給する時期である。彼らが発給した文書の日付をよく見ると、元親・盛親父子が土佐にいない場合がほとんどである。そしてその発給文書の内容は、元親・盛親父子が行う命令を代行している場合が多く、三人奉行に命令を伝えて実施させている事例もある。つまり、親直と非有と藤五郎の三名は、当主不在時の留守居として行政機構に命令していたのである。

では、久武親直は長宗我部家臣団のトップだったと言えるのだろうか。この留守居制のうち、親直以外のメンバーを見ると、元親の信が厚く盛親の補佐役を務めている僧侶の滝本寺非有と、三人奉行の一人である豊永藤五郎となる。親直は家老として地位は高いものの、実際の運用面ではこの三人がセットとなって動くのが留守居制の基本である以上、彼のみで長宗我部家を動かすことはできない。現存する文書から見れば、盛親在国時にも補佐している非有の方がより当主に近い位置で活躍していたと言える。親直だけが悪目立ちしている軍記物の描き方は、やはり偏った視点に基づいているのである。

親直がどのような人物であったのか、軍記物の視点を排除して考えたいものの、なかなか評価が難しい、というのが現状と言えよう。彼に限らず、長宗我部家臣個々の検討はまだまだ進める余地が残っており、今後の課題である。

庄屋制の開始

村の支配についても触れておこう（以下、平井上総「土佐国における庄屋制の成立」）。「長宗我部氏掟書」第一一条には、「村々に庄屋を定めたので、三人奉行が触れ渡すことを怠らないように」とあり、村役人としての庄屋制が成立していたことが明らかである。この単語は文禄三年（一五九四）までの史料には見られないことから、文禄四年（一五九五）に成立したものと見られる。庄屋制導入以前は、「使」や「小使」、名主、寺院など様々な存在が村役人に類する役割を果たしてきたのだが、長宗我部家では文禄四年に改めてこうした存在を庄屋制として一元的に把握し、支配機構の中で明確な位置づけを与えたのである。なお、沿岸部で水運に関わる庄屋は特に「刀《と》禰《ね》」という名称が与えられ、区別されていた。

庄屋の最も基本的な職務は、自分の担当する村の年貢収納である。庄屋には庄屋給が与えられる代わりに各種の仕事を遂行するよう求められており、年貢収納に関しては村の田畠が荒れてしまった場合に代償を支払わされたり、年貢が払えなかったときに罰せられたりといった罰則も設けられていた。その他の職務としては、他国から不審な者が出入りしないか監視したり、盗賊を逮捕したりといった治安維持も庄屋の役割であった。さらに、村の井戸や道路の整備についても庄屋の責任で維持・管理することが求められた。

こうした庄屋に課せられた職務を見ると、長宗我部家が重責を押しつけているように映るかもしれない。だが、中世後期の村は、治安維持や生業のための田畠・井戸の維持を、権力側からの援助を特に必要とする場合以外、自分たちで行うのが普通であった。長宗我部家の庄屋規定は、そうした村の自力による村落維持を明文化するとともに、責任者を設ける作業であったとも言える。

長宗我部領国内の村には、百姓のみならず家臣たちも住んでいる。長宗我部家では、出陣などの際の在村家臣たちへの連絡役を、庄屋に委ねていた。さらに、村の中の給地の売買の把握や、家臣に対する土地の打ち渡しなどの役割が庄屋に求められていた様子がいくつかの文書から分かる。このように、長宗我部領内の庄屋は、百姓に対する支配のみならず、在村家臣に対する支配にも大きな役割を求められていたのである。

なお、庄屋は村の代表者であるため、村人の説得などの役割を求められることもあった。たとえば慶長三年（一五九八）、元親・盛親父子が幡多郡の上山庄屋に、「検地の際の計算ミスについて、年貢の優遇措置を行うことにしたので、村人達が堪忍するようによく言い聞かせるように」と命令している（「土佐国蠹簡集」六七三号）。庄屋は、権力側の要求に応えられる人物であるほかに、村人からの信任を得られるような人物でもなければならなかったのである。

宗教政策

宗教に対する政策についても見ておこう。

長宗我部家が代々吸江庵の寺奉行を務めてきたこと、元親が土佐神社の再興に力を尽くしたこと、信親がキリスト教に興味を示していたことなどは各所で説明してきた。また、神社・寺院の再興に多く関与していたことが棟札に見えるし、「長宗我部氏掟書」では神社・寺院の保護も規定していた（ただし前述のように「御成敗式目」を模倣した規定）。豊臣期は秀吉の方針もあって寺や神社の所領が削減されることが多かったが、元親・盛親は後の土佐藩ほどの大々的な寺社領削減はしていないようである。

豊臣期に、国分寺・瑞応寺で千部経が開始された。その事情について「土佐物語」は、慶長元年、朝鮮への再出兵が決まった元親は、家臣に「戦場で忠死した者をはじめ、一族の者たちの追善のために。毎年諸宗の寺々に命じて、二、三夜の法事を行ってきたが、豊後出陣以後止まっていた。その後国分寺・瑞応寺で千部経を供養したが、朝鮮の出陣にまぎれ、怠ってきた。私がたとえ異国で死んだとしても、おまえたちは自分のためにも、一〇月初旬に法華経千部経の供養をするように」と命じた。家臣たちは相談し、国分寺で毎年一〇月六〜一二日までを眞読の日とし、国中からの出僧の法を定めた。

と説明している。これによれば以前から国内の寺僧を集めて行う千部経が何度か断絶しながら行われていたようで、これに対応するように天正総検地時の長岡郡江村郷地検帳に千部経田が存在していたことが指摘されている（「土佐国記事略編年」）。「土佐物語」によれば、国分寺（長宗我部国親・元親が金堂を再建）と瑞応寺（国親が建立）で行われるようになったのは戸次川の戦いの後という。それに対応するものと見られる岩村蔵福寺の僧楽音房の書状では、この千部経を「一大事の御公儀役」としており、元親が千部経の実施にかなり積極的だった様子が見られる（「土佐国蠹簡集脱漏」一二一号）。

慶長二年（一五九七）の千部経の出僧リストによると、寺院は東は安芸郡から西は幡多郡まで、家臣では一族・国人・重臣らが名を連ねている（「千部経始末覚」）。このように元親・盛親は千部経を通して国内の多くの寺院に出僧を強制していたのであり、本来の目的とは外れるものの、結果として国内の寺院統制を強化することになっただろう。

第六章　長宗我部家の落日

1　元親の死と新当主盛親

長宗我部元親・盛親父子は、慶長の役から帰ってきたのち、伏見へ上った。豊臣政権は秀吉の死後、幼い豊臣秀頼が当主となり、五大老・五奉行が共同で執政する体制へと移行していた。そこから徳川家康が他の大老・奉行を押さえて政権の実権を握っていき、最終的に関ヶ原合戦へと至るのである。

津野親忠の幽閉

慶長三年（一五九八）の一一月二四日、相国寺の鹿苑僧録《ろくおんそうろく》をつとめる西笑承兌《さいしょうじょうたい》が元親の屋敷を訪れた。翌日元親が西笑に丁寧な礼状を送ったところ、「明朝、家康があなたのところにいらっしゃるようなので、私も参ります」という返信が来た（「西笑和尚文案」一二〇号）。そして二六日、家康は実際に元親の屋敷を訪れている（「言経卿記」同日条）。この前後で家康は織田信包・増田長盛・新庄直《しんじょうなお》頼《より》・島津義久・細川藤孝など様々な大名の屋敷を訪れている。長宗我部家のことも自分の支持者として引き入れようとしていたのだろう。ただ残念ながら元親・盛親と家康がどのような会話をしたのかは分からない。

その後元親・盛親父子は土佐に帰国した。そして年が明けた慶長四年（一五九九）、元親が津野親忠を幽閉する事件が起こる。親忠は前述のように元親の三男（盛親の兄）であり、長宗我部家の新当主の座をめぐる盛親のライバルであった。津野家の系図によると、親忠は長宗我部家の後継者が自分ではなく弟になったことを不服に思い、京都に逃れようと企んで吉田重年に諫められていた。元親はその話を聞いて激怒し、親忠を香美郡岩村に移して津野家の家臣を東西に分割したのだという（「土佐国蠹簡集」一一二八号）。

一次史料を見ていくと、同年二月三日に三人奉行らが岩村の替地を宛がっているから、この時点で親忠が岩村に移されることが決まっていたこと、事件がこの年正月に起きたことがうかがわれる。そして閏三月には三人奉行が津野家臣たちに安芸郡の土地を宛がっており、慶長五年（一六〇〇）には津野領での土地宛行も三人奉行によって行われている。これらの事実から見て、親忠が岩村に移されたのと同時に、津野家の高岡郡の領地は没収されて津野家臣の領地も安芸郡・香美郡に移されたようであり、家臣団も長宗我部家の家臣へと編入させられた者が多かったらしい。この事件によって、独立した国人として勢力を誇っていた津野家の権力は解体されることになったのである（平井上総「戦国～豊臣期における長宗我部氏の一族」）。

この事件のきっかけが系図の通りであるかは定かではない。ただ、元親が死ぬ数カ月前の出来事であることから見て、親忠が後継者問題を再燃させてしまう事態を元親は予防したかったのではないかと考えられる。さらに、かつて滅ぼした吉良親実と同様に津野親忠も有力な国人領主であることから、その国人家としての勢力を消滅させることが長宗我部家の安泰に繋がるとも考えたのだろう。したがってこれもまた、後継者をめぐる問題であると同時に、権力構造の改革と言うべき事件であった。

元親の死去

慶長四年（一五九九）五月一九日に、長宗我部元親は伏見の屋敷で病死する。「竹心遺書」（「桑名弥次兵衛一代記」）によると、元親は一〇日に新当主盛親への遺言を、家臣立石助兵衛・中内兵庫・町又五郎・豊永藤五郎に残した。それは「私が死んだのち、長宗我部家にどのような戦争の機会があろうとも、先手は桑名吉成、中備えは久武親直、後備えは宿毛甚左衛門に任せるように」という内容だったという。桑名吉成は三家老で幡多郡中村城の城代であり、久武親直は三家老で滝本寺非有や三人奉行とともに国政に活躍した。宿毛甚左衛門は長宗我部一族で幡多郡宿毛城の城代である。豊臣政権の内部争いによる内乱を見越して、盛親が出陣することになった場合は最上級かつ経験豊富な家臣に補佐させる体制を作ったのだろう。

一次史料には元親の最期を記したものは見られない。土佐国内向けの文書だと四月朔日に常通寺に宛てて盛親とともに連署したものが元親の最後の発給文書である（「土佐国蠹簡集」七〇八号）。それ以外では、死の八日前である五月一一日に、各大名が連署して五奉行（石田三成を除く）に宛てて発給した「ご禁制の条々」（博奕禁止などを規定）の写に、「土佐侍従」の署名が見られる（「旧記雑録」後編三、七四一号)。「竹心遺書」とこの条々を両方信じるとすると、元親は遺言を残した翌日に他大名とともに条々に連署し、一週間後に病死したことになってしまうから、遺言の日程などどこかに誤りがあるのではないか。ただしこの条々は写なので花押などは確認できない。盛親が代わりに署名した可能性もある。

翌月、盛親は父元親の肖像画を作成し、東福寺や南禅寺の住職を歴任し豊臣政権の外交僧ともなっていた惟杏永哲《いきょうえいてつ》に画像讃の執筆を依頼した。この画像は秦神社に伝来しており、現在最も知られる元親像となっている(本書表紙。『長宗我部元親・盛親の栄光と挫折』七二号)。画像讃の文面を抜粋して現代語訳すると次のようになろうか。

元親は生まれつき容姿にすぐれ、聡明で、なごやかであり、一門や弟子は喜びが津々浦々に満ちていた。(中略)孝子(盛親)が肖像画を作り、讃を私に求めたので、やむをえず許した。(元親は)君を愛し国を愛し、智は人にゆきわたり、武勇の名は南土の浜に高い。(後略)

遺族の依頼によって故人を讃えるものであるため美辞麗句が並んでいるものの、前半部分の評価は以前紹介した「口数が少なくにこやか」という元親の性格に合っている。おそらく元親の性格について盛親側から素案が出され、それに沿った文面を作ったのだろう。家族から見ても、元親は穏やかな人物として一生を送ったようである。

元親の墓地

元親の法名は雪蹊恕三で、これは妻の法名水心理因とともに、天正三年（一五七五）に天龍寺の僧策彦周良につけてもらったものである（「土佐国古文叢」七二二・七二三号）。菩提寺は浦戸の近くの長浜村にある雪蹊寺《せっけいじ》である。この寺はもともと慶雲寺といったが、元親の法名にちなんで名を改められた。

ところが、元親の墓は菩提寺の雪蹊寺ではなく、同じ長浜の天甫寺山《てんぽじやま》にあるとされてきた。そして、雪蹊寺には長男の信親の墓があるというのである。ちなみに信親の法名は天甫常舜であり、どう考えても元親と信親の墓の場所は父子で逆の方が自然である。この矛盾は江戸時代から指摘されてきたが、天甫寺山の墓に「慶長四天七月八日、前羽林太守従四位下行雪蹊恕三大禅定門護持大施主敬白」と、元親の法名が墓碑銘として刻まれていることから、矛盾のまま受け入れられてきたのである。

長宗我部元親墓碑（高知市長浜天甫寺山）
（高知市教育委員会提供）

ところで、天甫寺山の墓の墓碑銘を見ると、元親の位階が「従四位下」とある。だが、先に紹介した元親画像讃では「贈正五位」であり、作成日が一カ月しか違わないにもかかわらず位階に相違が見られる。盛親が提供した情報に基づいている画像讃の記載内容に疑いの余地が無い以上、墓碑銘は

長宗我部一族の墓

香川五郎次郎の墓

誤った位階を掲載していると判断せざるをえないのである。

江戸時代に「土佐国蠹簡集」を編纂した奥宮正明が、元親・信親の墓の矛盾を指摘する中で、天甫寺山の墓碑銘について「万治年間に土佐藩家臣の寺村勝孝が刻み込んだものである」と記している（「土佐国蠹簡集」二二二号）。下村效氏は、この奥宮の記述と、墓碑銘の誤りをもとに、本来無銘であった天甫寺山の墓に江戸時代になってから寺村勝孝が碑文を追加したものと指摘し、墓碑銘はこの墓を元親のものと判断する根拠とはならないと指摘した（下村效「長宗我部元親墓碑再考」）。

以上によって、元親・信親の墓は入れ替わって覚えられてきた可能性が高くなった。こうなってしまった理由について下村氏は、長宗我部家が土佐を失ったのち、残された家臣が元親を弔おうとしたが、新国主である山内家の前で堂々と前国主を弔うことは憚られたため、雪蹊寺にある墓は長男信親のものであると偽ったのではないか、と推測している。

余談だが、岡豊城のある岡豊山の中腹あたりには長宗我部一族の墓とされる五輪塔群があり、付近には香川五郎次郎の墓もある。これらには墓碑銘も無く、検証は難しいのが現状である。

盛親の家督継承

長宗我部元親の死により、前々から若殿様として二頭政治を行ってきた盛親が、一人で長宗我部家の当主になることになった。

盛親の性格は、父とは正反対だったようだ。というのも、文禄四年（一五九五）の浦戸城下への移住命令など「即時成敗する」という言葉を用いる文書が複数あり、蓮池市・山田市の移設命令でも「古屋敷に残っているものは明日成敗する」と記していて、随分と短気な印象が文書から伝わってくるからである。ただ、豊臣政権が求める当主中心の集権的体制を実現するには、命令を聞かない家臣に対して強い態度を示さねばならなかっただろう。その頃はまだ二〇歳そこそこだったということもある。この点で盛親を低く評価しすぎるのは、いささか酷である。

盛親の長宗我部家継承に関して、津野倫明氏は近年、豊臣政権が盛親を後継者として認めていなかったとする説を提唱している（津野倫明「長宗我部盛親の家督相続」）。その理由は、盛親が家を継いでも「右衛門太郎」を名乗り続けたことにある。元親が侍従の官職をもらって「羽柴土佐侍従」と呼ばれていたように、豊臣政権下の大名は任官するのが原則であった。島津義弘・忠恒父子は、父親が生存中でも、跡継ぎが成長したため官職が与えられていた。とすると、盛親が官職を名乗っていないのは、政権に認められていなかったからではないか、というのが津野氏の説の骨子になる。

しかし、元親の死後、認知していない者が土佐国を支配し続ける状況を政権が放置していたというのは奇異であろう。認知されなかった理由を、盛親の性格が原因ではないかとも推測しているが、これも根拠に乏しい。

豊臣政権が盛親をどう見ていたのか、参考となる文書がいくつかある。たとえば文禄四年（一五九五）の動員命令では「羽柴土佐侍従父子」とあり、盛親は父とともに出陣を命じられている（「旧記雑録」後編二、一四四八号）。また、慶長三年（一五九八）の秀吉朱印状では、盛親は父の「土佐侍従」と並んで「同侍従」と表記されている（『大日本古文書　浅野家文書』二五五号）。盛親が侍従に任官した証拠は無く、秀吉の右筆の誤記の可能性が高いが、政権側が盛親を父と並ぶ存在とみなして命令していることが重要である。さらに吉川広家《ひろいえ》が盛親を「土佐侍従」と呼んだり、井伊直政が「土佐守」と呼んだりと、この手の事例は案外見られるのである（『大日本古文書　吉川家文書』九一三号、「水戸鈴木家文書」五号）。

なお、慶長五年（一六〇〇）四月一九日には、徳川家康が参内する際に、宇喜多秀家・小早川秀秋・池田輝政らと並んで盛親も同伴し、天盃を授かっている（「言経卿記」「時慶記」）。

これらは、豊臣政権や他の大名たちが、盛親を長宗我部家の後継者、あるいは土佐の支配者として認識していたことを示す事例と言えるだろう。やはり盛親は、任官していなくとも、正当な後継者として豊臣政権に認められていたと考えるべきである。

2　関ヶ原の戦い

長宗我部盛親が当主となった翌年である慶長五年（一六〇〇）九月一五日、東軍の徳川家康と、西軍の石田三成によって、豊臣政権を二分する関ヶ原の戦いが起きた。その戦いで盛親は、敗北する西軍につくのである。

西軍か東軍か

盛親が西軍側につく経緯としては、「土佐物語」に記された次の逸話が有名である。

盛親が土佐にいたところ、石田三成らから徳川家康の退治を命じる奉書が来た。盛親は「秀頼公はまだ八歳であり、家康を滅ぼせと言うはずがない。奉行の私情によるものだろう。どう対応するべきか」と家老から意見を徴収したところ、議論がまとまらなかった。そこで盛親は「父元親は昔から家康とは昵懇の関係であった。家康側につこう」と言い、十市新右衛門・町三郎左衛門を使者として関東に遣わした。ところが使者たちは西軍側の長束正家《なつかまさいえ》が設けた関所を通過することができず、むなしく戻ってきた。家康に味方しようと思って大坂に到着した盛親は使者の派遣失敗を知り、「この上はしかたない。ただ運に任せよう」と言って石田三成側に味方することにした。

東軍側につこうとした盛親が、使者の派遣を失敗したことで西軍側につき、国を失うというストーリーである。
この話は事実であろうか。「土佐物語」はこの直後に、山内一豊の使者が関を通過した逸話を紹介し、「西軍側にいながら密かに関東に使者を派遣した者は多かったが、関所を通れぬものは一人もいなかった。しかし十市・町が関を恐れて帰ってきたのは、家運の末であろう」と続けている。つまり先の逸話は、関を通過できなかった長宗我部家が土佐を失い、逆に関を通過できた山内家が土佐を得ることになるという、対照的な出来事として描かれているのである。

この話はどうもよくできすぎている。実態としては、山内家側の密使の話が先にあり、それを印象づけるために長宗我部家側の話が付け加えられていったのではないか。この逸話に関しては山本大氏も、「盛親と増田長盛の関係を考えれば、真偽のほどは疑わしい」と否定的見解を示している（山本大『長宗我部元親』）。次に記す盛親の動向から見ても、彼は大坂到着前から、毛利輝元や宇喜多秀家、増田長盛が参加する西軍側につくつもりだったのではないかと思われる。

「秀頼様へご馳走の儀」

西軍側に付くことになる長宗我部盛親は、実際はどのような動きを示したのだろうか。大老毛利輝元が大坂に到着したことを受けて、西軍側の長束正家・増田長盛・前田《まえだ》玄《げん》以《い》の三奉行が、諸国の大名に徳川家康の逸脱行為を非難し、豊臣秀頼への忠節を求める連署状を出したのは七月一七日である。

「土佐物語」は、盛親が伏見城攻めに参加したと記す。七月二〇日に大坂を出て伏見を包囲したというのだが、当時土佐にいた長宗我部勢が一七日付の連署状を受け取って二〇日までに大坂に到着し、伏見へ出陣するのは不可能である。実際の盛親の行動をうかがえる文書として、八月八日付で、盛親が炮録火矢の筒や番筒の用意を鍛冶奉行に命じたものがある（「土佐国蠹簡集拾遺」二三九号）。ここで盛親は「甲浦より」と署名しているから、伏見城が落城した八月朔日段階ではまだ浦戸にいたことが明らかである。二〇日頃に連署状を受け取り、どちらかに付くか判断したのち、出陣準備を整えるのに日にちを費やしたのだろう。

西軍に参加した長宗我部勢について、島津義弘が、国許に送ったいくつかの書状で興味深い記述をしている（「旧記雑録」後編三、一一五九・一一六〇・一一六七号）。一つは「長宗我部殿の軍勢は、二千人の軍役でしたが、忠節を尽くすとおっしゃって、五千人を召し連れて上ってこられました」というもので、もう一つは「長宗我部殿は人数五千人、鉄砲千五百丁を召し連れられました」「秀頼様へご馳走の儀と聞いています」というものである。

義弘によれば、盛親は豊臣秀頼に尽くすため、求められた軍役の二・五倍の兵数を連れてきたという。しかも兵数の約三分の一の鉄砲を持ってきたというのだから、かなり本格的な動員である。このとき島津義弘は、島津勢がなかなか集まらないことに焦って国許に催促しており、そのために数字を過大に表現している可能性はある。ただ、もし盛親の兵数が少なかったとすれば長宗我部家以外の大名の名前を挙げるはずだから、義弘が書いた内容が実態と真逆の嘘ということはないだろう。盛親が軍役以上の人数を連れてきたという点は事実だったのではないか。

義弘はこれを「馳走」「忠節」と表現しており、盛親が秀頼に強い忠誠心を持っていたため西軍側に付くことを選んだと結論づけてしまいそうになる。だが、これは忠誠心という意味での「忠節」というより、大きな人数を連れてきたという実績面での「忠節」「馳走」である。盛親としては、この「忠節」「馳走」によって政権からの評価を確保しようとしたのではないか。

島津義弘が八月二〇日付書状で盛親のことを「近日勢州へ着陣するらしい」と述べているように、長宗我部勢は毛利勢・長束勢・鍋島勢らとともに、八月下旬に伊勢国安濃津《あのつ》城攻めに参加した（「旧記雑録」後編三、一一五九号）。

四国の情勢

盛親が西軍方として渡海している間、留守の土佐はどうなっていたのか。毛利輝元の家臣たちが長宗我部家の留守居滝本寺非有に宛てた八月二〇日付の書状を見てみよう（「曽祢三郎右衛門」『萩藩閥閲録』三、七号）。

伊予国のことについて、詳しくは曽祢景房から連絡があるでしょうが、協力をお願いいたします。盛親様へ申し入れて書状などをもらってくるべきところですが、その点は口頭で申します。こちらから頭分として村上武吉・元吉父子を派遣しますので、心得てお働き下さい。

文面から明らかなように、毛利家では伊予国攻撃に長宗我部家の協力を得ようとしていた。なお、ここに出てくる曽祢家は伊予国の国人であり、かつて長宗我部元親が伊予に進出した際の同盟者である。毛利家では、当主の輝元自身は大坂に出陣していたが、一方で国許に残した家臣たちには四国攻めを命じていた。まず阿波国の蜂須賀家（次期当主の至鎮が東軍側についていた）の領地を接収し、阿波を占領する。そして八月中旬からは、伊予国の東軍側大名の領地をも占領しようとするのである。伊予に渡海した毛利勢は三津浦や如来寺で加藤嘉明の留守居と戦うが、関ヶ原で西軍が敗北したとの報が入ったため、阿波・伊予から撤退した（津野倫明「豊臣政権の『取次』蜂須賀家政」、同「長宗我部権力における非有斎の存在意義」）。

この毛利家の四国攻撃に関して、伊予での毛利勢と加藤勢の戦いを記した『関原軍記大成』を見ても、長宗我部家の留守居勢が伊予に出兵した様子は見られない。長宗我部家は軍役以上の動員をした上でさらに負担を求められたことになるから、非有たちが毛利家からの依頼を断った可能性もあるだろう。

関ヶ原の戦いと撤退

伊勢に向かった盛親は、安濃津城が開城したのち、美濃国の石田三成らと合流し、大垣の西（関ヶ原の東）にある南宮山《なんぐうさん》の東南の栗原山《くりはらやま》に陣を敷いた。九月一〇日頃であったという（「細川忠興軍功記」）。南宮山付近には、毛利秀元・吉川広家・安国寺恵瓊・長束正家など、伊勢に派遣された軍勢がまとまって陣を敷く形となった。盛親は、この布陣のまま関ヶ原の戦い本番へと突入することになるのである（以下、『関原軍記大成』による）。

九月一五日早朝、東軍の軍勢が大垣城を抜けて西へ向かうことを察知した西軍は、関ヶ原に軍勢を展開させて迎え撃つ構えを見せた。そして朝になると両軍の衝突が始まった。戦いの当初は西軍と東軍が拮抗した戦いを繰り広げていたが、途中で西軍側の小早川秀秋勢が東軍側に寝返り、それがきっかけとなって西軍の大敗に終わった。

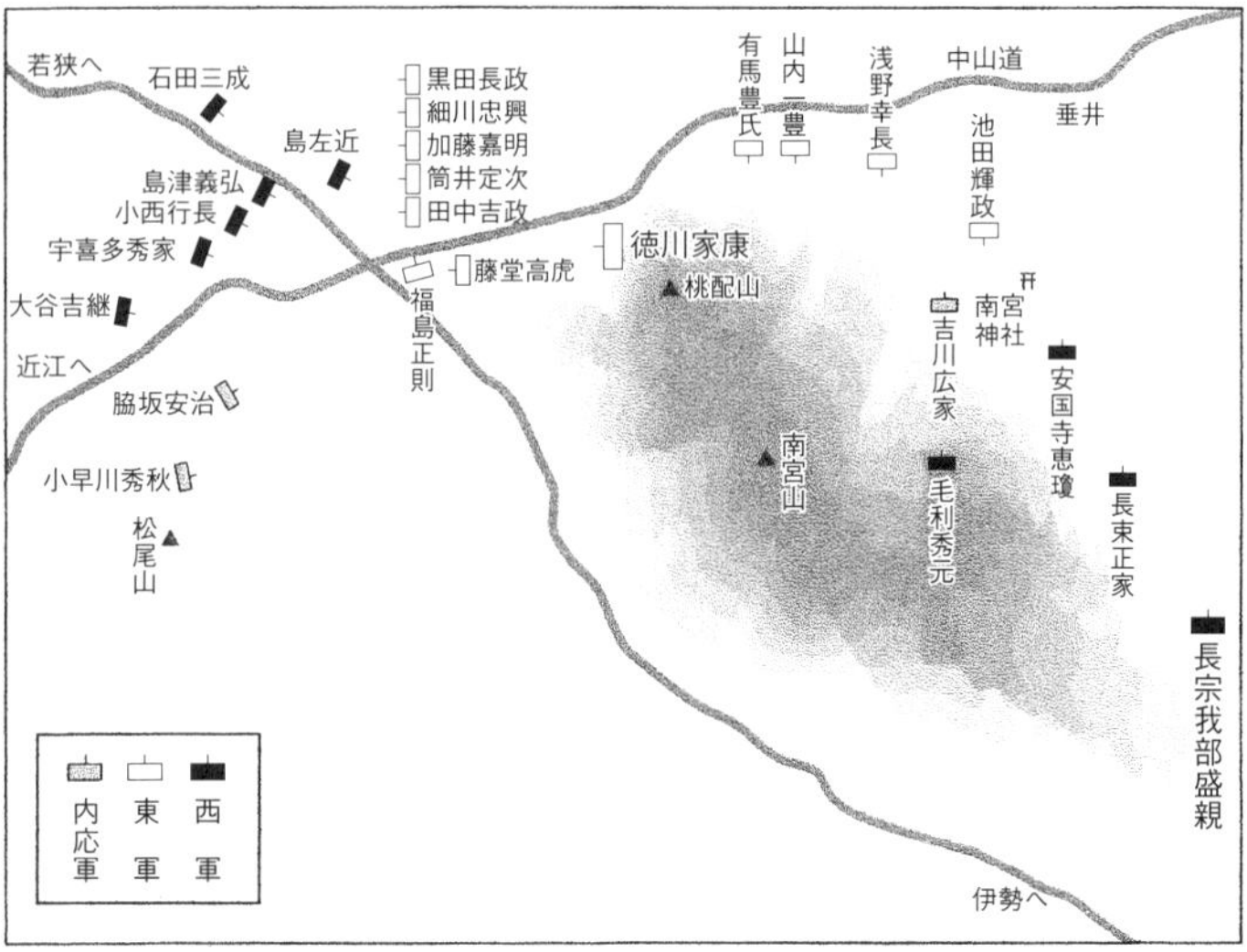

関ヶ原東西両軍配置図
（高知県立歴史民俗資料館編集・発行『長宗我部盛親』より）

長宗我部盛親陣地跡
（岐阜県不破郡垂井町栗原）

この戦いで、長宗我部勢は、何もできなかった。盛親は南宮山の毛利勢とともに東軍を攻撃しようと合図を待っていたが、吉川広家が東軍に内通していて毛利勢の出陣を留めていたため、兵を出すことができなかったのである。小早川秀秋が裏切ったことの他に、毛利勢が動かなかったこともまた、西軍が敗北する大きな要因になった（笠谷和比古『関ヶ原合戦と大坂の陣』）。

＊『関原軍記大成』によると、長宗我部・長束・安国寺が東軍の池田輝政・浅野幸長勢と戦ったとする説もあるという。

合戦に敗北した以上、西軍側の大名は戦場から退却しなければならない。このとき島津義弘の軍勢が敵中突破していったことはよく知られている。長宗我部勢もまた栗原山から伊勢方面へ抜けて撤退した。従軍した福富七郎兵衛（半右衛門）の覚書によると、一揆に襲われて崩れかけたところ、家臣の福良助兵衛や安並玄蕃・廣瀬又兵衛・吉村左近兵衛・福富七郎兵衛らがしんがりを務めて奮戦したため切り抜けることができたという（「福富半右衛門親政法名浄安覚書」）。長宗我部勢は伊勢から大和方面を抜けて大坂城下の屋敷へと戻り、その後土佐へと帰国した。

なお、大坂から土佐に至る道のりについては諸説ある。「土佐物語」によれば、大坂に向かう途上の和泉国貝塚で岸和田城主小出秀政《こいでひでまさ》の軍勢と戦って一蹴したが、大坂にいた毛利輝元が東軍と和睦し石田三成も捕まったと聞いたため、土佐に戻ることにしたとする。一方、「寛永諸家系図伝」の小出家の系図では、長宗我部元親《（ママ）》の兵船二百艘が陸にあがって乱暴していたため、石津浦で小出秀家《ひでいえ》が一戦して元親《（ママ）》の甥を討ち取り、撃退したとする。

この二つの史料の間では、戦った場所といい、戦闘の結果といい、大きな相違が見られる。成立年代は「寛永諸家系図伝」の方が早いが、盛親の名前を元親と誤っているため疑問が残る。ただ、土佐に帰国したのち、盛親が「今度堺の石津で、中山新兵衛が船上で鉄砲の手柄を立てたので褒美を与える」という文書を発給しているから、石津浦で戦いがあったことは確実である（「土佐国蠧簡集」七三八号）。敗軍としての土佐への帰路は険しいものだったのである。

関ヶ原の戦いののち、土佐に帰国した盛親は、結果として土佐国を失い、浪人になることになる。

領国没収への道

盛親が土佐を失う経緯については、「土佐軍記」や「土佐物語」の記述が受け入れられてきた。時系列に沿って箇条書きすると、

(1)盛親は使者を大坂に残し、徳川家康の家臣井伊直政を頼って赦免を嘆願。
(2)兄津野親忠が土佐半国を得るべく藤堂高虎を通して徳川方に交渉している、という家老久武親直の讒言を信じた盛親は、親忠を切腹させる。
(3)赦免嘆願のため大坂に上った盛親に対し、家康は親忠を切腹させたことに激怒。「元親の息子にもこのような愚か者がいるのか」と切腹を命じようとしたが、井伊直政が取りなしたことで助命し、土佐国を没収。土佐国は山内一豊が得ることに。
(4)井伊直政は家臣鈴木重好を土佐に遣わして接収しようとするが、長宗我部家の下級家臣（一領具

足）たちが反発して浦戸城に籠城する浦戸一揆が起きる。
(5)長宗我部家の家老たちが浦戸一揆を鎮圧。盛親は浪人となる。

といった経緯になる。盛親は、佞臣久武親直の言うことに従って兄を殺し長宗我部家を滅ぼした当主として描かれてきたのである。

だが、この説明には疑問がある。徳川家康は関ヶ原の戦いの後でもあくまでも豊臣政権の大老であり、石田三成ら西軍の中心にいた人物は処刑したが、その他の西軍側大名への処分はせいぜい領地没収程度である。兄殺しという道義的理由を根拠に盛親を切腹させるようなことが家康に可能だったとは思えない。藤堂高虎を盛親と対立的立場に置く点も、土佐を失った後の盛親と高虎の関係を考えるとやや疑問である。久武親直を佞臣としてクローズアップするという手法も、吉良親実の切腹のときと同じであり、長宗我部家衰退の原因をすべて彼に収斂させて処理しようとする意図が感じられる。

盛親の土佐帰国から大坂渡海、浦戸一揆までの経緯については一次史料が比較的多く、事情を復元することが可能である。それによって「土佐軍記」や「土佐物語」の説とは違った経緯が見えてくるので、以下に一次史料をもとに説明していきたい（平井上総「関ヶ原合戦と土佐長宗我部氏の改易」）。

盛親の上坂

土佐に戻った盛親がまず行ったことは、防備を固めることであった。山間部には九月二九日付で他国へ通じる道の守りを命じ、一〇月七日付で鉄砲を持つ者に警備にあたらせるよう命じている（「土佐国蠹簡集」七三六号。「土佐国古文叢」一二五〇号）。平野部については一〇月二日付で庄屋に村内在住の家臣を浦戸へ集めるよう命じ、沿岸部では水主の動員を命じた（「土佐国蠹簡集」七三九・七四〇号）。さらに同月一三日には、家臣の浦戸での小屋作りの期限を一五日までと命じ、家臣の妻子は村に置いてくること、村に兵糧が放置されている場合は焼き払うことなども命じている（「土佐国蠹簡集」七四九号）。

これらから見て、一〇月段階での盛親は、東軍との本格的な戦闘が行われることを覚悟して準備にあたっていたと見られる。これは盛親の過剰反応ではなく、たとえば九州では立花宗茂・島津義弘などが近隣の東軍側大名から攻められている。西軍についた大名にとっては、関ヶ原で敗戦してそれですべてが終わったわけではなく、戦争が継続していく可能性の方が高かったのである。

なお、盛親が帰国して防備を固め始めた九月末に、津野親忠が死んだらしい（「土佐国古文叢」一一三四・一一三五号）。問題は死因であるが、ここでは通説通り盛親が切腹を命じたとみておきたい。先に説明したように、親忠は前年に元親によって幽閉されていることから不満を持っていたと考えられ、政情不安に乗じて長宗我部家をゆるがす存在になりかねなかったからである。ただ、親忠が東軍側と交渉して土佐半国を得ようとしたという説については信頼できる史料が無いため採らない。

こうした抵抗の準備を進める一方で、やはり通説通り、徳川家臣の井伊直政を通じた赦免工作も並行して行われていたものと思われる。というのも、盛親が土佐を出て、一一月一二日に大坂に到着しているからである（行藤たけし「古文書への招待――文書の生涯」）。一〇月末まで抗戦準備を進めていた盛親が、何の保障もなくふらふらと東軍の支配下にある大坂に行くはずがない。抗戦準備と並行して和睦交渉を行い、一定の見通しを得た上で土佐を出たのだろう。

ではこの見通しとはどのようなものであったか。盛親が大坂に到着して三日後、盛親の妻を大坂へ引き取るために、井伊直政が家臣鈴木重好を土佐に派遣している（『新修彦根市史』六、史料編近世一、一六号）。これは「他の家の人間を遣わしたら納得しない長宗我部家臣と衝突するのでは」と考えた盛親と直政が相談して決めた人選であり、浦戸城受け取りの使者でもあったから、この時点で土佐没収は盛親の同意の上で決まっていたことになる。さらに言えば、盛親の大坂到着を山内一豊が書状に記していることから、土佐が山内家に与えられることもすでに決まっていたと見ていい。

よって、盛親は土佐を失うことを知りながら上坂した可能性が高い。さらに見ると、後に井伊直政が「土佐守殿（盛親）のご堪忍分」について鈴木重好に語っているから、盛親は「ご堪忍分」＝土佐以外の国で僅かな領地をもらう約束を取り付けていたのだろう（「水戸鈴木家文書」五号）。

簡単に言うと、抗戦準備と和睦交渉の両面作戦を採っていた盛親は、土佐国から他国に減転封されることを前提に、降伏を選んだのである。

浦戸一揆

盛親が上坂したのち、土佐で大きな事件が起きた。盛親の妻の移動と浦戸城受け取りの任によって土佐国に赴いた鈴木重好に対し、長宗我部家臣の一部が抵抗したのである（浦戸一揆）。

一揆が採った行動は、浦戸城に籠城して城の引き渡しを拒否することだった。鈴木重好は一揆を説得したものの、一揆の抵抗は収まらなかった。報告を受けた井伊直政は、重好に「一揆が城を渡せばいいですが、渡さないならばまずは帰らせてください。もしそれをも拒むようなら家康様から軍勢を派遣して皆討ち果たします」と連絡している（「土佐国蠹簡集」七五二号）。さらにその後も一揆の抵抗が続いたため、一二月冒頭には四国の東軍側大名の軍勢を土佐に派遣する手続きまで行われている。

鈴木重好の説得を聞き入れずに抵抗を続け、大坂の徳川家康周辺を悩ます騒動となった浦戸一揆であるが、一二月三日頃に鎮圧される。一揆を鎮圧できた理由は、長宗我部家の重臣たちが鈴木重好に協力したからである。「竹心遺書」によれば、家臣の中から「盛親様の弟右近太夫殿を擁立して抵抗しよう」という話が出たのに対し、浦戸にいた家老たちは盛親の身を案じて反対していた。浦戸の家老と対立した一揆は、中村城にいた桑名吉成を大将とすべく浦戸に呼んだ。だが、吉成も他の家老と同意していたため、大将になるふりをして浦戸城の本丸を占拠し、一揆を壊滅させたという。

一揆の主体となったメンバーを諸史料から見ると、重臣が含まれていない。「土佐物語」などが記すように、下級家臣が強硬派、重臣が穏健派だったのだろう。おそらく重臣たちは盛親が土佐から他国へ減転封されることを知っていてそれに従うつもりであり、一方の下級家臣はその事情を知らなかったか、知っていても他国に移ることができないために反対したのだと思われる。中には、抵抗することが盛親のためになると本心から思って籠城した家臣もいただろう（完全に逆効果だったが）。

ただ、一揆のメンバーをよく見ると旧吉良家臣や旧津野家臣が含まれていることが気になる。吉良・津野両家は、長宗我部一族でありながら弾圧され滅ぼされてきた家である。したがって、浦戸一揆には吉良・津野旧臣の暴発という側面もあったと見るべきである。浦戸一揆は、内部構成が複雑だったがゆえに平和的解決ができず、武力抵抗以外の道を辿れなかったと見ることもできよう。

減転封の消滅

浦戸一揆鎮圧後、一二月五日に滝本寺非有や三人奉行の久万・山内、三家老家の中内兵庫が連署して、浦戸城の物資を井伊家の使者に渡す目録を作成している（「土佐国蠧簡集」七五五号）。浦戸城や中村城の物資は、豊臣政権・山内家・長宗我部家・徳川家の間で分配された（「土佐国蠧簡集」七六四号）。

なお、盛親は「ご堪忍分」をもらうことを前提に大坂に渡ったが、結局彼は大名として存続することができなかった。「ご堪忍分」の約束は消え去ってしまったのである。

なぜ彼は「ご堪忍分」を得られなかったのか。その理由は、浦戸一揆の解決に腐心していたときの井伊直政の鈴木重好宛書状からうかがうことができる（「水戸鈴木家文書」五号）。

一、土佐守殿（盛親）のご堪忍分のことは、今回の浦戸一揆が無ければすぐに済んで安泰だったはずのところ、このようになってしまいましたので、内府様（徳川家康）への取成しもやりようがありません。しかも今堪忍分を与えてしまえば、浦戸一揆が起きたから与えたということになってしまうので、（家康に）申し上げても承知しないでしょう。なんとも気の毒なことです。浦戸一揆のことが終わったら、土佐殿のことは以前決めた通りに済むでしょう。

一、土佐殿が内府様に出仕することも、浦戸一揆によって遅れています。

ここで直政は、盛親への堪忍分給付が浦戸一揆のせいで止まっているとはっきりと記している。このタイミングで盛親に堪忍分を給付した場合、浦戸一揆の抵抗を恐れて与えたように見えてしまう。そうすると、今はおとなしくしている他の西軍側大名の領地でも、「抵抗すれば有利になるのか」と思って騒乱が広がり、収拾がつかなくなるだろう。現代風に表現するならば、「テロに屈しない」というのが家康・直政の考えだったのである。浦戸一揆が鎮圧されても盛親に給付がなされなかった理由も、結局家康が右の懸念を捨てきれなかったからだろう。

なお付け加えておくと、堪忍分支給への障害として直政が懸念していたのは浦戸一揆のみであり、津野親忠切腹の話題はここに一切出てこない。江戸時代の説は、長宗我部家改易を因果応報のストーリーに仕立て上げるために、継嗣問題に結び付けたのだろう。

余談になるが、同じく西軍についた島津家では、領国に籠もって抵抗の構えも示しながら和睦交渉を続けた結果、二年後に忠恒が上洛して領国安堵を勝ち取った。なかなか当主が上洛しなかった島津家が存続した一方で、早くに上坂した長宗我部家が家臣の抵抗のおかげで存続できなかったというのはなんとも皮肉である。

3　浪人長宗我部盛親

仕官活動の継続

約束されていた「ご堪忍分」が渡されないまま、長宗我部盛親はなし崩し的に事実上の浪人になることになった。この浪人時代の居所について、通説では京都の柳ヶ図子で寺子屋の師匠をしていたと言われているが、史料を探ると少し違った様子が分かるので、以下に見ていきたい（以下、平井上総「浪人長宗我部盛親と旧臣」）。

まず、大坂に上ったあとの盛親は二度と土佐に下ることはなかったと思われる。ではそのまま大坂にいたのかと言うとそうでもない。土佐を離れて半年後の慶長六年（一六〇一）五月に曽祢高政（景房の子）に宛てた書状には「最近は伏見に在宅しております。まだ身分がどうなるか分からない状態ですのでお察し下さい」とあるから、伏見に移住していたことが分かる（「曽祢三郎右衛門」『萩藩閥閲録』三、四頁）。その後、慶長一〇年（一六〇五）頃までは伏見に住んでいたものと思われる。

盛親はなぜ伏見に住んでいたのだろうか。まず、この期間に盛親が何をしていたかを見てみよう。右の曽祢高政宛書状で自身の身上がまだ決まっていないことを心配しているように、当時の盛親は「ご堪忍分」が給付される可能性を求めながら日々を送っていた。さらに他の書状では、かつて長宗我部家に寄寓していてその後徳川家に仕えた蜷川道標に連絡を取ろうとしたり、もと豊臣政権の奉行であった大名宮城豊盛に、西軍大名に領地が与えられるという噂の真偽について問い合わせたりしている（『大日本古文書　蜷川家文書』八六二号。「永運院文書」一一八号）。盛親は、徳川家康から領地を与えてもらえるよう、旧知を頼って運動してもらったり、情報を収集したりしていたのである。

こうした盛親の動向から見て、彼が伏見に移住した理由は、関ヶ原の戦い以後の徳川家康が伏見を上方の拠点としていたからだと思われる。西軍大名であった立花宗茂が浪人状態から大名へと取り立てられているように、領地を失った大名にもまだ復帰のチャンスはあった。盛親から見れば「ご堪忍分」給付の約束は実施されずに放置された状態であり、望みを捨てずに家康に対する仕官運動を継続していたのだった。

盛親が伏見のどこに住んでいたのかは、はっきりとは分からない。ただ、「寛永諸家系図伝」によると、松平定行が慶長一〇年（一六〇五）に伏見で長宗我部元親の旧宅を与えられたらしい。関ヶ原の戦いから慶長一〇年まで伏見の長宗我部屋敷が健在だったとすると、その期間は盛親が住み続けていた可能性も考えられるだろう。

家臣たちの処遇

伏見で仕官活動を続けていた盛親だったが、領地を与えられていない以上、財政的には苦しかっただろう。当然、これまで仕えてきた家臣たちをすべて養うことは不可能であり、僅かな家臣を身辺に残して、暇を与えることとした。慶長六年（一六〇一）閏一一月に盛親が池六右衛門に暇を与えた時の文書を訳してみよう（「土佐国蠧簡集」七七一号）。

思うようにいかない中で今まで仕えてくださり、頼もしく思います。今は私の身上がどうなるかも決まらないため、あなたをかくまうこともできず、残念です。まずは田舎（土佐）あたりに下りたいとのことで、異存はありません。どこにでも身を落ち着けて、命を長らえてください。私の処遇が決まれば、その時は必ず来てください。

長宗我部水軍の将として活躍してきた六右衛門に対して、これまでの奉公を感謝するとともに、盛親のもとを離れて生計を立てるよう伝え、大名に復帰した際には家臣として戻ってくるようにと言っている。同様の書状が他にもあるから、将来的に帰参することを前提に、多くの家臣に暇を与えていたものと思われる。

一族についても同じで、盛親は香宗我部親和の補佐役である中山田五郎右衛門（秀正の子）に「まずはどこへでも有り付いて、私の進退が決まったら帰参してください」と伝えている（「土佐国蠹簡集拾遺」一三二三号）。ちなみに親和は父親泰や兄親氏が名乗った香宗我部家当主の通称である弥七郎ではなく、右衛門八を名乗っている。盛親の通称右衛門太郎と通じるものがあるが、彼と同じように増田長盛からもらったか、あるいは盛親が親和の烏帽子親だったのかもしれない。*

＊なお、「香宗我部氏記録」の中に、関ヶ原の戦いの際に「香宗我部左衛門佐」が盛親と別行動を取り土佐国に残ろうとしたことを賞した徳川家康・井伊直政の書状の写が収録されている。「香宗我部左衛門佐」に相当する人物は中山田左衛門佐泰吉（あるいはその後継者）であるが、彼は一族の五郎右衛門とは異なり盛親や親和を裏切ろうとしたのであろうか。家康と直政の書状の真偽も含めた検討が必要である。

このように、盛親は家臣と別れる際、いずれ召し戻すと約束していた。盛親の仕官活動は、単に自分の生活を安定させるためではない。大名に復帰することで、手放さざるをえなかった家臣を取り戻し、かつての長宗我部家の家臣団を復活させることが最終目標であったと言えよう。

盛親のもとを離れた家臣は、故郷に戻ったり、他の大名に仕えたりといった選択をした。ここで藤堂家に仕えた旧臣の動向を見てみたい。藤堂藩士が編纂した「公室年譜略」を見ると、関ヶ原の戦いから大坂の陣までの間に二〇名の長宗我部家臣が仕官したことが分かる。その中には、長宗我部家の先陣・しんがりを務めよと元親が遺言していた、桑名吉成と宿毛甚左衛門もいた。

桑名吉成の場合、彼の武勇を惜しんだ藤堂高虎が招いたという。しかもその時には盛親とも相談したとされているから、盛親も納得した上での藤堂家仕官であった。他に、津野（山内）又右衛門については盛親の斡旋によって藤堂家に仕えたと記されている。盛親は、自分が大名に復帰して呼び戻すまでの間も家臣が食べていけるように、他大名への仕官を斡旋するなど、気を遣ってあれこれと世話をしていたのである。

なお、関ヶ原の戦いで領地を失った大名が、家臣を他家に仕えさせていた事例としては立花宗茂の事例も知られている。盛親も宗茂も似たような行動を採ったのだが、宗茂の場合は大名に復帰できたため家臣を呼び戻せた。だが、盛親は結局大名に戻れなかったから、召し放ちののち二度と会うことができなかった家臣も多かった。

洛中での生活

盛親の仕官活動は数年にわたって続けられたが、井伊直政が早くに病死してしまったことなどもあって、実らなかった。慶長一〇年（一六〇五）頃を契機として、盛親は伏見での仕官活動を断念し、洛中に移住したようである。その後の生活については盛親の書状などが見出せていないため、不明な点が多い（以下、用いる史料の多くは『大日本史料』一二—一〇）。

洛中に移住した盛親は出家して「幽夢」を名乗っていた。これは後述する「慶長日件録」や「旧記雑録」の記述から、遅くとも慶長一五年（一六一〇）には名乗っていたことが明らかである。出家の理由は、大名への復帰運動が実を結ばなかったためであろう。

居住地についての一次史料は存在せず、小川通（「大坂御陣山口休庵咄」）、相国寺門前（「槐記」）、柳ヶ図子（系図〈「土佐国蠹簡集」二二一号〉、「東遊草」宝永元年〈一七〇四〉五月一一日条、「土佐物語」）など各説がある。いずれも相国寺の西側付近の地名であり、おおむねこのあたりに住んでいたのだろう。この時期の相国寺鹿苑院の日記には、「幽夢老」なる人物がたまに出てくるため、これが盛親だったのではないかと思われる（「鹿苑日録」慶長一七年〈一六一二〉五月一八日条）。

相国寺付近に移住したのちは何をしていたのだろうか。この点は史料によって異なっており、「大坂御陣山口休庵咄」や「槐記」は、寺子をとって生計を立てていたとする。一方、「土佐物語」は、「放し囚人」（刑具は用いないで、一定の場所に拘置した刑。また、その刑に処せられた人）となっていたと説明している。盛親の浪人生活を説明する概説書などでは、「柳ヶ図子で監視されながら寺子をとって生活をしていた」と説明されることが多いが、この説はいくつかの史料の記述を検証せずに合体させてしまっており、史料の用い方としてはあまり適切ではない。

実際の盛親の様子を一次史料から見てみると、慶長一五年二月二日に盛親が、父元親の頃から交流のあった医師の祐乗坊とともに、杉原紙を持って公家の舟橋秀賢のもとを訪れていることが確認できる（「慶長日件録」）。ここから見て、少なくとも公家のもとに出入りできる境遇であったことは確実である。また、同年に島津家久（忠恒）が京都で盛親と会っており、翌年正月にかけて両者で贈答がなされている（「加治木御日記」〈「旧記雑録」後編四、七九一号〉）。同じ西軍側大名同士で会えるのだから、放し召人として監視されていた可能性はさらに低くなる。そもそも盛親は罪人ではないのだから、放し召人ではなかったと見ておくのが妥当であろう。

では寺子をとって生活していたのかというと、一次史料ではまったく検証ができない。放し召人に比べれば可能性はあるといった程度である。少なくとも、舟橋秀賢への手土産としての杉原紙、島津家久への贈り物としての茶杓を所持していたのは確かだから、何もかもを売り払わねばならないほど困窮していたわけではなかったようである。*

*「土屋忠兵衛知貞私記」には、盛親が年来豊臣秀頼から扶持をもらっていたとされている。同書では明石《あかし》全登《たけのり》や真田《さなだ》信繁《のぶしげ》も同様とされており、どこまで信用できるかは疑問である。

4 大坂の陣

大坂入城

長宗我部盛親が出家して京都に住み始めてから一〇年近くたち、日本には再び騒乱が起きようとしていた。慶長一九年（一六一四）、将軍家として全国政権としての立場を確立した徳川家康が、大坂城の豊臣秀頼が建立した方広寺の鐘銘に「国家安康君臣豊楽」とあることを非難したのである。同年一〇月に、両者の板挟みとなった豊臣家の老臣片桐且元《かたぎりかつもと》が大坂を退去し、豊臣方が且元を攻撃しようとしたことで、家康は秀頼との開戦に踏み切った。

豊臣方では、徳川家に従っている大名たちに味方することを呼びかけたが、あまり効果はなかった。

したがって豊臣方は自前の戦力のほか、新たに募集する浪人衆の働きに望みをかけざるをえなくなった。その代表格としては真田信繁や後藤又兵衛、明石全登、毛利《もうり》勝永《かつなが》などが知られるが、盛親もまた、彼らと並ぶ新参の浪人衆の主要メンバーとして大坂に入城するのである（以下、大坂の陣に関する史料は『大日本史料』一二編による）。

盛親が京都を出て大坂に入城したのは一〇月七日の朝である（「時慶記」同日条）。「土佐軍記」によれば、京都所司代板倉勝重に呼び出されて「大坂に味方するとの噂があるが本当か」と問われた盛親は「まったくその心はありません」と答えて油断させ、その夜のうちに京都を抜けて大坂に入ったという。「塊記」によると、相国寺門前を出発したときは二、三騎だったが、寺町三条を通るときには二、三百騎、伏見では千騎の軍勢に膨らんでおり、それを知った板倉勝重は「こうなることが分かっていれば早めに盛親を討っておいたものを」と大いに怒ったという。「塊記」の記すエピソードが成り立つためには、秀頼からの迎えの軍勢の他にも、盛親に従うそれなりの数の軍勢が京都周辺に潜伏していなければならない。徳川・豊臣間の関係が悪化し始めた頃から、盛親は密かに旧臣と連絡を取って呼び寄せていたことになろう。

盛親が大坂に入城した理由については、領地への欲や秀頼への忠節、あるいは名誉欲や死に場所を求めるなど、

大坂城跡（大阪市中央区大阪城）

いろいろと推測できる。この中で最も妥当なのは、これまで見てきた関ヶ原後の盛親の動向から見て、領地欲であろう。大名としての長宗我部家を復活させて、旧臣を呼び戻すことこそ、盛親の悲願であった。豊臣方が勝利する可能性は低いとしても、このまま浪人として一生を終えるよりは、賭けに乗ってみるべきだと考えたのではないか。「大坂御陣山口休庵咄」は秀頼が盛親に土佐一国を与えると約束したと記述しており、これが実態に近かったのではないかと思われる。

旧臣の動向

真偽は不明ながら、盛親が千騎の軍勢で大坂に入城したという記事があることは右に紹介した通りである。「大坂御陣山口休庵咄」によれば、盛親が大坂の陣で率いた軍勢は五千人、後に二、三千人増えたとある。これには他家の部隊の人数も含まれているであろうが、盛親の本隊も数千人いたはずであり、その中心は長宗我部家の旧臣だっただろう。

集結した旧臣でまず挙げられるのが、浪人・帰農していた者である。たとえば吉田内匠は、関ヶ原ののち備後国尾道に住んでいたが、盛親から入城を促す使者が来たため、同道して大坂に入城したという（「細川家先祖附」吉田二兵）。また、山内意慶という僧侶は、蜂須賀家臣稲田修理の知行地で医師をしていたが、大坂の盛親のもとへ合流した（「濫妨人幷落人改帳」）。こうした備後国や阿波国から来た者以外では、京都周辺や土佐などに住んでいた者も多かっただろう。

その他、他家に仕官していた者もいた。よく知られているのは中内惣右衛門で、関ヶ原の後に豊後国の本多家に仕えていたが、盛親が大坂に入城したため、自身も豊後を出て盛親に従った。大坂の陣ののちは兄弟の与三右衛門が蜂須賀家に仕えていたのでそちらに召し出されたという（『長宗我部遺臣それぞれの選択』、「蜂須賀家家臣成立書幷系図」中内金作)。

もちろん、すべての旧臣が入城したわけではない。桑名吉成や宿毛甚左衛門などは、藤堂家に仕えたまま大坂の陣を迎えた。彼らが藤堂家に残ったからこそ、その動向が藤堂家の記録である「公室年譜略」に記されたのである。そう考えると、「公室年譜略」に事績が残されなかった者の中には、藤堂家を致仕して入城した者もいたのだろう。このほか、福冨七郎兵衛(半右衛門)は井伊家に仕えており、大坂冬の陣の講和後、同僚の遺骸を引き取る際に旧主盛親と対面し、盃を賜ったという(「福冨半右衛門親政法名浄安覚書」)。

大坂に入城しなかった旧臣たちのことは、まるで長宗我部家を裏切ったかのように見えるかもしれない。だが、盛親が家臣にした約束は「大名に復帰したら家臣として呼び戻す」というものであった。旧臣たちは浪人となって自分の家族や家臣を路頭に迷わせてまで大坂に入城する決断は難しかったに違いない。そもそも盛親が長宗我部家の跡継ぎになってから土佐を失うまでの年数と、旧臣たちが新しい主家に仕えてから大坂の陣までの年数は同程度であり、現在の仕官先に拾ってもらった恩義もあった。

ただ、徳川方大名に仕えたまま大坂を攻めることになった旧臣たち、特に藤堂家に仕えた者は、夏の陣で旧主や旧友と直接戦うという悲劇にみまわれることになるのである。

大坂方における長宗我部盛親

豊臣秀頼を大将とする大坂方では、ずっと秀頼に従ってきた譜代衆と、冬の陣にあたって招き入れた浪人衆の二つの派閥があったとされる。前者は織田長益《ながます》(有《う》楽斎《らくさい》）や大野治長《おおのはるなが》・治房《はるふさ》、木村重成《きむらしげなり》らであり、他に旗本として七組が存在していた。盛親は当然ながら後者の浪人衆に含まれる。この浪人衆には盛親の他にも元大名やその重臣クラスの者が多くおり、多くは関ヶ原の戦いで領地を失った者たちであった。

浪人衆入城当時の徳川方の日記・記録の記述を見てみよう。史料の記載順に沿って挙げると、たとえば「本光国師日記」では長宗我部盛親・真田信繁・仙石宗也・明石全登の順で入城を記す。また、「駿府記」は長宗我部盛親・後藤又兵衛・仙石宗也・明石全登・松浦重政で、数日遅れて真田信繁・若原右京・浅井周防守・根来衆の順である。どちらの記述でも盛親が最初に挙げられており、大坂に入城した浪人の中でも、かつて一国を領していた人物として徳川方から注目されていたと言える。そして入城後に盛親・信繁・又兵衛・全登それに毛利勝永らは大坂方で一軍を率いており、入城時点で注目されていた浪人がほぼそのまま軍事面での主要メンバーとして遇されていたことになる。

彼ら浪人衆は大坂城内でどのような立場にあったのだろうか。やや後の話になるが、「豊内記《ほうないき》」によると、冬の陣の終わり際に七組の衆と織田長益、大野治長が徳川方との和睦を豊臣秀頼に進言したが、秀頼は「この戦いは今後の運を開くためではなく大坂城を墓場とする思いで始めたのである」といって反対した。そこで彼らは盛親をはじめとする浪人衆に意見を聞きに行ったところ、後藤又兵衛は「このままでは弾薬・兵糧も尽きてしまう」、真田信繁は「織田頼長のような人物が城の南側の総大将を務めている有様でどうして勝てようか」といずれも和睦に賛成した。この場で盛親がどのような発言をしたのかは不明であるが、「みなこの意見に同意した」とあることから、又兵衛や信繁と同意見だったのだろう。

「豊内記」はあくまでも二次史料ではあるが、城内の意思決定の主流は譜代衆と秀頼にあり、浪人衆はあくまで外様として意見を聞かれるという状況にあったように思われる。盛親は大いに注目されて入城した浪人衆の主要メンバーとはいえ、やはり城内の主流派にはなりえていなかったと見られる。

冬の陣の長宗我部勢

大坂方では、襲来してくる徳川方にどのように立ち向かうか、軍議が行われた。その結果、他国まで打って出るのではなく、籠城して徳川方を迎え撃つことに決定した。この冬の陣で、真田信繁が大坂城の惣構の南東方面に「真田丸」という出丸を作り、徳川方の軍勢を引き付けて大打撃を与えたことはよく知られている。では盛親が率いる部隊はどこを守っていたのだろうか。

大阪城天守閣所蔵の「大坂冬夏陣立図」では、城の南側やや西寄りに後藤又兵衛や薄田兼相《すすきだかねすけ》と並んで「長宗我部宮内少輔」が見られる。中井正知・正純氏所蔵の「慶長十九年甲寅冬大坂絵図」でも同様の位置に「長曽我部」が見られるが、他の部隊の構成は異なっている。他の部隊はともあれ、右の二つの絵図ではどちらも南側の天王寺方面に記載されているから、そこが長宗我部勢の守備位置だったと特定したくなる。

ところが、福井市立郷土歴史博物館蔵の「大坂冬御陣之図」では城の西側北寄りの位置に「長曽我部」が見られ、先の二図とはまったく違う方面を守っていたとされる。さらに「大坂冬陣仕寄之図」では城の北側中央、京橋方面を守っていたことになっている。つまり、大坂冬の陣に関する軍勢配置

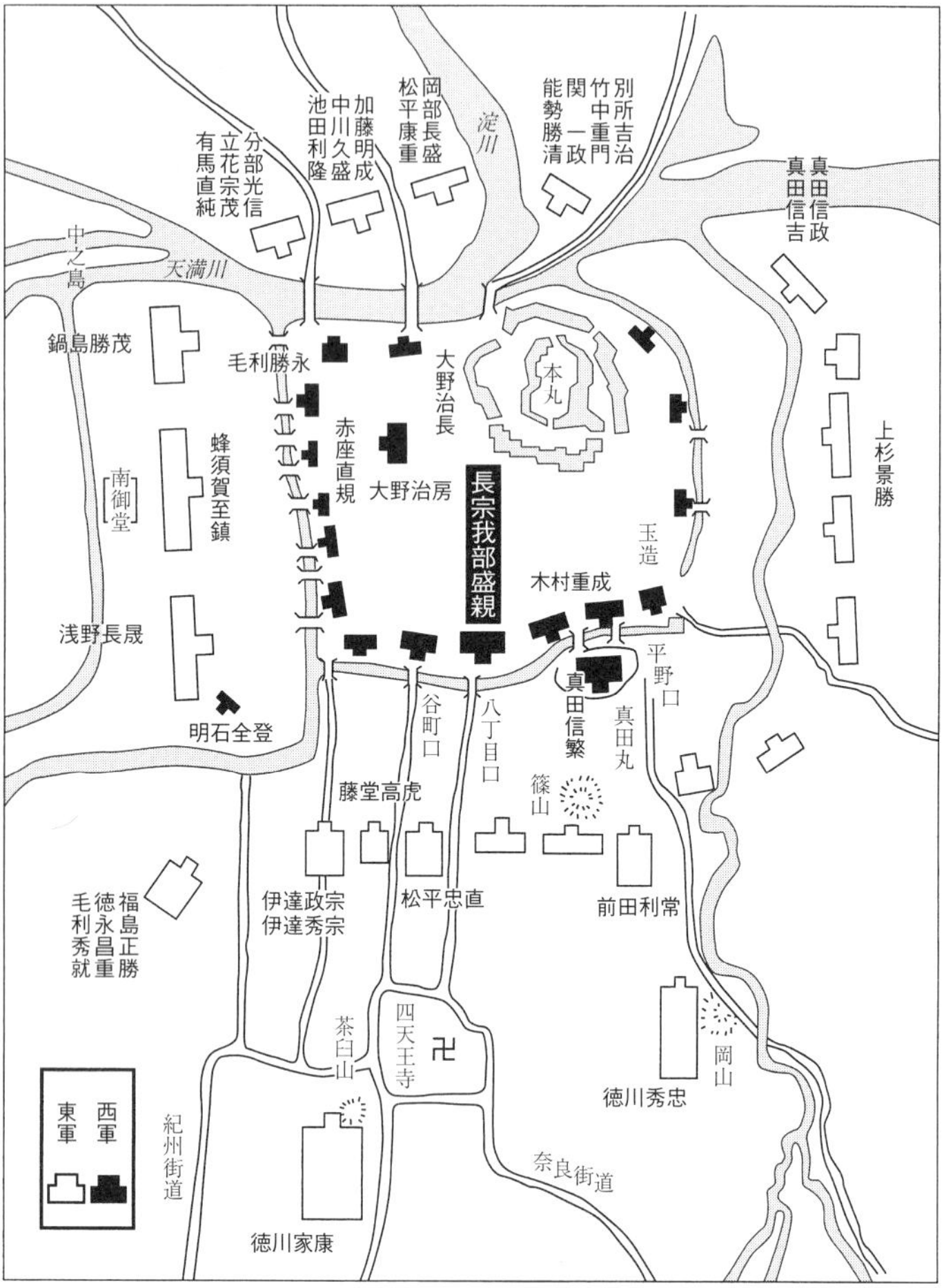

大坂冬の陣対陣図

（高知県立歴史民俗資料館編集・発行『長宗我部盛親』より）

図に見られる長宗我部勢の位置はバラバラであり、確定は難しいのである。

このほか、「長澤聞書」には、「真田丸は実は長宗我部勢と真田勢が半分ずつ守っていたが世間では真田一人の出丸のように言われている」という記述まである。この「長澤聞書」は大坂の陣で後藤又兵衛に属したとされる長澤九郎兵衛の話を聞き取って書き残したものであるという。絵図で見てきたどの配置とも異なる説であるが、同書にしか無いため判断が難しい。

これに関連する可能性があるのが「福富半右衛門親政法名浄安覚書」で、井伊直孝の軍勢に属した半右衛門に対して、冬の陣後に盛親が「井伊勢と戦う持ち口にいた」と語ったとされている。井伊勢は真田丸方面でも戦っていたから、長宗我部勢（の一部？）が真田丸にいたという「長澤聞書」の記述を裏づけられる可能性があるのである（平山優『真田信繁』）。ただ、「大坂冬夏陣立図」のように南側に配置していた場合でも井伊勢とぶつかった可能性はあるから、この記述から真田丸説に確定するにはやはり不安が残る。

藤堂家には、長宗我部勢に敵が迫ったため木村重成が援護に向かい、重成の持ち口に藤堂高虎の先勢が向かってきたという記録がある（「高山公実録」）。木村勢・藤堂勢の近くという条件であれば、南側の中央から西方面の場所になろう。ひとまずこの方面であったと考えておく。

冬の陣での主要な戦いといえば、博労淵の戦い、鴫野・今福の戦い、そして真田丸での戦いであるが、軍記物や覚書では盛親の記述は僅かである。長宗我部勢が守備した部分では大きな戦いにはならなかったのではないか。そうでなかったとしても、夏の陣での長宗我部勢の激しい戦いに比べれば、記憶に残りにくいものだったのだと思われる。

冬の陣で徳川方と豊臣方の激しい戦いが交わされたが、少なからぬ被害が出る上に長期戦となる恐れもあったことから、両者は和睦することになる（以下、笠谷和比古『関ヶ原合戦と大坂の陣』を参照）。一二月一九日、(1)籠城した浪人を罰しない、(2)豊臣秀頼の領地は以前の通りとする、(3)淀殿を江戸に移住させることは求めない、(4)大坂城以外への国替はどこへでも望み通りとする、(5)秀頼の安全は保証する、といった内容で和議が結ばれた。

講和から再戦へ

さらに、大坂城の惣堀の埋め立ても条件となっており、徳川方の手で実行されることになった。この埋め立てについて、徳川方が外堀だけを埋める予定だったのが内堀まで埋めてしまい大坂城が裸城になってしまった、という説が江戸時代を通して知られてきた。それに対し笠谷氏は、当時の書状の内容から、そもそも本丸以外の設備を破却するのが当初からの和睦の条件であり、徳川方のだまし討ちではなかったと指摘している。したがって、この和睦後の大坂城破却は徳川家康の陰謀ではなく、豊臣・徳川両家が戦争を終結した証であったということになる。だが、大坂城の防御能力が大幅に低下したことには違いない。

翌慶長二〇年（元和元、一六一五）、豊臣方が大坂城の設備を復旧したり、浪人を召し放たなかったりと再戦の準備を行っているとの情報を得て、家康は秀頼・淀殿母子に国替を要求した。しかし豊臣方がこの要求を受け入れなかったため、家康は四月に諸大名に出陣を命じた。これによって、大坂夏の陣が勃発することになる。

この頃（四月九日）、大坂方の大野治長が宿所に戻る途中で刺され、重傷を負うという事件が起こった。犯人は治長の弟大野治房の従者であったといい、治長の従者によってその場で討たれた（「駿府記」）。大野兄弟は外交方針をめぐって対立しており、それがこの事件に繋がったものと見られている。ただし、この事件が「大野修理（治長）のうえに内府（徳川家康）の魔の手が伸びたことで生じた」という見解をイエズス会の日本年報が記しており、家康による何らかの工作であった可能性もある。

この治長襲撃事件について、犯人の一人が盛親の屋敷に逃げ込んだとする記録が残っている（「土佐国編年記事略」）。疑いを受けた盛親は犯人を捕らえさせて治長のもとに送ったという。この件が本当であれば、盛親も大野治房とともに城内の過激派に属していた可能性もあろう。ただ、この記録では四月三日に治長の屋敷に忍び込んだ者が事件を起こしたとしており、「駿府記」の記述とは合わない。参考程度にしておきたい。

大坂夏の陣

徳川方との戦闘が避けられず、大坂城の防御機能も奪われてしまった豊臣方では、城外での決戦に賭けることになった。前哨戦として、四月二六日に大野治房が大和国郡山城を攻め落とし、奈良に放火したのち撤退した。また、二八日には、紀伊の浅野長晟勢に対抗するために大野治房・治胤《はるたね》・塙団右衛門《ばんだんえもん》らの軍勢が和泉国へ出陣した。しかし翌二九日、先陣として突出した塙団右衛門が樫井で浅野勢に討ち取られ、治房らは撤退した。

豊臣方は緒戦から敗北を喫したが、最終的に成し遂げるべきはあくまでも徳川方の本隊への勝利である。徳川家康が率いる軍勢は大坂城を南方から攻めるために河内方面から進入してくることが予測されたため、平野に軍勢を進め、徳川方を迎撃する作戦をとることに決まった。
こうして五月六日、河内国各所で両軍の大規模な戦いが行われることになる。豊臣方の後藤又兵衛・薄田兼相と徳川方の水野勝成・伊達政宗らによる道明寺の戦い、豊臣方真田信繁・毛利勝永・明石全登と徳川方伊達政宗・松平忠輝らによる誉田《こんだ》の戦い、豊臣方木村重成と徳川方井伊直孝らによる若江《わかえ》の戦い、そして豊臣方長宗我部盛親・増田盛次《もりつぐ》と徳川方藤堂高虎による八尾の戦いである。大別すると、南方の大和口での道明寺・誉田の戦い、北方の河内口での若江・八尾の戦いとなろう。

結果を先に記せば、どの戦いでも豊臣方は奮戦の末に敗北し、後藤又兵衛・薄田兼相・木村重成・増田盛次らが戦死するなど、大きな打撃を受けることになる。そして翌七日の天王寺の戦いで真田信繁が徳川方を追い詰めた末に討ち死にし、八日に豊臣秀頼・淀殿が自害したことで大坂城は落城するのであった。

八尾の戦い

イエズス会の年報に「日本では、この戦さにおけるほど過去の戦さにおいて多数の死者が記録されることはかつてなかった」と記された大坂夏の陣だが、全ての戦闘を詳細に説明している紙幅は無い。以下では、盛親が関わった六日の八尾の戦いについて、主に藤堂家側の記録をもとに説明したい。

六日の早朝から両軍の戦いは始まった。藤堂勢が道明寺に向かおうとしていたところ、八尾方面に長宗我部勢が現れたため、引き返して戦うことになったという（「高山公実録」）。まず両軍の先鋒がぶつかり、長宗我部勢の吉田内匠が討ち死に、藤堂勢の藤堂式部が負傷した。勢いに乗った藤堂勢は、

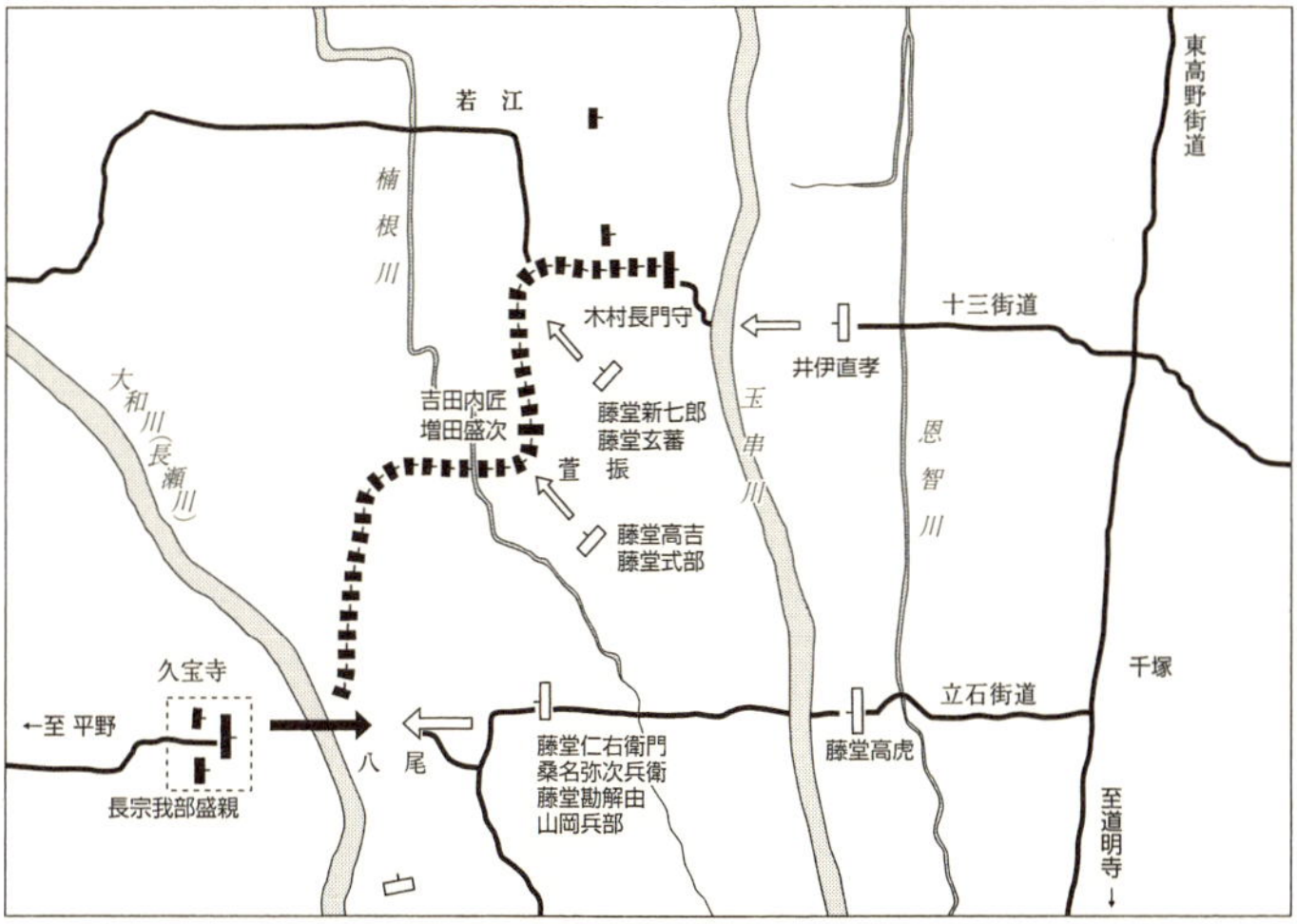

八尾・若江対陣図
（高知県立歴史民俗資料館編集・発行『長宗我部盛親』より）

藤堂仁右衛門高刑《たかのり》・藤堂宮内少輔高吉《たかよし》・桑名弥次兵衛吉成（一孝）・渡辺掃部宗らの四組が盛親の本隊へと向かっていった。

これに対して盛親は、三百騎の馬廻を下馬させ、槍ぶすまを作って一斉に堤の上から押し出した（「大坂御陣覚書」）。藤堂勢はその勢いに押されて崩れ、藤堂高刑・桑名吉成が戦死した。また、藤堂勘解由氏勝《うじかつ》は長宗我部勢に横槍を仕掛けて乱戦となり、長宗我部主水（盛親の甥とされる）が氏勝を討ったが、氏勝の子小太夫氏紹がその場で主水を討ち父の敵を取った（「元和先鋒録」）。

桑名吉成は、これまでたびたび触れてきたように長宗我部家の家老だった人物である。関ヶ原の戦いの後に、吉成の高名に惹かれた藤堂高虎が盛親と相談した上で藤堂家に引き取り、重臣として厚遇していた。彼は先述のように大坂には入城しなかったのだが、皮肉なことに八尾の戦いで旧主や旧友と戦うことになったのである。藤堂家で「土佐組」と呼ばれた長宗我部旧臣たちの部隊が盛親の旗本まで切り込んでいったところ、敵味方ともに知り合い同士であったために「あれは桑名弥次兵衛ではないか。逃すな、討ち取れ」と旗本たちの一斉攻撃を受け、吉成は槍が折れ刀を落とし短刀を抜いてまで戦った末に近藤長兵衛に討ち取られた（「元和先鋒録」）。

この日、吉成は長宗我部勢の旗を見た途端に討ち死にを決意していたという。藤堂家の記録である「元和先鋒録」は、桑名吉成（藤堂家側の記録では一孝）について、「新主（藤堂高虎）への奉公も欠かさず、旧君（盛親）への志も立てたので、人々は感じ入った。盛親も彼を哀れと思い、この日の夜に吉成の首を息子の将監の元へ送り届けた」という逸話を載せている（この後の戦況からするとやや疑問も残る）。また、翌七日の撤退の最中、盛親は「桑名弥次兵衛が豊後で手柄を立てたのも撤退戦の時だった。本国で手柄を立てさせることができればお互い本望を遂げられたものを」と嘆いたという（「大坂夏役戦功割子」）。旧臣たちが藤堂家に仕えたのは他ならぬ盛親自身の依頼もあったのだから、複雑な心境だっただろう。

長宗我部勢の敗退

複数の重臣が戦死した時点で、藤堂勢の損害は深刻であった。このままでは勢いづいた長宗我部勢に押されて壊滅する可能性があるため、藤堂高虎は一時撤退を指示した。

しかし、藤堂勢の中で踏みとどまって奮戦していた渡辺《わたなべ》勘兵衛了《さとる》は、四度にわたる撤退命令を無視し、逆に「今こそ高虎様の旗本を出陣させるときです」「当家の組頭の方々は軍法を理解していなかったため苦戦したのです」「このまま長宗我部勢を討ち取らずに逃してしまえば、公儀（幕府・徳川家）への覚えが悪くなるでしょう」などと進言した（「渡辺水庵覚書」）。やがて渡辺了の隊も押され気味となったが、藤堂与衛門高清・渡辺長兵衛守・渡辺宗らが合流し、長宗我部勢と鉄砲を応酬した。高虎はさらに使者を送り、「そなたらの手柄には満足した。敵勢も弱まっているので、明日の合戦を期すために撤退するように」と命じたが、了らは「もう少し様子を見て引き揚げます」と言いながらも誰も撤退しなかった。

藤堂勢との戦いが膠着状況にあった盛親は、部隊を少しずつ久宝寺《きゅうほうじ》へ撤退させていた。八尾の長宗我部勢が少なくなっているとの報告を得た高虎は、これまでの撤退方針から転換し、本隊を出陣させた（「元和先鋒録」）。これによって形勢は逆転する。盛親は撤退を決意し、藤堂勢の猛攻をなんとか支えながら久宝寺まで退いていったが、藤堂勢の磯野行尚によって増田盛次が討たれるにおよび、長宗我部勢は大きく崩れた。長宗我部勢が崩れたのは、若江方面で木村重成を討った井伊直孝が八尾に援軍を出してきたことも影響していたという（「井伊年譜」）。長宗我部勢は平野経由で大坂城に撤退していったが、この撤退戦で激しい追撃を受け、壊滅的打撃を受けた。

藤堂勢は長宗我部勢を八百人弱討ち取るという大勝利を遂げたが、一方で自軍も、多くの重臣のほか若江方面で木村勢と戦って討ち死にした藤堂新七郎良勝・藤堂玄蕃良重らをあわせて、七十一人の家臣を失った。討ち死にした家臣の従者も含めた実際の戦死者は三百名にのぼっており、藤堂勢の損害も甚大であった。そのため藤堂勢は、同じく若江の戦いで疲弊した井伊勢とともに、徳川方の先鋒の任を辞した（「高山公実録」）。なお、後日長宗我部盛親が捕らえられたのち、高虎が家臣を派遣して盛親と対面させたところ、盛親は「今回徳川方の軍勢が何万人もいたが、高虎殿の家臣ほど軍功を挙げ働いた者はいないだろう。豊臣方の軍勢も何万人もいたが、長宗我部勢ほど働いた者はいないだろう」と語ったという（「藤堂高虎伝記抜書」）。

戦後の六月一一日に島津家で書かれた書状には、「長宗我部殿は六日の戦でたびたび大手柄をたてられた」「和泉守殿（藤堂高虎）の家臣団で役に立つほどの人々は残らず戦死を遂げられたそうだ」と記されている（「旧記雑録」後編四、一二六三号）。真田信繁や後藤又兵衛の活躍に隠れがちであるが、この日の盛親の働きもまた人々に強い印象を与えたのである。

盛親の処刑

大坂城に戻った長宗我部盛親だが、手勢は壊滅しており、もはや余力は残っていなかった。翌七日、京口（京橋方面か？）に出たところ豊臣方の敗戦の様子を知り、もはや討ち死にすべきとの覚悟を決めたところ、軍勢が逃げ出してしまった。同時に豊臣方の敗勢に巻き込まれた盛親はやむなく撤退した（「大坂夏役戦功劄子」）。ただし大坂城にはとどまらず、徒歩で京都に向かい、一〇日に八幡山（男山）の麓の橋本で蜂須賀家政の部隊に捕らえられた（以下、『大日本史料』一二―二〇）。

捕まった盛親は、二条城の柵に縛り付けられてさらし者とされた。細川忠興の書状によると、盛親は「うろたへたる有様」（うろたえた様子）で筆紙に尽くしがたかったという。二条城での盛親については、ある大名に「今回討ち死にすることはたやすいことであったが、秀頼様をもり立てて天下を覆そうと生き延びたところこのような目にあってしまった」と吐き捨てたとか（「井伊年譜」）、「長宗我部は死に場所を逃して見苦しい死に様となったのだ」と罵った徳川家の旗本に対して「死に場所を逃して恥をかくとはそなたらのことだ。私は生き延びて大功を志すから命を惜しむのだ」と反論したという逸話が伝えられている（「拾遺翁物語」）。こうした様子が「うろたへたる有様」と捉えられたのかもしれない。

なお、土佐藩に仕えた儒者谷秦山《たにじんざん》の旅行記「東遊草」によると、二条城でさらし者になっている盛親が大雨に打たれているのを見た島津殿が自分のつけていた笠を盛親に与えた。盛親は「私は濡れてもかまいませんが、あなたが濡れて御登城なさるのは心配です」と言ったが島津殿はそのまま濡れて登城したため、皆がその振る舞いに感じ入った。さらに井伊直孝もまた袷の衣を手ずから盛親に打ちかけて通っていったため、やはり皆が褒めたという（「東遊草」宝永元年〈一七〇四〉五月一一日条）。これが本当の話かは定かではないが、先に紹介したように島津家が盛親の働きを「大手柄」と表現していたことからすると、徳川方の中にも盛親に一定の敬意を払う大名がいたことは確かである。

数日間二条城でさらされた盛親は、五月一五日、洛中を引き回された上で、六条河原で処刑された。その首は三条河原にさらされたのち、五条寺町の蓮光寺の僧が引き取って供養したという（「韓川筆話」）。

蓮光寺
（京都市下京区富小路六条下ル本塩竈町）

長宗我部盛親墓碑（蓮光寺境内）

5　その後の長宗我部家

最後にその後の長宗我部家について簡単に見ておこう。

元親の直系のその後

大名としての最後の当主となった盛親が処刑されたことはこれまで見てきた通りである。その息子について、「韓川筆話」に記述がある。

盛親の子は、大坂の陣で商人に拐かされ、奥州へ下った。盛親の妻がそれを聞いて奥州に探しに行ったが手がかりが無く、商人の家で働くようになった。仙台の伊達政宗の妻は彼女の様子を見かけてただ者では無いと思い、召し出して伊達家の奥に仕えさせた。盛親の妻はあるとき政宗の座敷に飾られた金屛風を見て泣き出し、「私は長宗我部盛親の妻です。この屛風は嫁ぐときに持たされたものですが、不思議とここで再会し、思わず泣いてしまいました」と告白した。事情を知った政宗が国中に触れ渡して年頃の子供を探したところ、はたしてその子が見つかったため、知行を与えることにした。幕府に敵対した者の子であるため、津田丹波と名乗らせた。

例によって右の逸話が事実であるか否かは定かではない。

盛親の娘については、家臣の上野平太夫に嫁ぎ、後に平太夫は立花宗茂に仕えたという記述がいくつかの系図に見られる（「長曽我部系図」、「長曽我部譜」）。

なお、慶安四年（一六五一）の慶安事件（由比正雪の乱）で、由比正雪に協力した丸橋忠弥は、長宗我部家の一族とされている（「徳川実紀」慶安四年七月二七日条）。この忠弥を盛親の息子だったとする説もあるが、信頼できる史料は無く、真偽は不明である。少なくとも土佐国で作られた長宗我部家の系図にはそうした人物が見られないことは確かである。

また、大坂夏の陣で藤堂氏勝を討った長宗我部主水は盛親の甥だという（「公室年譜略」）。この主水は、兄の信親や香川五郎次郎、津野親忠の子なのか、あるいは盛親の弟右近太夫（大坂の陣後に伏見で切腹したと各種系図に記されている）の子なのか、さらには従兄弟等の子なのかは不明である。主水は先述のように藤堂氏紹に討たれたが、その子も主水を名乗って後に藤堂高虎に仕えている。

元親の娘（盛親の姉妹）が嫁いだ佐竹蔵人親直は、大坂に入城して討ち死にしたとされる。その子忠次郎は、落城時に母とともに伊達勢に捕らえられて仙台に行き、後に伊達家臣柴田宗朝の跡を継いで柴田外記朝意《ともおき》と名乗った（「伊達世臣家譜」柴田項）。柴田朝意は、香宗我部親和の養子重親の伊達家仕官を斡旋しており、一時期は長宗我部家の親類が伊達家中に集まっていた。ただし寛文一一年（一六七一）の伊達騒動で重傷を負ったことが原因で朝意は死亡している。

長宗我部一族のその後

元親の弟の子孫など、他の一族の様子も見ておこう。

現在の長宗我部家の当主は、元親の弟島親益（国親の四男）の子孫である。同家には貞享五年（一六八八）の先祖差出をはじめとする江戸時代の史料が残っており、それによれば大坂の陣ののち五郎左衛門が土佐に帰って牢に入れられ、四年後に赦免されて土佐藩（山内家）の家臣として仕えたという（長宗我部友親『長宗我部』、『長宗我部 復活篇』）。その後、島家は代々の当主が土佐藩の下級藩士として仕えていった。

香宗我部家を継いだ親泰（国親の三男）の家では、親泰の次男親和（貞親）が早世した兄に代わって当主となっていたが、関ヶ原の戦い後に盛親と別れてからは大坂に入城しなかった。彼は寺沢家に仕えた後に堀田正盛に仕え、家老にまで取り立てられている。本書でも幾度か用いた重要史料である「香宗我部家伝証文」は、こうした親和の行動によって現代に伝わったのである。親和の跡は養子の重親が継ぎ、重親は堀田家改易の後に仙台藩伊達家に仕え、さらに古河藩堀田家に再仕していった。吉良親貞（国親の次男）の家系は、親実は切腹したものの、その子か兄弟に繋がると見られる家系が、苗字を吉良から町へと変えて熊本藩細川家に仕えている（「細川家先祖附」長宗我部市郎。系図自体には「先祖吉良左京進は元親の次男」となっているが誤伝であろう）。なお、親実の兄真西堂が、親実切腹の際に死なず、幡多郡の太平寺に逃れたのち、京都の大徳寺の住職賢谷宗良になったとする説もある。だが、吉良一族真西堂の実在は定かではなく、実在したとしても太平寺の真西堂と同一人物である証拠は無いため、ひとまず紹介だけとしておく（『雲居和尚年譜』）。

このほか、元親の従兄弟戸波親清の子（あるいは孫）にあたる戸波又兵衛は、大坂の陣の後に近衛家に仕え、さらに藤堂家に転仕している（「公室年譜略」）。元親よりも前の代で分かれた分家も数多くあり、たとえば土佐藩山内家の家臣・郷士の系図などにも多くが見られるが、ここでは省略する。

なお、高松藩主松平頼重《よりしげ》（水戸黄門徳川光圀の兄）の知遇を得た了翁宗暢なる僧は、長宗我部家の出自であるという（関田駒吉「土佐に於ける禅僧餘談」）。了翁は讃岐国高松の宝泉寺の住職だというが、残念ながら誰の子かは不明である。

遺臣たちのその後

盛親が関ヶ原の戦いののち多くの遺臣を召し放ったこと、大坂の陣で入城した家臣も多かったこと、桑名吉成のようにそのまま離れた家臣も多かったことは説明済みである。

藤堂家の場合、大坂の陣前から仕えた者が多かったが、先述の長宗我部主水や戸波又兵衛のように、大坂の陣後に仕えた家臣もいた。それぞれ紹介者は違うが（主水は石田清兵衛、又兵衛は近衛信尋《のぶひろ》）、長宗我部家の縁が彼らの仕官に影響していたのではないか。こうした仕官は、大坂で直接戦って大損害を受けた藤堂高虎の度量を示すものでもあろう。上洛した元親を高虎が取り次いだ時以来、両家の間では浅からぬ因縁が続いていたのであった。

三家老の家では、中内与三右衛門重由《しげよし》が阿波蜂須賀家に仕えており、大坂に入城した弟の中内惣右衛門を引き取ったことは先に説明した。残る久武家に関しては、加藤清正に仕えたのち、熊本藩（細川家）に仕えている（「細川家先祖附」久武卓甫）。久武親直は盛親に殉じることは無かったが、盛親が再仕活動をしていた時期に蜷川道標に盛親の取り成しを頼み込んでおり、旧主の進退を非常に心配していたことが分かっている（『大日本古文書　蜷川家文書』七九号）。

この他の遺臣の動向は挙げているとキリが無いが、最後に土佐国に残った者たちについて触れておこう。

長宗我部家の代わりに土佐国の支配者となった山内一豊の弟康豊は、入国当初に庄屋たちに対して「（浦戸一揆に参加した）一領具足であっても異議は無いので村に帰らせてください。奉公をしたければ私が取りなしますので安心してください」と約束していた（『山内家史料　一豊公記』四〇〇頁）。ただ、引き続き庄屋になったり、新たに庄屋になったりした者以外だと、入国当初から藩士として土佐藩に仕えた長宗我部遺臣はそれほど多くない。盛親の再仕官の可能性が残っていたこともあっただろうが、罠ではないかと恐れていた者も多かったのだろう。慶長六年（一六〇一）三月に、桂浜での相撲大会を見物に来た一揆の参加者が捕らえられて磔にされるという事件が起こったとされていることから見て、一揆に参加していない遺臣も出てきづらい状況だったのではないか（『山内家史料　一豊公記』四六三頁）。

その後、徐々に土佐藩に仕える遺臣が出てきたが、高知城下に出てこずに、庄屋や国境警備のため地元の村に残っている者が多かった。そして土佐藩奉行の野中兼山が郷士（郷侍）を大々的に募集したことにより、村で新田開発をして居住しながら郷士として土佐藩に仕える遺臣が一挙に増加した。兼山は途中で失脚し、郷士は高知城下で奉公する藩士よりも低い地位（下士）として位置づけられるようになっていく。これは山内家が長宗我部遺臣を冷遇したというよりは、兼山が郷士を優遇しすぎていたと見るべきだろう（兼山が取り立てた郷士は長宗我部遺臣以外も多い）。こうして、長宗我部家時代に村に住みながら奉公していた武士たちの多くは、土佐藩のもとでも同様の生活を送っていくことになった。

参考文献

古文書・文書集

「土佐国蠹簡集」「土佐国蠹簡集拾遺」「土佐国蠹簡集木屑」「土佐国蠹簡集竹頭」「土佐国古文叢」（『高知県史』古代中世史料編、高知県、一九七七年）

＊江戸時代に土佐藩士奥宮正明やその影響を受けた人物たちが編纂した史料集。貴重な文書の写しを多数収録し、考察も加えられている。

「安芸文書」「行宗文書」「香宗我部家伝証文」（近世村落研究会編『近世村落自治史料集　第二集　土佐国地方史料』日本学術振興会、一九五六年）

「石谷家文書」（浅利尚民・内池英樹編『石谷家文書』吉川弘文館、二〇一五年）

＊近年発見された、元親の妻の実家石谷家の文書。

「村島家文書」（渡部淳「村島家文書――長宗我部氏関連文書」『土佐山内家宝物資料館研究紀要』九、二〇一一年）

橋詰茂「長宗我部元親新出文書について」（『香川県立文書館紀要』一一、二〇〇七年）

「水戸鈴木家文書」（藤井達也「史料紹介　水戸藩家老の家に伝わった中世文書――『水戸鈴木家文書』の紹介」『常総中世史研究』三、二〇一五年）

「久留島家文書」（野口喜久雄「史料紹介　久留島家文書」『歴史学・地理学年報』八、一九八四年）

田中健二「『香川県史』刊行後の新出中世史料について（続）」（『香川史学』二六、一九九九年）
『土佐神社の文化財　古文書篇』高知市教育委員会、一九九四年
東京帝国大學文學部史料編纂掛編『大日本古文書　島津家文書』東京帝国大學文學部史料編纂掛、一九四二〜二〇一一年
東京帝国大學文學部史料編纂掛編『大日本古文書　毛利家文書』東京帝国大學文學部史料編纂掛、一九二〇〜二四年
東京帝国大學文學部史料編纂掛編『大日本古文書　小早川家文書』東京帝国大學文學部史料編纂掛、一九二七年
東京帝国大學文學部史料編纂掛編『大日本古文書　吉川家文書』東京帝国大學文學部史料編纂掛、一九二五〜三二年
東京帝国大學文學部史料編纂掛編『大日本古文書　浅野家文書』東京帝國大學、一九〇六年
東京大学史料編纂所編『大日本古文書　蜷川家文書』東京大学出版会、一九八一〜九六年
「黒田家文書」（福岡市博物館編『黒田家文書』福岡市博物館、一九九八〜九九年）
「立花家文書」（『福岡県史』近世史料編柳川藩初期、西日本文化協会、一九八六〜八八年）
「西笑和尚文案」（伊藤真昭・上田純一・原田正俊・秋宗康子編『相国寺蔵　西笑和尚文案』思文閣出版、二〇〇七年）
「永運院文書」（京都市歴史資料館編『叢書京都の史料　大中院文書・永運院文書』京都市歴史資料館、二〇〇六年）
村井祐樹編『脇坂家文書集成』たつの市立龍野歴史文化資料館、二〇一六年
「一条文書」東京大学史料編纂所蔵影写本
「百瀬文書」東京大学史料編纂所蔵影写本

「東山御文庫所蔵史料」東京大学史料編纂所蔵写真帳
「豊国社祠官萩原文書」東京大学史料編纂所蔵写真帳
名古屋市博物館編『豊臣秀吉文書集』一―二、吉川弘文館、二〇一五～一六年
村井祐樹・土居聡朋・山内治朋編『戦国遺文　瀬戸内水軍編』東京堂出版、二〇一二年
山口県文書館編『萩藩閥閲録』山口県文書館、一九六七～七一年
小杉榲邨編『阿波国徴古雑抄』日本歴史地理学会、一九一三年
大分県教育委員会篇『大分県史料　三三　大友家文書録三』大分県教育委員会、一九八〇年
山内家史料刊行委員会編『山内家史料　第一代　一豊公記』山内神社宝物資料館、一九八〇年
「旧記雑録」（『鹿児島県史料　旧記雑録』後編二～四、鹿児島県、一九八一～八三年）

日記

「御湯殿上日記」（『続群書類従』補遺三、続群書類従完成会、一九五七～六六年）
「多聞院日記」（『増補　続史料大成　多聞院日記』臨川書店、一九七八年）
「貝塚御座所日記」（大澤研一「史料紹介　貝塚御座所日記」『寺内町研究』一―六、一九九五～二〇〇二年）
「上井覚兼日記」（東京大學史料編纂所編『大日本古記録　上井覚兼日記』岩波書店、一九五四～五七年）
「言経卿記」（東京大學史料編纂所編『大日本古記録　言経卿記』岩波書店、一九五九～九一年）
「時慶記」（時慶記研究会編『時慶記』臨川書店、二〇〇五年～刊行中）
「朝鮮日々記」（『朝鮮日々記を読む』法蔵館、二〇〇〇年）
「慶長日件録」（『史料纂集　慶長日件録』続群書類従完成会、一九八一～九六年）
「鹿苑日録」（『鹿苑日録』太洋社、一九三四～三七年）

「本光国師日記」（『新訂　本光国師日記』続群書類従完成会、一九六六～七一年）
「駿府記」（『史籍雑纂　当代記・駿府記』続群書類従完成会、一九九五年）
「東遊草」（駒敏郎・村井康彦・森谷尅久編『史料　京都見聞記』一、紀行Ⅰ、法蔵館、一九九一年）

その他一次史料・自治体史史料編

「長宗我部地検帳」（宗野昇編『長宗我部地検帳』高知県立図書館、一九五七～六八年）
＊長宗我部元親・盛親が作成した検地帳を、土佐藩が接収して現代まで伝えたもの。重要文化財にも指定されている。
「長宗我部氏掟書」「長宗我部元親式目」（佐藤進一・池内義資・百瀬今朝雄編『中世法制史料集』三、武家家法Ⅰ、岩波書店、一九六五年）
＊前者は「長宗我部元親百箇条」とも呼ばれる有名な分国法。後者は長宗我部元親に仮託した偽法。
『中世法制史料集』五、武家家法Ⅲ、岩波書店、二〇〇一年
黒川隆弘編『讃岐社寺の棟札』一―三、美巧社、一九七九～九九年
「濫妨人幷落人改帳」「大坂夏役戦功割子」（『新修大阪市史』史料編五、二〇〇六年）
『新青森市史』資料編二古代・中世、青森市、二〇〇四年
『小田原市史』別編城郭、小田原市、一九九五年
『三重県史』資料編近世一、三重県、一九九三年
『新修彦根市史』六、史料編近世一、彦根市、二〇〇二年
『小浜市史』史料編諸家文書編一、小浜市、一九七九年
『高瀬町史』史料編、高瀬町、二〇〇二年

『愛媛県史』資料編古代・中世、一九八三年
高知市史編さん委員会絵図地図部会編『描かれた高知市　高知市史　絵図地図編』高知市、二〇一二年
『豊前市史』文書資料、豊前市、二〇〇二年
『熊本県史料』中世編第一、熊本県、一九六一年

系図・物語・記録・イエズス会関係史料

「細川家先祖附」熊本県立図書館所蔵写真帳
「蜂須賀家家臣成立書并系図」徳島大学附属図書館データベースで閲覧
「長宗我部家系」（『皆山集』一、高知県立図書館、一九七八年）
「長曾我部譜」（近藤瓶城編『史籍集覧』一五、近藤出版部、一九二六年）
「津野氏家系考証」「長曾我部系図」（『土佐国群書類従』三、高知県立図書館、二〇〇〇年）
「寛永諸家系図伝」（日光東照宮社務所『寛永諸家系図伝』続群書類従完成会、一九八九〜九一年）
「竹心遺書」（野本亮「史料紹介『竹心遺書』について」『高知県立歴史民俗資料館研究紀要』二〇、二〇一六年）
＊別名「桑名弥次兵衛一代記」。桑名吉成の弟である又右衛門一重が、吉成の子兵助のために寛永九年（一六三二）に作成したもの。
「元親記」「長元記」「土佐軍記」「南国中古物語」「土佐国記事略編年」「福冨半右衛門親政法名浄安覚書」（『土佐国群書類従』四、高知県立図書館、二〇〇一年）
＊「元親記」「長元記」や覚書類は長宗我部家の旧臣が執筆している。記憶違いや誇張もあるため、注意が必要である。
「土佐国古城伝承記」「千部経始末覚」（『皆山集』二、高知県立図書館、一九七五年）

「土佐物語」「四国軍記」（国史研究会編『国史叢書　土佐物語一』『国史叢書　土佐物語二・四国軍記』国史研究会、一九一四年）
「南海通記」（香西成資『史料叢書　南海通記』弘成舎、一九二六年）
「南海治乱記」（香西成資『南海治乱記』香川新報社、一九一三年）
＊元親や盛親に関する出来事やイメージは「土佐物語」「南海治乱記」の影響がかなり大きいが、この両書は「元親記」「長元記」を潤色して書かれた部分も多く、信憑性は低い。
「昔阿波物語」（『戦国史料叢書　四国史料集』人物往来社、一九六六年）
「親民鑑月集」（『清良記―親民鑑月集』お茶の水書房、一九五五年）
「信長公記」（奥野高広・岩沢愿彦校注『信長公記』角川書店、一九六九年）
『関原軍記大成』（黒川眞道編『国史叢書　関原軍記大成』国史研究会、一九一六年）
「柴田合戦記」「四国御発向並北国御動座事」（桑田忠親校注『戦国史料叢書　太閤史料集』人物往来社、一九六五年）
「大坂御陣覚書」（大阪市史編纂所編『大阪市史史料第七十六輯　大坂御陣覚書』大阪市史料調査会、二〇一一年）
「脇坂記」「細川忠興軍功記」「豊内記」「渡辺水庵覚書」（『続群書類従』二〇下）
「長澤聞書」（『史籍集覧』一六）
「土屋忠兵衛知貞私記」（『続々群書類従』四）
「元和先鋒録」（中村勝利校注『元和先鋒録』三重県郷土資料刊行会、一九七六年）
「香宗我部氏記録」（『続々群書類従』四）
「土佐遺語」（谷重遠『土佐遺語』前田和男、一九七二年）

「聚楽第行幸記」（『群書類従』三）
「秀吉公元親亭御成記」（「続遺老物語」東京大学史料編纂所蔵謄写本）
「石清水放生会記」（『続群書類従』二上）
「徳川実紀」（『新訂増補国史大系　徳川実紀』吉川弘文館）
中山巌水『土佐国編年記事略』臨川書店、一九七四年
「公室年譜略」（上野市古文献刊行会編『公室年譜略』清文堂出版、二〇〇二年）
「高山公実録」（上野市古文献刊行会編『高山公実録』上・下、清文堂出版、一九九八年）
『雲居和尚年譜』思文閣出版、一九八三年
野澤隆一「史料紹介　足摺岬金剛福寺蔵土佐一条氏位牌群」『国学院雑誌』八七―四、一九八六年
平井上総「史料紹介　高野山金剛三昧院所蔵『土佐香宗我部氏過去帳』（一）」『北海道大学文学研究科紀要』一四二、二〇一四年
村上直次郎訳『イエズス会士日本通信』上・下、雄松堂書店、一九八二・八三年
村上直次郎訳『イエズス会日本年報』上・下、雄松堂書店、一九七九年
ルイス・フロイス著、松田毅一・川崎桃太訳『日本史』中央公論社、一九七八年
松田毅一監訳『十六・七世紀イエズス会日本報告集』同朋舎出版、一九八七～九八年

著　書

朝倉慶景『石川氏及び天正期東予・西讃の諸将についての研究』石川征治、一九八八年
池享『戦国・織豊期の武家と天皇』校倉書房、二〇〇三年（「聚楽第行幸における行列の意味」）
井上和夫『長宗我部掟書の研究』高知市民図書館、一九五五年

笠谷和比古『戦争の日本史一七　関ヶ原合戦と大坂の陣』吉川弘文館、二〇〇七年
加藤理文『織豊権力と城郭』高志書院、二〇一二年
桐野作人『だれが信長を殺したのか』ＰＨＰ研究所、二〇〇七年
下村效『戦国織豊期の社会と文化』吉川弘文館、一九八二年（「戦国期南海路交易の発展」「野根益長画像と玉篇略」）
下村效『日本中世の法と経済』続群書類従完成会、一九九八年（「土佐長宗我部氏の初期検地」「豊臣氏官位制度の成立と発展」「歩制よりみた長宗我部天正検地帳の諸問題」「長宗我部元親墓碑再考」）
＊下村氏は長宗我部検地や官位などの研究を大きく進展させた。
関田駒吉『関田駒吉歴史論文集』上・下、高知市民図書館、一九七九・八一年（「土佐史界の開拓者谷秦山」「仁如集堯と長宗我部国親」「土佐に於ける禅僧余談」は平井上総編『シリーズ・織豊大名の研究　長宗我部元親』にも収録）
＊戦前から、長宗我部家に関する重要な指摘を多くしている。
谷口克広『検証　本能寺の変』吉川弘文館、二〇〇七年
長宗我部友親『長宗我部』バジリコ、二〇一〇年
長宗我部友親『長宗我部　復活篇』文藝春秋、二〇一六年
津野倫明『長宗我部氏の研究』吉川弘文館、二〇一二年（「南海路と長宗我部氏」「小牧・長久手の戦いと長宗我部氏」「長宗我部権力における非有斎の存在意義」「慶長の役における長宗我部元親の動向」「軍目付垣見一直と長宗我部元親」「豊臣期における長宗我部氏の領国支配」「長宗我部盛親の家督相続」）
＊特に豊臣政権期の長宗我部家の内部構造の研究が従来の説を一変させた。
津野倫明『長宗我部元親と四国』吉川弘文館、二〇一四年

＊コンパクトな概説書ながら、最新の研究成果がふんだんに盛り込まれている。
寺石正路『土佐名家系譜』歴史図書社、一九七六年
中野等『秀吉の軍令と大陸侵攻』吉川弘文館、二〇〇六年
橋詰茂『瀬戸内海地域社会と織田権力』思文閣出版、二〇〇七年（「瀬戸内をめぐる地域権力の抗争」「戦国期地域権力の終焉」）
平井上総『長宗我部氏の検地と権力構造』校倉書房、二〇〇八年（「豊臣期長宗我部氏の二頭政治」「豊臣期長宗我部氏の給人統制」「豊臣期長宗我部氏における権力構造の変容」「戦国～豊臣期における長宗我部氏の一族」）
藤木久志『豊臣平和令と戦国社会』東京大学出版会、一九八五年
藤田達生『証言　本能寺の変』八木書店、二〇一〇年
藤田達生『日本近世国家成立史の研究』校倉書房、二〇〇一年
松本豊寿『城下町の歴史地理学的研究』吉川弘文館、一九六七年（「内湾干拓新田の歴史地理学研究」「豊臣大名城下町としての大高坂城下町」）
山本大『長宗我部元親』吉川弘文館、一九六〇年
＊戦後の長宗我部家に関する通説は山本氏によるところが大きい。
山本大『高知県の歴史』山川出版社、一九七〇年
山本浩樹『戦争の日本史　西国の戦国合戦』吉川弘文館、二〇〇七年
横川末吉『長宗我部地検帳の研究』高知市民図書館、一九六一年
＊長宗我部検地を知るための必読文献。

論文

秋澤繁「書評『高知県史古代中世篇』」(『海南史学』一〇、一九七二年)
秋澤繁「中世」(『佐川町史』上、佐川町、一九八二年)
秋澤繁「豊臣政権下の大名石高について」(秋澤繁編『戦国大名論集　長宗我部氏の研究』吉川弘文館、一九八六年、初出一九七五年)
秋澤繁「織豊期長宗我部氏の一側面」(平井上総編『シリーズ・織豊大名の研究　長宗我部元親』戎光祥出版、二〇一四年、初出二〇〇〇年)
朝倉慶景「天正時代初期の土佐一条家(上)」(『土佐史談』一六六、一九八四年)
朝倉慶景「土佐一条氏の動向」(山本大編『長宗我部元親のすべて』新人物往来社、一九八九年)
朝倉慶景「長宗我部氏の名字と居住地について」(『土佐史談』二四四、二〇一〇年)
朝倉慶景「長宗我部元親夫人の出自について」(平井上総編『シリーズ・織豊大名の研究　長宗我部元親』、初出二〇〇三年)
朝倉慶景「高野山成福院にみる土州長宗我部殿過去帳からの考察」(『土佐史談』二四九、二〇一二年)
天野忠幸「三好長治・存保・神五郎兄弟小考」(『鳴門史学』二六、二〇一二年)
天野忠幸「総論　阿波三好氏の系譜と動向」(天野忠幸編『阿波三好氏』岩田書院、二〇一二年、初出二〇〇四年)
天野忠幸「織田・羽柴氏の四国進出と三好氏」(四国中世史研究会・戦国史研究会編『四国と戦国世界』岩田書院、二〇一三年)
石野弥栄「戦国期南伊予の在地領主と土佐一条氏」(市村高男編『中世土佐の世界と一条氏』高志書院、二〇一〇年)

市村高男「永禄末期における長宗我部氏の権力構造――『一宮再興人夫割帳』の分析を中心に」（平井上総編『シリーズ織豊大名の研究　長宗我部元親』、初出一九九八年）
市村高男「戦国の群雄と土佐国」（荻慎一郎ほか『高知県の歴史』山川出版社、二〇〇一年）
市村高男「海運・流通から見た土佐一条氏」（市村高男編『中世土佐の世界と一条氏』）
市村高男「中世四国における西遷武士団のその後」（平井上総編『シリーズ・織豊大名の研究　長宗我部元親』、初出二〇〇五・〇六年）
岡田謙一「細川高国派の和泉守護について」（『ヒストリア』一八二、二〇〇二年）
川島佳弘「戦国末期における長宗我部氏と毛利氏の関係」（『四国中世史研究』九、二〇〇七年）
窪内茂「永禄六年以降の軍記物に記された本山氏の動向についての一考察」（『土佐史談』二三五、二〇〇七年）
窪内茂「戦国末期の長宗我部氏による本山攻めと国人・領主本山氏の最期」（『土佐史談』二五二、二〇一三年）
桑名洋一「『長宗我部氏の四国統一』についての一考察」（『伊予史談』三五〇、二〇〇八年）
下村效「長宗我部元親と一領具足」（『四国の戦国群像』高知県立歴史民俗資料館図録、一九九四年）
菅原正子「戦国大名の密懐法と夫婦」（『歴史評論』六七九、二〇〇六年）
関田英里「土佐の『石高』について」（『土佐史談』九一、一九五七年）
多田真弓「戦国末期讃岐国元吉城をめぐる動向」（天野忠幸編『阿波三好氏』、初出二〇〇四年）
田中健二「長宗我部元親の東讃侵攻と諸勢力の消長」（『香川県立文書館紀要』七、二〇〇三年）
津野倫明「豊臣政権の『取次』蜂須賀家政」（『戦国史研究』四一、二〇〇一年）
津野倫明「慶長の役における『四国衆』」（地方史研究協議会編『歴史に見る四国』雄山閣、二〇〇八年）
津野倫明「戦国期土佐における渡川合戦の意義」（高知大学人文社会科学部門「高知をめぐる戦争と交流の史的研究」研究班編『高知をめぐる戦争と交流の史的研究』二〇一六年）

東近伸「キリシタン史料から見た四万十川（わたりがわ）合戦と一条兼定」（『土佐史談』二四四、二〇一〇年）
中井均「織豊系城郭の地域的伝播と近世城郭の成立」（村田修三編『新視点　中世城郭研究論集』新人物往来社、二〇〇二年）
中野良一「湯築城跡出土の瓦について」（平井上総編『シリーズ・織豊大名の研究　長宗我部元親』、初出二〇〇〇年）
中平景介「伊予河野氏と四国国分について」（山内治朋編『伊予河野氏』岩田書院、二〇一五年、初出二〇〇八年）
中平景介「阿波大西氏に関する長宗我部元親書状について」（『四国中世史研究』一二、二〇一三年）
中平景介「天正前期の阿波をめぐる政治情勢」（『戦国史研究』六六、二〇一三年）
野本亮「長宗我部国親発給文書について」（『高知県立歴史民俗資料館研究紀要』一九、二〇一五年）
＊野本氏は、「長宗我部元親発給文書に関する若干の考察」「長宗我部元親の右筆とその周辺」で元親の右筆などにも検討を加えている（ともに平井上総編『シリーズ・織豊大名の研究　長宗我部元親』に収録）。
平井上総「関ヶ原合戦と土佐長宗我部氏の改易」（『日本歴史』七一八、二〇〇八年）
平井上総「「長宗我部元親式目」考」（『史学雑誌』一一八―四、二〇〇九年）
平井上総「津田信張の岸和田入城と織田・長宗我部関係」（『戦国史研究』五九、二〇一〇年）
平井上総「土佐国における庄屋制の成立」（『戦国史研究』六四、二〇一二年）
平井上総「浪人長宗我部盛親と旧臣」（天野忠幸ほか編『戦国・織豊期の西国社会』日本史史料研究会、二〇一二年）
平井上総「中近世移行期の地域権力と兵農分離」（『歴史学研究』九一一、二〇一三年）
平井上総「長宗我部元親の四国侵攻と外交関係」（平井上総編『シリーズ・織豊大名の研究　長宗我部元親』）

平井上総「検地と知行制」（大津透・桜井英治・藤井讓治・吉田裕・李成市編『岩波講座　日本歴史』中世四、岩波書店、二〇一五年）
平井上総「一領具足考」（『花園史学』三六、二〇一五年）
藤井讓治「阿波出兵をめぐる羽柴秀吉書状の年代比定」（『織豊期研究』一六、二〇一四年）
前川要・千田嘉博・小島道裕「戦国期城下町研究ノート——郡山城・吉田、春日山、岡豊」（『国立歴史民俗博物館研究報告』三二、一九九一年）
松田毅一「サン・フェリーペ号事件の再検討」（『清泉女子大学紀要』一四、一九六六年）
松田直則「長宗我部氏の城郭」（萩原三雄・中井均編『中世城館の考古学』高志書院、二〇一四年）
目良裕昭「戦国末～豊臣期土佐国における城下町の形成と展開」（市村高男編『中世土佐の世界と一条氏』）
森公章「土佐国の成り立ち」（荻慎一郎ほか『高知県の歴史』）
森脇崇文「細川真之と三好長治の関係破綻をめぐって」（『戦国遺文　三好氏編』月報三、東京堂出版、二〇一五年）
山内治朋「毛利氏と長宗我部氏の南伊予介入」（四国中世史研究会・戦国史研究会編『四国と戦国世界』）
山内譲「長宗我部元親のいわゆる四国統一について」（山内治朋編『伊予河野氏』、初出一九九三年）
山本大「長宗我部元親の軍事行動」（山本大編『長宗我部元親のすべて』）
行藤たけし「古文書への招待——文書の生涯」（『海南千里』九、二〇〇三年）
横田冬彦「豊臣政権と京都」（日本史研究会編『豊臣秀吉と京都』文理閣、二〇〇一年）
吉田萬作「安芸氏論考」（山本大編『高知の研究』二、清文堂出版、一九八二年）
吉田萬作「安芸氏について」（山本大編『長宗我部元親のすべて』）
吉永豊資「長宗我部氏の海事政策」（『土佐史談』一七三、一九八六年）

吉村佐織「豊臣期土佐における女性の知行」(平井上総編『シリーズ・織豊大名の研究 長宗我部元親』、初出二〇〇三年)

図録・編著・報告書

『土佐国分寺』高知県立歴史民俗資料館、二〇〇四年
『長宗我部元親・盛親の栄光と挫折』高知県立歴史民俗資料館、二〇〇一年
『長宗我部盛親』高知県立歴史民俗資料館、二〇〇六年
『長宗我部氏と宇喜多氏』高知県立歴史民俗資料館、二〇一四年
『長宗我部遺臣それぞれの選択』高知県立歴史民俗資料館企画展パンフレット、二〇一五年
秋澤繁・荻慎一郎編『街道の日本史 土佐と南海道』吉川弘文館、二〇〇六年
高知県文化財団埋蔵文化財センター編『浦戸城跡』高知市、一九九五年
高知県文化財団埋蔵文化財センター編『高知城三ノ丸跡』高知県文化財団埋蔵文化財センター、二〇〇一年
高知県文化財団埋蔵文化財センター編『岡豊城跡Ⅲ』高知県文化財団埋蔵文化財センター、二〇〇二年
『南国市史』上、南国市、一九七九年

おわりに

本書では、長宗我部元親・盛親父子の人生を追ってきた。最後に二人の人物像について触れておきたい。

元親の実績についてはもはや言うまでもなかろう。同時代人による彼への評価を探すことは案外難しく、内部のものでは盛親が惟杏永哲に書いてもらった画像讃がある（前掲。二一八頁参照）。外部からの評価として、豊臣秀吉の命を受けて「四国御発向並北国御動座事」を執筆した大村由己は、

四国の守護長宗我部元親は、もともと一条家の侍で、その名を知る者はいなかった。近年元親が勢力を伸ばし、才知があり強く勇ましく、将としての行動を好んだため、四国を切り取り、威勢を振るった。

と記している。この評価は「こんな強い人物も秀吉にはかなわないのだ」という筋書きにするための伏線ではあるが、元親がその才能を駆使して一代で四国全域に勢力を広げたという評価が同時代から

固まっていたことがうかがえる。

彼がなぜ四国全域にまで進出できたのか、という課題に答えるのは難しい。歴史的出来事の結果からの理由の推測は、どうしても恣意的評価が入ってしまうからである。本書で示した事実から言えば、外交合戦での勝利もさることながら、津野倫明氏も『長宗我部元親と四国』で指摘しているように、外交の力が大きかったように思われる。天下統一を狙うのではなく、織田政権の支配下に入りながら領地を拡大していくという手法は、ある時期まで有効に働いていた。豊臣政権との交渉は彼の思い通りにいかなかったことの方が多いが、柴田勝家や徳川家康との連携など、遠隔地の大名と結ぶことで対抗しようとしたのである。豊臣政権への従属後は、出兵や領国統治の方針など、政権からの要求に従い続けて家を保った。

完全に余談となるが、元親は囲碁好きだったようで、林利玄を師匠として仰ぎ、その弟子森弥五郎を優遇していた（「土佐国蠧簡集」八二三・八二四・八八九号）。彼の戦略は趣味の囲碁を通して磨かれたものだったのかもしれない。

外交という点で言えば、阿波・讃岐・伊予の国人に対して元親が書いた書状は、概して文言が丁重である。前にも記したように、元親の勢力拡大はこうした国人領主たちを取り込んでいく形で進められた面が大きいから、彼らをひきつけようとする外交手腕の一端が文言の丁重さに現れているという評価もできる。では彼が誠実・丁重一辺倒だったかというとそうではなく、波川清宗や一宮成相、東條関之兵衛への対応のように、容赦のない一面もある。一条兼定を暗殺しようとしたこともあった。

丁重さと非情さを使い分けなければ、勢力の拡大はできなかったとも言えよう。

盛親の場合、兄を押しのける形で長宗我部家の当主に選ばれてしまい、二十代半ばで浪人となって十数年の不遇の時代を過ごしたのち、敗北して処刑されるという人生を送った。彼は、佞臣の讒言を受け入れて国を失う人物として描かれたり（「土佐物語」）、最後まで志を持った人物とされたりと（「井伊年譜」）、後世の評価も一定しない。現代の視点からは、よくある「家を潰した二代目」として盛親を見たり、長宗我部家衰退の原因は元親が後継者選びを失敗したからだというような見方をしたりすることもある。

だが、関ヶ原の戦い後の改易の事情は本書で記した通りであるから、結果論だけで人物を決めつけるようなことは避けるべきである。事実として言えるのは、関ヶ原合戦後に大名復帰のために各所に働きかけ続けたり、呼び戻すことを約束しながら家臣を召し放ったり再就職の斡旋をしたりしていたことに明らかなように、彼が家臣団も含めた大名家としての長宗我部家を残すことに情熱を傾けていたことである。彼は命令を聞かない家臣を成敗しようとする短気なところもあったが、旧臣たちが大坂の陣で集まってきたことは、彼と家臣たちの関係をうかがわせるものがある。

なお、長宗我部家の軍事・内政面については、一領具足のイメージのせいで遅れた大名とみられることもあるが、筆者としては、鉄砲の活用や豊臣期の土地測量、権力構造の改造など、積極的な面も特記しておきたい。「長宗我部地検帳」「長宗我部氏掟書」という二大史料を残したことは、長宗我部家の名を後世に伝える上でも大きな事績であった（研究者目線から見ても非常にありがたい）。

本書では、元親・盛親を、ドラマやゲームに登場する戦国武将ではなく、長宗我部家という大名権力の経営者・為政者としての面に重きを置いてきたため、彼らの評価も右のようになる。読者には、本書を読んでそうした側面にも興味を持っていただければ幸いである。

本書の執筆依頼を受けたのは二〇一二年末であったが、執筆中に「石谷家文書」の存在が発表されたため、依頼された締め切りを大きく延ばしていただくことになった。途中で職場が変わり、北海道から京都に引っ越したこともあって、本書は想像以上に難産になったと思う。締め切りの延長を受け入れていただいたミネルヴァ書房編集部や、執筆にあたりお世話になった関係各所、そして参照させていただいた先行研究に御礼申し上げたい。

二〇一六年四月

平井上総

長宗我部元親・盛親年譜

和暦	西暦	齢（元親）	齢（盛親）	関係事項	一般事項
天文 八	一五三九	1		元親誕生。国親の長男、母は本山氏。	
一二	一五四三	5			8月ポルトガル人が種子島に漂着、鉄砲が伝来する。
一六	一五四七	9		父国親、長岡郡大津に侵攻。	
一八	一五四九	11			7月フランシスコ・ザビエルが鹿児島に上陸（キリスト教伝来）。
二三	一五五四	16		このころ国親が出家し覚世を名乗る。	
弘治 元	一五五五	17			10・1厳島の戦い。
二	一五五六	18		11・21国親が吸江庵と竹林寺の相論の判決を伝える。	
永禄 元	一五五八	20		9・23国親・元親が国分寺金堂を再建。	
三	一五六〇	22		5月本山茂辰から長浜城を攻略。長浜の戦い。 6・15国親死去、元親が家督を継承。	5・19桶狭間の戦い。

四	一五六一	23			9月第四回川中島の戦い。
六	一五六三	25		3月本山茂辰から朝倉城を攻略。	
八	一五六五	27		この年長男信親が生まれる。	5・19足利義輝が殺される。
一〇	一五六七	29		9月土佐一条家の要請により兵を伊予に派遣。11月土佐神社の再興に取りかかる。	
一一	一五六八	30		この年本山茂辰・貞茂を降伏させる。	9月織田信長が足利義昭を奉じて上洛。
一二	一五六九	31		7月安芸城を包囲、安芸家を滅亡させる。11月土佐一条家から蓮池城を攻略。	
元亀 元	一五七〇	32			6・28姉川の戦い。9月本願寺顕如、諸国の門徒に命じて信長と戦わせる。
二	一五七一	33		この年土佐神社の再興完了。また、津野勝興を傘下に入れる。	6・14毛利元就死去。9・12信長が比叡山延暦寺を焼き討ち。
三	一五七二	34			12・22三方ヶ原の戦い。
天正 元	一五七三	35		9・16一条兼定が出家し、内政が土佐一条家当主になる。	7月信長、足利義昭を京都より追放。
二	一五七四	36		2月一条兼定を大友宗麟のもとへ追放。	
三	一五七五	37	1	7月野根・甲浦を攻略し土佐国東部を統一。9月渡川の戦いに勝利。幡多郡を攻略し土佐	5・21長篠の戦い。

四	一五七六	38	2	国全体を統一。**秋頃**阿波国海部に侵攻か。この年四男盛親が生まれる。**末頃**近衛前久が土佐国を訪れる。この年細川真之・一宮成相と提携。	**12・27**三好長治自害。
五	一五七七	39	3	**2月**伊予国南部に侵攻。この年阿波国に白地城を築く。また、伊予国東部の馬立家・石川家と同盟か。	
六	一五七八	40	4	**10月**長男信親に信長の偏諱をもらう。	**初頭**十河存保が阿波三好家を継承。
七	一五七九	41	5	**6月**伊予国岡本城の戦いで敗北。この年讃岐国の香川信景と同盟を深める。	
八	一五八〇	42	6	**8月頃**大坂の牢人衆・雑賀衆に勝瑞城を奪還される。この年か翌年一条内政を追放。	**閏3・7**信長、本願寺と和睦。
九	一五八一	43	7	**6月**織田信長が三好康長を用いて阿波国攻略に介入。この年一条兼定と和睦。	
一〇	一五八二	44	8	**正月**織田信長に讃岐国と阿波国の引き渡しを要求され断る。**5・21**信長に阿波国諸城の引き渡しを伝える。**8・28**中富川の戦いに勝利。**9・21**勝瑞城を攻略。**10月**長宗我部勢・羽柴勢ともに撤退。	**6・2**本能寺の変。

一一	一五八三	45	9	正月織田信孝・柴田勝家と同盟。4・21讃岐国引田の戦いに勝利。12・4三好存保と千石秀久が阿波国河端城を攻撃。末頃羽柴秀吉に和睦を提案し失敗。	4・21賤ヶ岳の戦い。
一二	一五八四	46	10	3月織田信雄・徳川家康と同盟。6月上旬讃岐国十河城を攻略。この年毛利輝元との同盟が破れる。	3〜11月小牧・長久手の戦い。
一三	一五八五	47	11	正月羽柴秀吉に和睦を提案し失敗。4月西園寺公広を下す。6月羽柴秀吉に降伏を提案し失敗。7月末羽柴秀長勢に降伏し土佐一国のみ安堵。10月京都で秀吉と面会。このころ居城を大高坂城に移転か。	7・11秀吉が関白になる。夏頃一条兼定死去。9月頃秀吉が豊臣に改姓。
一四	一五八六	48	12	正月大坂で秀吉に年頭の挨拶。7月九州への出陣を命じられる。9月下旬九州に上陸。12・12戸次川の戦いで敗北、信親戦死。	
一五	一五八七	49	13	5月大隅国加増を提案されるが取り消し。9月土佐国の総検地を開始（〜天正一八年）。	6・19秀吉が伴天連追放令を制定。
一六	一五八八	50	14	4月侍従に任官、聚楽第行幸に参加。	7・8秀吉が刀狩令を制定。
一七	一五八九	51	15	8月聚楽第在京を命じられる。	
一八	一五九〇	52	16	この年小田原北条家攻めに出陣。後継者を四	

				男盛親と決定し、吉良親実・比江山掃部助を切腹させる。	
一九	一五九一	53	17	この年居城を浦戸城に移転か。	
二〇	一五九二	54	18	3月朝鮮に出陣（文禄の役）。	12・27秀吉が甥秀次に関白職を譲る。
文禄二	一五九三	55	19	9月朝鮮から帰国。	
四	一五九五	57	21	3月奉行人の浦戸城下移住を実施。4・26庄屋制を開始。	7・15豊臣秀次自害。
五	一五九六	58	22	4・27伏見の長宗我部邸に豊臣秀吉が御成。8・28スペイン船サン・フェリペ号が浦戸に漂着。10月国分寺千部経を開始。11・15長宗我部氏掟書を制定。	
慶長二	一五九七	59	23	6月朝鮮に出陣（慶長の役）。	
三	一五九八	60	24	5月朝鮮から帰国。11・26徳川家康が伏見の長宗我部邸を訪問。	8・18豊臣秀吉没。
四	一五九九	61	25	正月三男津野親忠を岩村に幽閉。5・19伏見の屋敷で死去。	
五	一六〇〇		26	8月西軍に属して伊勢国安濃津城を攻撃。9・15関ヶ原の戦いで敗北。9月末土佐に帰国し、防戦の準備をする。11・12降伏のため	

				大坂に到着。12・3頃浦戸一揆が起こるが鎮圧。	
六	一六〇一		27	この年伏見に移住し仕官活動を継続。家臣の多くを召し放つ。	
八	一六〇三		29		2・12徳川家康が征夷大将軍に任ぜられ、江戸に幕府を開く。
一〇	一六〇五		31	このころ出家し、洛中の相国寺付近に移住。	4・16家康が秀忠に将軍職を譲る。
一九	一六一四		40	10月大坂城に入城。12月大坂冬の陣。	
二〇	一六一五		41	5・6大坂夏の陣。八尾の戦いで敗北。5・10八幡山の麓で蜂須賀勢に捕獲される。5・15洛中引き回しの上、六条河原で処刑される。	5・8豊臣秀頼が母淀殿とともに自害。

*竹越与三郎　西田　毅
内藤湖南・桑原隲蔵　礪波　護
廣池千九郎　橋本富太郎
岩村　透　今橋映子
*西田幾多郎　大橋良介
*金沢庄三郎　石川遼子
柳田国男　鶴見太郎
厨川白村　張　競
天野貞祐　貝塚茂樹
大川周明　山内昌之
西田直二郎　林　淳
折口信夫　斎藤英喜
辰野　隆　金沢公子
シュタイン　瀧井一博
*西　周　清水多吉
*福澤諭吉　平山　洋
成島柳北　山田俊治
福地桜痴　山田俊治
島田三郎　武藤秀太郎
田口卯吉　鈴木栄樹
*陸　羯南　松田宏一郎
黒岩涙香　奥　武則
長谷川如是閑　織田健志
*吉野作造　田澤晴子
山川　均　米原　謙
*岩波茂雄　十重田裕一
*北　一輝　岡本幸治

*穂積重遠　大村敦志
中野正剛　吉田則昭
*満川亀太郎　福家崇洋
*北里柴三郎　福田眞人
高峰譲吉　木村昌人
田辺朔郎　秋元せき
*南方熊楠　飯倉照平
石原　純　金子　務
*辰野金吾　河上眞理・清水重敦
*七代目小川治兵衛　尼崎博正
ブルーノ・タウト　北村昌史

現代

昭和天皇　御厨　貴
高松宮宣仁親王　後藤致人
*李方子　小田部雄次
吉田　茂　中西　寛
マッカーサー　柴山　太
石橋湛山　増田　弘
重光　葵　武田知己
市川房枝　村井良太
*池田勇人　藤井信幸
高野　実　篠田　徹
和田博雄　庄司俊作
朴正熙　木村　幹

竹下　登　真渕　勝
*松永安左エ門　橘川武郎
鮎川義介　井口治夫
*出光佐三　橘川武郎
松下幸之助　米倉誠一郎
渋沢敬三　井上　潤
*本田宗一郎　伊丹敬之
井深　大　武田　徹
*佐治敬三　小玉　武
幸田家の人々　金井景子
*正宗白鳥　大嶋　仁
大佛次郎　福島行一
*川端康成　大久保喬樹
*薩摩治郎八　小林　茂
太宰　治　安藤　宏
松本清張　杉原志啓
安部公房　鳥羽耕史
*三島由紀夫　島内景二
井上ひさし　成田龍一
R・H・ブライス　菅原克也
柳　宗悦　熊倉功夫
バーナード・リーチ　鈴木禎宏
イサム・ノグチ　酒井忠康
熊谷守一　古川秀昭

川端龍子　岡部昌幸
藤田嗣治　林　洋子
*井上有一　海上雅臣
*手塚治虫　竹内オサム
古賀政男　藍川由美
*吉田　正　金子　勇
武満　徹　船山　隆
*八代目坂東三津五郎　田口章子
*力道山　岡村正史
*西田天香　宮田昌明
安倍能成　中根隆行
サンソム夫妻　平川祐弘・牧野陽子
和辻哲郎　小坂国継
矢代幸雄　稲賀繁美
石田幹之助　岡本さえ
*平泉　澄　若井敏明
安岡正篤　片山杜秀
島田謹二　小林信行
田中美知太郎　川久保剛
前嶋信次　杉田英明
唐木順三　澤村修治
保田與重郎　谷崎昭男
*福田恆存　川久保剛
井筒俊彦　安藤礼二
佐々木惣一　伊藤孝夫
小泉信三　都倉武之
*瀧川幸辰　伊藤孝夫

矢内原忠雄　等松春夫
式場隆三郎　服部　正
*フランク・ロイド・ライト　大久保美春
*中谷宇吉郎　杉山滋郎
大宅壮一　有馬　学
今西錦司　山極寿一

*は既刊
二〇一六年八月現在

*月性 海原徹
*吉田松陰 海原徹
*高杉晋作 海原徹
久坂玄瑞 一坂太郎
ペリー 遠藤泰生
ハリス 福岡万里子
オールコック 佐野真由子
アーネスト・サトウ 奈良岡聰智
緒方洪庵 米田該典

近代

*明治天皇 伊藤之雄
*大正天皇 F・R・ディキンソン
*昭憲皇太后・貞明皇后 小田部雄次
大久保利通 三谷太一郎
山県有朋 鳥海靖
木戸孝允 落合弘樹
井上馨 伊藤之雄
*松方正義 室山義正
北垣国道 小林丈広
板垣退助 小川原正道
長与専斎 笠原英彦
大隈重信 五百旗頭薫
伊藤博文 坂本一登
井上毅 大石眞
*井上勝 老川慶喜
*桂太郎 小林道彦
*渡邉洪基 瀧井一博
*乃木希典 佐々木英昭
星亨 小林道彦
*児玉源太郎 小林道彦
*高宗・閔妃 木村幹
山本権兵衛 室山義正
*金子堅太郎 松村正義
高橋是清 鈴木俊夫
小村寿太郎 簑原俊洋
*犬養毅 小林惟司
*加藤高明 櫻井良樹
牧野伸顕 小宮一夫
田中義一 黒沢文貴
内田康哉 高橋勝浩
石井菊次郎 廣部泉
平沼騏一郎 堀田慎一郎
鈴木貫太郎 小堀桂一郎
宇垣一成 北岡伸一
*宮崎滔天 榎本泰子
*浜口雄幸 川田稔
幣原喜重郎 西田敏宏
関一 玉井金五
水野広徳 片山慶隆
広田弘毅 井上寿一
安重根 上垣外憲一
*グルー 廣部泉
*永田鉄山 森靖夫
東條英機 牛村圭
今村均 前田雅之
蔣介石 劉岸偉
石原莞爾 山室信一
木戸幸一 波多野澄雄
*岩崎弥太郎 武田晴人
伊藤忠兵衛 末永國紀
五代友厚 田付茉莉子
大倉喜八郎 村上勝彦
*安田善次郎 由井常彦
渋沢栄一 武田晴人
益田孝 鈴木邦夫
山辺丈夫 宮本又郎
武藤山治 阿部武司・桑原哲也
池田成彬 松浦正孝
西原亀三 森川正則
小林一三 橋爪紳也
大倉恒吉 石川健次郎
大原孫三郎 猪木武徳
*河竹黙阿弥 今尾哲也
イザベラ・バード 加納孝代
*林忠正 木々康子
*森鷗外 小堀桂一郎
*二葉亭四迷 ヨコタ村上孝之
夏目漱石 佐々木英昭
徳冨蘆花 半藤英明
巖谷小波 千葉信胤
樋口一葉 佐伯順子
*島崎藤村 十川信介
泉鏡花 東郷克美
上田敏 小林茂
*有島武郎 亀井俊介
永井荷風 川本三郎
北原白秋 平石典子
菊池寛 山本芳明
芥川龍之介 髙橋龍夫
*宮沢賢治 千葉一幹
正岡子規 夏石番矢
高浜虚子 坪内稔典
与謝野晶子 佐伯順子
*種田山頭火 村上護
*斎藤茂吉 品田悦一
*高村光太郎 湯原かの子
萩原朔太郎 エリス俊子
*原阿佐緒 秋山佐和子
*狩野芳崖・高橋由一 古田亮
*小堀鞆音 小堀桂一郎
竹内栖鳳 北澤憲昭
黒田清輝 高階秀爾
中村不折 石川九楊
横山大観 高階秀爾
*橋本関雪 西原大輔
小出楢重 芳賀徹
土田麦僊 天野一夫
岸田劉生 北澤憲昭
*山田耕筰 後藤暢子
松旭斎天勝 川添裕
中山みき 鎌田東二
佐田介石 谷川穣
*ニコライ 中村健之介
出口なお・王仁三郎 川村邦光
島地黙雷 阪本是丸
*新島襄 太田雄三
新島八重 佐伯順子
木下広次 冨岡勝
海老名弾正 西田毅
嘉納治五郎 クリストファー・スピルマン
柏木義円 片野真佐子
津田梅子 田中智子
*澤柳政太郎 新田義之
河口慧海 高山龍三
山室軍平 室田保夫
大谷光瑞 白須淨眞
*久米邦武 髙田誠二
フェノロサ 伊藤豊
井上哲次郎 井ノ口哲也
三宅雪嶺 長妻三佐雄
*岡倉天心 木下長宏
志賀重昂 中野目徹
徳富蘇峰 杉原志啓

＊親鸞　末木文美士
恵信尼・覚信尼　西口順子
覚如　今井雅晴
＊道元　船岡誠
叡尊　細川涼一
＊忍性　松尾剛次
＊日蓮　佐藤弘夫
一遍　蒲池勢至
夢窓疎石　原田正俊
＊宗峰妙超　竹貫元勝

南北朝・室町

後醍醐天皇　上横手雅敬
護良親王　新井孝重
＊赤松氏五代　渡邊大門
＊北畠親房　岡野友彦
楠正成　兵藤裕己
＊新田義貞　山本隆志
＊光厳天皇　深津睦夫
足利尊氏　市沢哲
足利直義　亀田俊和
佐々木道誉　下坂守
円観・文観　田中貴子
足利義詮　早島大祐
足利義満　川嶋將生
足利義持　吉田賢司
足利義教　横井清
大内義弘　平瀬直樹
伏見宮貞成親王　松薗斉
＊山名宗全　山本隆志
細川勝元・政元　古野貢
日野富子　脇田晴子
世阿弥　西野春雄
雪舟等楊　河合正朝
宗祇　鶴崎裕雄
＊満済　森茂暁
一休宗純　原田正俊
蓮如　岡村喜史

戦国・織豊

北条早雲　家永遵嗣
＊毛利元就　岸田裕之
＊毛利輝元　光成準治
＊今川義元　小和田哲男
＊武田信玄　笹本正治
＊武田勝頼　笹本正治
＊真田氏三代　笹本正治
＊三好長慶　天野忠幸
＊宇喜多直家・秀家　渡邊大門
＊上杉謙信　矢田俊文
島津義久・義弘　福島金治
＊長宗我部元親・盛親　平井上総
吉田兼倶　西山克
山科言継　松薗斉
＊雪村周継　赤澤英二
正親町天皇・後陽成天皇　神田裕理
織田信長　三鬼清一郎
豊臣秀吉　藤井讓治
＊北政所おね　田端泰子
＊淀殿　福田千鶴
前田利家　東四柳史明
＊黒田如水　小和田哲男
＊蒲生氏郷　藤田達生
＊細川ガラシャ　田端泰子
伊達政宗　伊藤喜良
＊支倉常長　田中英道
＊長谷川等伯　宮島新一
顕如　神田千里
教如　安藤弥

江戸

徳川家康　笠谷和比古
＊徳川家光　野村玄
徳川吉宗　横田冬彦
＊後水尾天皇　久保貴子
光格天皇　藤田覚
崇伝　杣田善雄
春日局　福田千鶴
宮本武蔵　渡邊大門
＊池田光政　倉地克直
保科正之　八木清治
シャクシャイン　岩崎奈緒子
＊田沼意次　藤田覚
＊二宮尊徳　小林惟司
末次平蔵　岡美穂子
＊高田屋嘉兵衛　生田美智子
＊林羅山　鈴木健一
吉野太夫　渡辺憲司
中江藤樹　辻本雅史
＊山崎闇斎　澤井啓一
山鹿素行　前田勉
＊北村季吟　島内景二
伊藤仁斎　澤井啓一
貝原益軒　辻本雅史
松尾芭蕉　楠元六男
＊ケンペル　B・M・ボダルト＝ベイリー
新井白石　大川真
荻生徂徠　柴田純
＊雨森芳洲　上田正昭
石田梅岩　高野秀晴
白隠慧鶴　芳澤勝弘
前野良沢　松田清
平賀源内　石上敏
本居宣長　田尻祐一郎
杉田玄白　吉田忠
木村蒹葭堂　有坂道子
＊大田南畝　沓掛良彦
菅江真澄　赤坂憲雄
＊鶴屋南北　諏訪春雄
良寛　阿部龍一
＊山東京伝　佐藤至子
＊滝沢馬琴　高田衛
平田篤胤　山下久夫
シーボルト　宮坂正英
本阿弥光悦　岡佳子
小堀遠州　中村利則
狩野探幽・山雪　山下善也
尾形光琳・乾山　河野元昭
＊二代目市川團十郎　田口章子
伊藤若冲　狩野博幸
鈴木春信　小林忠
＊佐竹曙山　成瀬不二雄
葛飾北斎　岸文和
酒井抱一　玉蟲敏子
孝明天皇　青山忠正
＊和宮　辻ミチ子
徳川慶喜　大庭邦彦
島津斉彬　原口泉
＊古賀謹一郎　小野寺龍太
＊永井尚志　高村直助
＊栗本鋤雲　小野寺龍太
大村益次郎　竹本知行
西郷隆盛　家近良樹
＊塚本明毅　塚本学

ミネルヴァ日本評伝選

企画推薦
梅原　猛
ドナルド・キーン
佐伯彰一
角田文衞

監修委員
上横手雅敬
芳賀　徹

編集委員
石川九楊
伊藤之雄
猪木武徳
今谷　明
今橋映子
熊倉功夫
佐伯順子
坂本多加雄
武田佐知子
竹西寛子
西口順子
兵藤裕己
御厨　貴

上代

*俾弥呼　古田武彦
日本武尊　西宮秀紀
*仁徳天皇　若井敏明
雄略天皇　吉村武彦
*蘇我氏四代　遠山美都男
推古天皇　義江明子
聖徳太子　仁藤敦史
斉明天皇　武田佐知子
小野妹子・毛人　大橋信弥
*額田王　梶川信行
弘文天皇　遠山美都男
天武天皇　新川登亀男
持統天皇　丸山裕美子
阿倍比羅夫　熊田亮介
*藤原四子　木本好信
*柿本人麿　古橋信孝
*元明天皇・元正天皇　渡部育子
聖武天皇　本郷真紹
光明皇后　寺崎保広
*孝謙・称徳天皇　勝浦令子
藤原不比等　荒木敏夫
橘諸兄・奈良麻呂　遠山美都男
吉備真備　今津勝紀
*藤原仲麻呂　木本好信
道　鏡　吉川真司
*藤原種継　木本好信
大伴家持　和田　萃
*行　基　吉田靖雄

平安

*桓武天皇　井上満郎
嵯峨天皇　西別府元日
宇多天皇　古藤真平
醍醐天皇　石上英一
村上天皇　京樂真帆子
花山天皇　上島　享
*三条天皇　倉本一宏
藤原薬子　中野渡俊治
藤原良房・基経　瀧浪貞子
菅原道真　竹居明男
*紀貫之　神田龍身
源高明　所　功
*安倍晴明　斎藤英喜
藤原実資　橋本義則
*藤原道長　朧谷　寿
藤原伊周・隆家　倉本一宏
藤原定子　山本淳子
清少納言　三田村雅子
紫式部　竹西寛子
和泉式部　ツベタナ・クリステワ
大江匡房　小峯和明
*阿弖流為　樋口知志
坂上田村麻呂　熊谷公男
*源満仲・頼光　元木泰雄
平将門　西山良平
藤原純友　寺内　浩
空　海　頼富本宏
最　澄　吉田一彦
円　珍　岡野浩二
*空　也　石井義長
奝　然　上川通夫
*源　信　小原　仁
慶滋保胤　吉原浩人
*後白河天皇　美川　圭
式子内親王　奥野陽子
建礼門院　生形貴重
*藤原秀衡　入間田宣夫
平時子・時忠　元木泰雄
平維盛　根井　浄
守覚法親王　阿部泰郎
藤原隆信・信実　山本陽子

鎌倉

源頼朝　川合　康
*源義経　近藤好和
源実朝　神田龍身
*九条兼実　加納重文
九条道家　上横手雅敬
北条時政　野口　実
熊谷直実　佐伯真一
*北条政子　関　幸彦
北条義時　岡田清一
曾我十郎・五郎　杉橋隆夫
北条時頼　山本隆志
北条時宗　近藤成一
安達泰盛　山陰加春夫
平頼綱　細川重男
竹崎季長　堀本一繁
西　行　光田和伸
鴨長明　浅見和彦
藤原定家　赤瀬信吾
*京極為兼　今谷　明
*兼　好　島内裕子
重　源　横内裕人
*運　慶　根立研介
快　慶　井上一稔
法　然　今堀太逸
慈　円　大隅和雄
明　恵　西山　厚

刊行のことば

歴史を動かすものは人間であり、興趣に富んだ人間の動きを通じて、世の移り変わりを考えるのは、歴史に接する醍醐味である。

しかし過去の歴史学を顧みるとき、人間不在という批判さえ見られたように、歴史における人間のすがたが、必ずしも十分に描かれてきたとはいえない。二十一世紀を迎えた今、歴史の中の人物像を蘇生させようとの要請はいよいよ強く、またそのための条件もしだいに熟してきている。

この「ミネルヴァ日本評伝選」は、正確な史実に基づいて書かれるのはいうまでもないが、単に経歴の羅列にとどまらず、歴史を動かしてきたすぐれた個性をいきいきとよみがえらせたいと考える。そのためには、対象とした人物とじっくりと対話し、ときにはきびしく対決していくことも必要になるだろう。

今日の歴史学が直面している困難の一つに、研究の過度の細分化、瑣末化が挙げられる。それは緻密さを求めるが故に陥った弊害といえるが、その結果として、歴史の大きな見通しが失われ、歴史学を通しての社会への働きかけの途が閉ざされ、人々の歴史への関心を弱める危険性がある。今こそ歴史が何のためにあるのかという、基本的な課題に応える必要があろう。評伝という興味ある方法を通じて、解決の手がかりを見出せないだろうかというのも、この企画の一つのねらいである。

狭義の歴史学の研究者だけでなく、多くの分野ですぐれた業績をあげている著者たちを迎えて、従来見られなかった規模の大きな人物史の叢書として、「ミネルヴァ日本評伝選」の刊行を開始したい。

平成十五年（二〇〇三）九月

ミネルヴァ書房

《著者紹介》

平井上総（ひらい・かずさ）

1980年　北海道枝幸郡浜頓別町生まれ。

高知大学人文学部人間文化学科卒業，北海道大学大学院文学研究科博士後期課程修了。博士（文学）。

日本学術振興会特別研究員（PD），北海道大学大学院文学研究科助教を経て，

現　在　花園大学文学部日本史学科専任講師。

著　書　『長宗我部氏の検地と権力構造』校倉書房，2008年。

『シリーズ・織豊大名の研究　長宗我部元親』編著，戎光祥出版，2014年。

ミネルヴァ日本評伝選

長宗我《ちょうそかべ》部元親《もとちか》・盛親《もりちか》

——四国一篇に切随へ，恣に威勢を振ふ——

2016年８月10日　初版第１刷発行　〈検印省略〉

定価はカバーに表示しています

著　者　平　井　上　総

発行者　杉　田　啓　三

印刷者　江　戸　孝　典

発行所　株式会社　ミネルヴァ書房

607-8494 京都市山科区日ノ岡堤谷町１

電話代表（075）581-5191

振替口座 01020-0-8076

共同印刷工業・新生製本

ISBN978-4-623-07762-5

Printed in Japan

人名索引

※「長宗我部元親」「長宗我部盛親」は頻出するため省略した。

か　行

さ　行

た　行

な　行

は　行

ま　行

や　行

ら　行

わ　行

事項索引

あ 行

か 行

さ　行

た　行

な 行

は 行

ま 行

や 行

ら 行

わ 行